'NCS

기술
보증기금

직업기초능력평가

PREFACE

우리나라 기업들은 1960년대 이후 현재까지 비약적인 발전을 이루었다. 이렇게 급속한 성장을 이룰 수 있었던 배경에는 우리나라 국민들의 근면성 및 도전정신이 있었다. 그러나 빠르게 변화하는 세계 경제의 환경에 적응하기 위해서는 근면성과 도전정신 이외에 또 다른 성장 요인이 필요하다.

최근 많은 공사 · 공단에서는 기존의 직무 관련성에 대한 고려 없이 인 · 적성, 지식 중심으로 치러지던 필기전형을 탈피하고, 산업현장에서 직무를 수행하기 위해 요구되는 능력을 산업부문별 · 수준별로 체계화 및 표준화한 NCS를 기반으로 하여 채용공고 단계에서 제시되는 '직무 설명자료'에서 제시되는 직업기초능력과 직무수행능력을 측정하기 위한 직업기초능력평가, 직무수행능력평가 등을 도입하고 있다.

기술보증기금에서도 업무에 필요한 역량 및 책임감과 적응력 등을 구비한 인재를 선발하기 위하여 고유의 필기시험을 치르고 있다. 본서는 기술보증기금 신입사원 채용대비를 위한 필독서로 기술보증기금 필기시험의 출제경향을 철저히 분석하여 응시자들이 보다 쉽게 시험유형을 파악하고 효율적으로 대비할 수 있도록 구성하였다.

신념을 가지고 도전하는 사람은 반드시 그 꿈을 이룰 수 있습니다. 처음에 품은 신념과 열정이 취업 성공의 그 날까지 빛바래지 않도록 서원각이 수험생 여러분을 응원합니다.

STRUCTURE

핵심이론 정리

NCS 직업기초능력 핵심이론을 체계적으로 정리하여 단기간에 학습할 수 있도록 하였습니다.

출제예상문제

다양한 유형의 출제예상문제를 다수 수록하여 실전에 완벽하게 대비할 수 있습니다.

인성검사 및 면접

성공취업을 위한 실전 인성검사와 면접의 기본, 면접기출을 수록하여 취업의 마무리까지 깔끔하게 책임집니다.

CONTENTS

PART I

기술보증기금 소개

01 기업소개

1 기술보증기금 개요

　기술보증기금은 「기술보증기금법」에 의해 설립된 정부출연기관으로서 기술혁신형 기업에 기술보증 및 기술평가를 중점지원하여 기업의 기술경쟁력을 제고하고 나아가 우리경제의 지속적인 성장동력 창출의 일익을 담당하고 있는 기술금융 전문지원기관이다.

(1) 주무기관 및 설립근거

① 주무기관 … 중소벤처기업부

② 설립근거 … 기술보증기금법 제12조

(2) 주요기능 및 역할

① 기술보증

② 기술평가

③ 보증연계투자

④ 구상권 관리

⑤ 유동화회사보증(P-CBO)

⑥ 기술혁신지원(기술이전 및 사업화지원, 벤처기업과 이노비즈기업 선정 등)

⑦ 기업에 대한 경영지도 및 기술지도

⑧ 신용조사 및 신용정보의 종합관리

⑨ 신용보증제도의 조사 · 연구

(3) 기관연혁

1989. 4. 기술신용보증기금 설립

1994. 2. 기술우대보증제도 시행

1997. 3. 국내 최초로 기술평가센터 개소

1997. 10. 벤처기업 지원 전담기관 지정(벤처기업법)

1998. 11. "98 벤처기업대상" 대통령표창 수상

1999. 2. 기술평가보증제도 시행

2002. 4. 벤처투자보증제도 시행

2004. 8. 총보증공급 100조원 달성

2005. 7. 기술금융지원에 특화된 新기술평가시스템(KTRS) 개발

2006. 5. "New CI" 제정

2006. 10. "06벤처기업대상" 대통령표창 수상

2007. 1. 보증프로세스를 기술평가보증으로 일원화

2007. 4. 기술평가모형 (KTRS) 국내특허 취득

2007. 6. "06년 정부산하기관" 경영실적평가 1위

2009. 5. 중소기업지원 우수기관 대통령표창 수상

2010. 6. 공공기관 경영실적평가 4년 연속 우수기관 선정

2011. 5. 문현 국제금융단지내 본점 입주

2011. 12. 총 보증지원 200조 원 달성

2012. 6. 보증연계투자 업무 법제화(05년 업무 개시)

2013. 11. 제26차 ACSIC 국제회의 개최

2014. 6. 공공기관 최초 기술신용평가기관(TCB) 선정

2015. 7. 기술이전 · 사업화 지원체계 구축(기술융합센터, KTMS운용)

2016. 9. 기금법 개정에 따라 "기술보증기금"으로 기관 명칭 변경

2017. 8. 주무기관 변경(금융위원회 → 중소벤처기업부)

(4) 경영목표 및 전략목표

① 경영목표
    ㉠ 혁신창업기업 지원 비율 40%
    ㉡ 고성장기업 육성 비율 21%
    ㉢ 좋은 일자리 창출 10만명
    ㉣ 보증사고율 계획 달성도 100%
    ㉤ 기술평가 인프라지수 180점
    ㉥ 사회적가치 종합지수 200점

② 전략목표 및 전략과제

전략목표	전략과제
1. 중소 · 벤처기업 혁신성장 뒷받침	① 활발한 창업 · 재도전 생태계 조성 ② 중소기업 기술 경쟁력 제고 지원 ③ 다각적인 기업 혁신 ④ 유망기업 성장 · 도약(SCALE-UP) 촉진
2. 경제활력 제고 및 공정경제 활성화	⑤ 양질의 일자리 창출 지원 강화 ⑥ 주력산업 · 미래성장 분야 육성 ⑦ 지역 및 사회적 경제 활성화 지원 ⑧ 상생 실천 및 공정한 기업환경 조성
3. 지속가능 · 미래지향 경영체계 확립	⑨ 기술평가 전문기관 위상 제고 ⑩ 고객과 효율성 중심의 경영혁신 추진 ⑪ 재정건전성의 안정적 · 균형적 관리 ⑫ 미래 대비 경영 기반 확립
4. 사회적 가치 실현 및 국민신뢰 제고	⑬ 소통 · 참여 기반 투명경영 강화 ⑭ 윤리 · 인권경영 및 사회공헌 실천 ⑮ 안전 및 환경 보전 가치 추구 ⑯ 신뢰와 협력의 조직문화 구현

2 경영전략

(1) 미션 및 비전

① 미션 … 중소 · 벤처기업을 위한 기술금융과 혁신지원 활성화로 국민경제 발전에 기여
    ㉠ [고객] 중소 · 벤처기업 : 핵심고객을 중소 · 벤처기업으로 명확하게 표현

    ⓛ [사업·역할] 기술금융과 혁신지원 활성화 : 설립근거법의 핵심사업(기술보증)과 역할(자금 공급)을 경영환경 변화에 따라 고객과 국민 관점에서 재해석

    ⓒ [궁극적 역할] 국민경제 발전에 기여 : 설립근거법에 명신된 궁극적인 역할

② 비전 … 기술에 가치를 더하는 「중소·벤처기업의 No.1 혁신성장 파트너」

    ㉠ [실현방법] 기술에 가치를 더하는 : 공정한 기술평가와 업무처리로 가치있는 기술의 사업화 및 이를 통한 다양한 가치창출을 지원

    ⓛ [실현대상] 중소·벤처기업 : 기술개발 및 사업화에 도전하여 혁신성장과 가치창출을 추구 하는 중소·벤처기업이 비전 실현 대상

    ⓒ [미래위상] No.1 혁신성장 파트너 : 협력을 통해 혁신과 성장을 함께하고, 고객·국민으로 부터 가장 신뢰받는 최고의 파트너를 지향

(2) 핵심가치

① 공정(Fairness) … 청렴하고 균형감 있는 마음, 높은 전문성을 바탕으로 공정하게 업무를 수행 하여 국민 신뢰를 확보

② 혁신(Innovation) … 미래지향적 사고와 열정을 바탕으로 국민중심의 혁신을 추진하여 기관 경 쟁력과 국민 삶의 질을 제고

③ 협력(Together) … 안전을 최우선으로, 이해와 배려를 바탕으로 가치창출을 위해 협력하여 동반 성장과 상생을 실현

F.I.T

공정한 업무처리와 끊임없는 혁신, 이해관계자와의 협력을 통해
고객과 국민이 필요로 하는 다양한 서비스를 맞춤형으로 제공

---

(3) 기관장 경영방침

① 국민과 함께 가치실현 … 우리경제의 튼튼한 성장은 물론, 일자리창출·공정·배려·상생 등 다 양한 가치를 고객·국민과 함께 실현

② 미래를 향한 역량강화 … 급변하는 경영환경과 다가오는 미래에 대응하고, 기관의 지속성장을 위해 업무전문성 등 역량을 강화

③ 화합을 위한 열린 소통 … 구성원을 포함한 다양한 이해관계자가 서로 이해하고 화합하여 상생 할 수 있도록 열린 마음으로 소통

02 채용안내

1 기술보증기금 NCS 기반 채용 제도 도입 배경

기금 직무를 성공적으로 수행하기 위해 필요한 이공계, 상경계, 법학적 직무능력을 갖춘 융합형 인재 채용

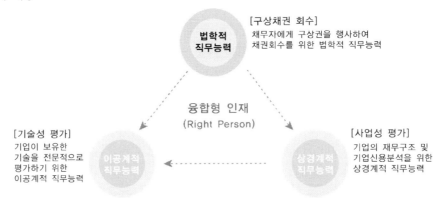

2 채용안내(2020년 정규직 신입직원 채용 기준)

(1) 모집부문 및 채용인원

직무	모집부문	채용인원	지원자격	근무지
기술보증 및 기술평가	일반	35명	제한없음	전국
	이공계	24명	이공계 중 한 분야의 교육을 7과목 이상 이수한 자	
	박사	5명	전기전자, 정보통신, 환경, 생명 관련 박사학위 보유자	
	보훈 (취업지원대상자)	5명	취업지원대상자	
전산		3명	제한없음	부산
채권관리		3명	변호사 또는 변리사 자격증 보유자	전국
총 인원			75명	

※ 전형단계별 '모집부문' 단위 경쟁으로, 모집부문 간 중복지원 불가 및 중복지원 시 불합격 처리

※ 취업지원대상자는 '보훈' 모집부문(구분채용) 또는 타 모집부문(가점우대) 중 선택지원 가능
※ 박사는 가급적 '박사' 모집부문(구분채용)으로 지원 요망
※ 정보통신(박사) 해당 분야 : 빅데이터, 인공지능(AI), 기계학습, 컴퓨터공학, 소프트웨어 및 관련 융합 전공 분야
※ '박사' 모집부문은 박사학위수여 예정증명서 등으로 학위취득 증명이 가능한 졸업예정자(2021년 2월) 지원 가능
※ '채권관리' 모집부문은 접수마감일 기준 변호사 또는 변리사 자격 취득자에 한하여 지원 가능 하며, 자격증별 채용인원 구분 및 전형단계별 기준 차등 없음

(2) 지원자격

① 학력 · 연령 · 성별 등에 제한없음 … 박사 모집부문은 제외하며, 접수시작일 기준 만60세 이상인 자 제외

② 채용 확정(12월초 예정) 후 즉시 근무가능한 자 … 졸업 · 재학 · 이직절차 · 군 전역 등을 사유로 입사 유예 불가

③ '기술보증 및 기술평가' 직무의 일반, 이공계, 보훈 모집부문 지원자는 아래 최저기준 이상 공인외국어성적 보유자

구분	TOEIC	TOEIC Speaking	NEW TEPS	TOEFL (IBT)	OPIc	JPT	HSK
점수	760점	130점	328점	81점	IM2	660점	5급

※ 2018년 9월 10일 이후 응시하고 2020년 9월 9일(접수마감일) 마감시간 전까지 발표되어 입사지원서에 기재한 국내 정기시험에 한하여 인정
※ '코로나19 상황 下 공공기관 채용 관련 정부지침'에 따라 「기술보증기금 외국어성적 사전접수」 홈페이지에 외국어성적(舊TEPS 포함)을 사전 제출한 경우, 제출 당시 기준에 따른 유효한 성적에 한하여 인정
※ 서류전형 시 지원자격 충족 여부만 확인하며, 이후 채용 전형에는 외국어성적 점수 미반영
※ 입사지원 시 유효한 외국어성적이라도, 전형 중 외국어성적증명서 미제출(유효기간 만료에 따른 발급 불가 등 이유 불문) 또는 확인 불가로 판명된 경우 지원자격 미달로 판단하여 불합격 처리

④ 남성의 경우 군필자 또는 면제자 … 채용 확정(12월초 예정) 전까지 전역 가능자 포함

(3) 전형절차

서류전형 (20배수)	필기전형 (3배수)	1차 면접 (1.5배수)	2차 면접 (1배수)	신체검사 신원조사	최종합격
10.6. 발표	10.17. 실시	11월 상순	11월 하순	12월 상순	12월 상순

※ 전형 절차와 일정은 기관 사정에 따라 변경될 수 있으며, 전형단계별 합격 여부는 채용홈페이지(kibo.career.co.kr)에서 확인
※ '채권관리' 모집부문은 서류전형으로 5배수 선발 및 필기전형 면제
　　모집부문별 선발 배수에 따른 합격 인원은 소수점 이하 절상
※ 서류 · 필기 · 1차 면접전형은 전형단계별 제로베이스(Zero Base) 평가
※ 2차 면접전형은 필기전형 · 1차 면접전형 점수를 합산 평가
　　필기전형 시 응시자 본인 확인을 위한 주민등록상 생년월일 및 증명사진 등록(미등록 시 응시 불가)

① 서류전형(총 배점 100점)

　㉠ NCS기반 사기소개서(50점) · 교육사항(25짐) · 자격사항(25점) 평가 합산 점수 + 가점

　㉡ 자기소개서의 불성실 기재 문항은 최저등급 처리 : 회사명 오기재, 동일 내용 복사, 표절 등

　㉢ 교육사항은 모집부문별 단일 분야 교육사항에 대해 평가하며, 접수마감일 마감시간 전까지 이수 완료하여 입사지원서에 기재한 과목에 한하여 인정

　　• 2020년 2학기 수강과목 인정 불가

　　• 직업교육(과목당 50시간 이상) 및 석 · 박사 과정의 교육과목 입력 가능

　　• 보훈(취업지원대상자) 모집부문은 기술보증 및 기술평가 외 채권관리 관련 교육과목도 입력 가능

　　• '채권관리' 모집부문은 교육사항 평가 제외

　㉣ 자격사항은 접수마감일 마감시간 전까지 합격 발표되어 입사지원서에 기재한 자격증에 한하여 인정

② 필기전형(총 배점 100점)

　㉠ 직업기초능력평가(40점) · 직무수행능력평가(60점) 합산 점수 + 가점

　㉡ '채권관리' 모집부문은 필기전형 면제

구분	모집분야		평가과목(출제범위)	유형	배점
(1교시) 직업기초 능력평가	모집부문 공통 ('채권관리' 모집부문 제외)		NCS 직무능력검사 (의사소통능력, 수리능력, 문제해결능력, 정보능력, 조직이해능력)	객관식	40점
(2교시) 직무수행 능력평가	기술 보증 및 기술 평가	일반 (경제/경영 중 택1)	경제 (미시경제학, 거시경제학, 계량경제학)	객관식 단답형 약술형	60점
			경영 (중급회계, 재무관리, 마케팅, 경영정보시스템)		
		이공계	직무상황 논술평가	논술형	
		박사			
		보훈 (취업지원대상자)			
합계					100점

※ 입사지원 시 필기전형 응시 희망지역(서울/부산)을 선택하고 최종 제출 또는 접수마감일 이후 변경 불가

※ 시험장 수용인원 초과 시 모집부문별 응시 예상인원과 입사지원서 先제출자 우선권 부여에 따라 부득이 희망 지역과 다르게 임의 배정될 수 있음

※ 직업기초능력평가 배점(40점)의 50% 미만 득점 시 평가 합산 점수와 무관하게 선발 제외 (단, 필기전형 응시인원이 선발예정인원 + 예비합격인원 초과인 모집부문에 한하여 적용)

※ 출제범위는 평가과목을 기준으로 하되, 일부 문제는 평가과목과 연계된 내용이 포함될 수 있음

※ 기술보증 및 기술평가(일반) 모집부문은 부문 내 평가과목(경영/경제)별 필기전형 실제 응시인원 비율에 따라 필기전형 합격 인원 비율 결정 (단, 서류전형과 1차·2차 면접전형에서는 비율에 따른 구분 없음)

③ **1차 면접(실무자) 전형**(총 배점 100점)

   ㉠ 조직적합성(30점)·직무적합성(40점)·토론(30점) 평가 합산 점수 + 가점(취업지원대상자/장애인)

   ㉡ AI 역량검사(적부 심사)

구분	평가 내용	배점
조직적합성 면접	기금 문화적합도 평가	30점
직무적합성 면접	직무 지식·전문역량 평가	40점
토론 면접	문제해결능력 및 성과창출능력 평가	30점
합계		100점
AI 역량검사	기본 역량·직무적합도·조직적합도 검증	적부 심사

※ 평가 합산 배점(100점, 가점 제외)의 60% 이하 득점 시 선발 배수와 무관하게 선발 제외

※ AI 역량검사 결과 조직적합도 D등급 이하는 부적격 판정 후 불합격 처리

※ AI 역량검사 응시 방법은 추후 필기전형 합격자에 한하여 별도 공지하며, 지정된 검사 기간에 미응시할 경우 불합격 처리

※ AI 역량검사 응시를 위해서는 카메라 촬영이 가능한 PC 환경 등 필요

④ **2차 면접(임원) 전형**(총 배점 100점)

   ㉠ 종합적합성(60점)·1차 면접전형(20점)·필기전형(20점) 평가 합산 점수 + 가점(취업지원대상자/장애인)

   ㉡ 종합적합성 면접 평가 : 조직적합도와 직무수행능력 등을 종합하여 평가

    • 종합적합성 평가 배점(60점, 가점 제외)의 60% 이하 득점 시 선발 배수와 무관하게 선발 제외

    • 1차 면접전형과 필기전형 평가 점수는 20점 배점으로 환산 적용한 득점(가점 제외) 기준

(4) 근무조건

① **채용형태** … 정규직 신입직원

   ※ 직무 및 모집부문, 학력 등에 상관없이 모두 일반직 5급(대졸 수준)으로 입사

② **근무지** … 전국 영업점 또는 본점

③ **근무시간** … 주 5일, 1일 8시간

④ **연봉** … 약 4,656만원

   ※ 알리오 공시 신입직원 초임(군경력 및 전직 경력 등 미보유자 기준)

03 관련기사

기보, 스테이 스트롱(Stay Strong) 캠페인 동참

코로나19 극복 위해 노(勞) · 사(使) · 감(監) 공동 협력하기로

기술보증기금(이하 '기보')은 8월 26일(수) 본사에서 정윤모 이사장, 채수은 노조위원장, 박세규 감사 및 임직원이 참석한 가운데 코로나19 극복과 조기 종식을 기원하는 마음으로 '노사가 함께하는 스테이 스트롱(Stay Strong) 캠페인'에 동참했다고 밝혔다.

스테이 스트롱 캠페인은 지난 3월 외교부에서 코로나19 극복 연대 메시지를 전 세계로 확산시키고 자 시작되었으며, 코로나19 극복 메시지가 적힌 팻말을 든 사진을 사회관계망서비스(SNS)에 올리고 다음 주자를 지목하는 방식으로 이뤄진다.

부산시민단체협의회 조정희 상임대표의 지목을 받은 기보는 정윤모 이사장, 채수은 노조위원장, 박세규 감사가 스테이 스트롱 캠페인 슬로건과 '코로나19 극복, 기보 노사가 함께 합니다' 라는 메시지로 코로나19 극복을 위한 응원의 뜻을 전했다.

정윤모 기보 이사장은 "코로나19로 애쓰는 모든 중소기업 가족들과 현장에서 묵묵히 대응하고 있는 직원들에게 특별히 격려와 치하 말씀을 드린다."며, "코로나19 사태가 길어지면서 재확산 위험이 높은 시기에 기보 노 · 사 · 감이 협력하여 코로나 극복을 응원하고, 안전수칙을 철저히 지키면서 방역에 최선을 다할 것"이라고 밝혔다.

−2020. 8. 26.

면접질문
● 스테이 스트롱(Stay Strong) 캠페인에 대해 아는 대로 말해 보시오.
● 코로나19로 인해 어려움을 겪는 중소기업을 위해 기보가 할 수 있는 일에 대해 말해 보시오.
● 공기업의 사회적 역할에 대한 자신의 견해를 말해 보시오.

기보, 폭우 피해기업 지원을 위한 '재해 중소기업 특례보증' 시행

긴급 현장점검 회의를 개최하여 보증기업 피해 파악 및 지원에 총력

기술보증기금은 3일(월) 폭우 피해기업에 대한 '재해 중소기업 특례보증'을 시행했다고 밝혔다.

재해 중소기업 특례보증은 정부와 지자체로부터 재해 중소기업으로 확인을 받거나 재난복구 관련 자금지원 결정을 받은 기업에 대한 경영위기 극복 지원프로그램이다. 특별재난지역의 경우 운전자금 최대 5억 원, 시설자금은 소요자금 이내, 일반재난지역은 운전 및 시설자금 각 3억 원 이내에서 긴급 자금을 지원받을 수 있다.

이번 특례보증에는 ▲ 보증비율 상향(85→90%), ▲ 보증료 우대(특별재난 0.1%, 일반재난 0.5% 고정보증료율 적용, 보통의 경우 약1.2%)를 통하여 피해기업의 금융부담을 최소화 하고, ▲간이평가모형 적용, ▲취급직원의 책임 경감조치를 적용하여 신속 지원을 도모하였다.

또한, 피해기업 확인할 수 있는 서류 발급이 어려운 경우 현장조사 등을 통해 확인 내용으로 대신 하도록 하고, 폭우 피해기업의 만기도래 보증에 대해서는 상환 없이 전액 연장하여 피해기업의 부담을 덜 수 있도록 하였다.

국지성 폭우로 인명과 재산피해가 전국으로 확대됨에 따라 피해지역 중소기업의 경영안정 및 피해 복구를 위해 신속한 금융지원이 필요한 상황에서 기보의 특례보증은 위기 극복에 큰 도움이 될 것으로 보인다.

기보는 특례보증 시행과 동시에 경영진이 전 영업점 화상회의를 개최하여 보증기업의 피해 상황을 긴급 점검하고 피해기업에 대한 특례보증을 적극적으로 지원할 것을 당부하는 등 현장 경영에도 힘쓰고 있다.

김영춘 기보 이사는 "폭우 피해를 입은 중소기업이 빠른 시간 내에 정상적인 가동과 영업활동을 전개할 수 있도록 다른 업무보다도 특례보증을 최우선으로 처리하도록 조치하는 등 피해기업 최선을 다하겠다."라고 밝혔다.

-2020. 8. 5.

면접질문 • 기보에서 시행하는 '재해 중소기업 특례보증'에 대해 아는 대로 말해 보시오.

PART

II

NCS 직업기초능력평가

01 의사소통능력

1 의사소통과 의사소통능력

(1) 의사소통

① 개념 : 사람들 간에 생각이나 감정, 정보, 의견 등을 교환하는 총체적인 행위로, 직장생활에서의 의사소통은 조직과 팀의 효율성과 효과성을 성취할 목적으로 이루어지는 구성원 간의 정보와 지식 전달 과정이라고 할 수 있다.

② 기능 : 공동의 목표를 추구해 나가는 집단 내의 기본적 존재 기반이며 성과를 결정하는 핵심 기능이다.

③ 의사소통의 구성 요소
  ㉠ 문서에 의한 의사소통 : 문서이해능력과 문서작성능력
  ㉡ 언어에 의한 의사소통 : 경청 능력과 의사표현능력
  ㉢ 외국어에 의한 의사소통 : 기초 외국어 능력

④ 의사소통을 저해하는 요인 : 정보의 과다, 메시지의 복잡성 및 메시지 간의 경쟁, 상이한 직위와 과업지향형, 신뢰의 부족, 의사소통을 위한 구조상의 권한, 잘못된 매체의 선택, 폐쇄적인 의사소통 분위기 등

(2) 의사소통능력

① 개념 : 의사소통능력은 직장생활에서 문서나 상대방이 하는 말의 의미를 파악하는 능력, 자신의 의사를 정확하게 표현하는 능력, 간단한 외국어 자료를 읽거나 외국인의 의사표시를 이해하는 능력을 포함한다.

② 의사소통능력 개발을 위한 방법
  ㉠ 사후검토와 피드백을 활용한다.
  ㉡ 명확한 의미를 가진 이해하기 쉬운 단어를 선택하여 이해도를 높인다.
  ㉢ 적극적으로 경청한다.
  ㉣ 메시지를 감정적으로 곡해하지 않는다.

2 의사소통능력을 구성하는 하위능력

(1) 문서이해능력

① 문서와 문서이해능력

　　㉠ 문서 : 제안서, 보고서, 기획서, 이메일, 팩스 등 문자로 구성된 것으로 상대방에게 의사를 전달하여 설득하는 것을 목적으로 한다.

　　㉡ 문서이해능력 : 직업현장에서 자신의 업무와 관련된 문서를 읽고, 내용을 이해하고 요점을 파악할 수 있는 능력을 말한다.

■ 예제 1

다음은 신용카드 약관의 주요내용이다. 규정 약관을 제대로 이해하지 못한 사람은?

> **[부가서비스]**
> 카드사는 법령에서 정한 경우를 제외하고 상품을 새로 출시한 후 1년 이내에 부가서비스를 줄이거나 없앨 수가 없다. 또한 부가서비스를 줄이거나 없앨 경우에는 그 세부내용을 변경일 6개월 이전에 회원에게 알려주어야 한다.
> **[중도 해지 시 연회비 반환]**
> 연회비 부과기간이 끝나기 이전에 카드를 중도해지하는 경우 남은 기간에 해당하는 연회비를 계산하여 10 영업일 이내에 돌려줘야 한다. 다만, 카드 발급 및 부가서비스 제공에 이미 지출된 비용은 제외된다.
> **[카드 이용한도]**
> 카드 이용한도는 카드 발급을 신청할 때에 회원이 신청한 금액과 카드사의 심사 기준을 종합적으로 반영하여 회원이 신청한 금액 범위 이내에서 책정되며 회원의 신용도가 변동되었을 때에는 카드사는 회원의 이용한도를 조정할 수 있다.
> **[부정사용 책임]**
> 카드 위조 및 변조로 인하여 발생된 부정사용 금액에 대해서는 카드사가 책임을 진다. 다만, 회원이 비밀번호를 다른 사람에게 알려주거나 카드를 다른 사람에게 빌려주는 등의 중대한 과실로 인해 부정사용이 발생하는 경우에는 회원이 그 책임의 전부 또는 일부를 부담할 수 있다.

① 혜수 : 카드사는 법령에서 정한 경우를 제외하고는 1년 이내에 부가서비스를 줄일 수 없어.

② 진성 : 카드 위조 및 변조로 인하여 발생된 부정사용 금액은 일괄 카드사가 책임을 지게 돼.

③ 영훈 : 회원의 신용도가 변경되었을 때 카드사가 이용한도를 조정할 수 있어.

④ 영호 : 연회비 부과기간이 끝나기 이전에 카드를 중도해지하는 경우에는 남은 기간에 해당하는 연회비를 카드사는 돌려줘야 해.

[출제의도]
주어진 약관의 내용을 읽고 그에 대한 상세 내용의 정보를 이해하는 능력을 측정하는 문항이다.
[해설]
② 부정사용에 대해 고객의 과실이 있으면 회원이 그 책임의 전부 또는 일부를 부담할 수 있다.

답 ②

② 문서의 종류

 ㉠ **공문서** : 정부기관에서 공무를 집행하기 위해 작성하는 문서로, 단체 또는 일반회사에서 정부기관을 상대로 사업을 진행할 때 작성하는 문서도 포함된다. 엄격한 규격과 양식이 특징이다.

 ㉡ **기획서** : 아이디어를 바탕으로 기획한 프로젝트에 대해 상대방에게 전달하여 시행하도록 설득하는 문서이다.

 ㉢ **기안서** : 업무에 대한 협조를 구하거나 의견을 전달할 때 작성하는 사내 공문서이다.

 ㉣ **보고서** : 특정한 업무에 관한 현황이나 진행 상황, 연구 · 검토 결과 등을 보고하고자 할 때 작성하는 문서이다.

 ㉤ **설명서** : 상품의 특성이나 작동 방법 등을 소비자에게 설명하기 위해 작성하는 문서이다.

 ㉥ **보도자료** : 정부기관이나 기업체 등이 언론을 상대로 자신들의 정보를 기사화 되도록 하기 위해 보내는 자료이다.

 ㉦ **자기소개서** : 개인이 자신의 성장과정이나, 입사 동기, 포부 등에 대해 구체적으로 기술하여 자신을 소개하는 문서이다.

 ㉧ **비즈니스 레터(E-mail)** : 사업상의 이유로 고객에게 보내는 편지다.

 ㉨ **비즈니스 메모** : 업무상 확인해야 할 일을 메모형식으로 작성하여 전달하는 글이다.

③ **문서이해의 절차** : 문서의 목적 이해→문서 작성 배경 · 주제 파악→정보 확인 및 현안문제 파악→문서 작성자의 의도 파악 및 자신에게 요구되는 행동 분석→목적 달성을 위해 취해야 할 행동 고려→문서 작성자의 의도를 도표나 그림 등으로 요약 · 정리

(2) 문서작성능력

① 작성되는 문서에는 대상과 목적, 시기, 기대효과 등이 포함되어야 한다.

② **문서작성의 구성요소**

 ㉠ 짜임새 있는 골격, 이해하기 쉬운 구조

 ㉡ 객관적이고 논리적인 내용

 ㉢ 명료하고 설득력 있는 문장

 ㉣ 세련되고 인상적인 레이아웃

다음은 들은 내용을 구조적으로 정리하는 방법이다. 순서에 맞게 배열하면?

> ㉠ 관련 있는 내용끼리 묶는다.
> ㉡ 묶은 내용에 적절한 이름을 붙인다.
> ㉢ 전체 내용을 이해하기 쉽게 구조화한다.
> ㉣ 중복된 내용이나 덜 중요한 내용을 삭제한다.

① ㉠㉡㉢㉣
③ ㉡㉠㉢㉣

② ㉠㉡㉣㉢
④ ㉡㉠㉣㉢

[출제의도]
음성정보는 문자정보와는 달리 쉽게 잊혀 지기 때문에 음성정보를 구조화 시키는 방법을 묻는 문항이다.

[해설]
내용을 구조적으로 정리하는 방법은 '㉠ 관련 있는 내용끼리 묶는다. → ㉡ 묶은 내용에 적절한 이름을 붙인다. → ㉣ 중복된 내용이나 덜 중요한 내용을 삭제한다. → ㉢ 전체 내용을 이해하기 쉽게 구조화한다.'가 적절하다.

답 ②

③ 문서의 종류에 따른 작성방법

㉠ 공문서

- 육하원칙이 드러나도록 써야 한다.
- 날짜는 반드시 연도와 월, 일을 함께 언급하며, 날짜 다음에 괄호를 사용할 때는 마침표를 찍지 않는다.
- 대외문서이며, 장기간 보관되기 때문에 정확하게 기술해야 한다.
- 내용이 복잡할 경우 '-다음-', '-아래-'와 같은 항목을 만들어 구분한다.
- 한 장에 담아내는 것을 원칙으로 하며, 마지막엔 반드시 '끝'자로 마무리 한다.

㉡ 설명서

- 정확하고 간결하게 작성한다.
- 이해하기 어려운 전문용어의 사용은 삼가고, 복잡한 내용은 도표화 한다.
- 명령문보다는 평서문을 사용하고, 동어 반복보다는 다양한 표현을 구사하는 것이 바람직하다.

㉢ 기획서

- 상대를 설득하여 기획서가 채택되는 것이 목적이므로 상대가 요구하는 것이 무엇인지 고려하여 작성하며, 기획의 핵심을 잘 전달하였는지 확인한다.
- 분량이 많을 경우 전체 내용을 한눈에 파악할 수 있도록 목차구성을 신중히 한다.
- 효과적인 내용 전달을 위한 표나 그래프를 적절히 활용하고 산뜻한 느낌을 줄 수 있도록 한다.
- 인용한 자료의 출처 및 내용이 정확해야 하며 제출 전 충분히 검토한다.

ⓔ 보고서

- 도출하고자 한 핵심내용을 구체적이고 간결하게 작성한다.
- 내용이 복잡할 경우 도표나 그림을 활용하고, 참고자료는 정확하게 제시한다.
- 제출하기 전에 최종점검을 하며 질의를 받을 것에 대비한다.

예제 3

다음 중 공문서 작성에 대한 설명으로 가장 적절하지 못한 것은?

① 공문서나 유가증권 등에 금액을 표시할 때에는 한글로 기재하고 그 옆에 괄호를 넣어 숫자로 표기한다.
② 날짜는 숫자로 표기하되 년, 월, 일의 글자는 생략하고 그 자리에 온점(.)을 찍어 표시한다.
③ 첨부물이 있는 경우에는 붙임 표시문 끝에 1자 띄우고 "끝."이라고 표시한다.
④ 공문서의 본문이 끝났을 경우에는 1자를 띄우고 "끝."이라고 표시한다.

[출제의도]
업무를 할 때 필요한 공문서 작성법을 잘 알고 있는지를 측정하는 문항이다.
[해설]
공문서 금액 표시
아라비아 숫자로 쓰고, 숫자 다음에 괄호를 하여 한글로 기재한다.
예) 123,456원의 표시 : 금 123,456
(금 일십이만삼천사백오십육원)

답 ①

---

④ 문서작성의 원칙

- ㉠ 문장은 짧고 간결하게 작성한다. → 간결체 사용
- ㉡ 상대방이 이해하기 쉽게 쓴다.
- ㉢ 불필요한 한자의 사용을 자제한다.
- ㉣ 문장은 긍정문의 형식을 사용한다.
- ㉤ 간단한 표제를 붙인다.
- ㉥ 문서의 핵심내용을 먼저 쓰도록 한다. → 두괄식 구성

⑤ 문서작성 시 주의사항

- ㉠ 육하원칙에 의해 작성한다.
- ㉡ 문서 작성시기가 중요하다.
- ㉢ 한 사안은 한 장의 용지에 작성한다.
- ㉣ 반드시 필요한 자료만 첨부한다.
- ㉤ 금액, 수량, 일자 등은 기재에 정확성을 기한다.
- ㉥ 경어나 단어사용 등 표현에 신경 쓴다.
- ㉦ 문서작성 후 반드시 최종적으로 검토한다.

⑥ 효과적인 문서작성 요령

　　㉠ 내용이해 : 전달하고자 하는 내용과 핵심을 정확하게 이해해야 한다.

　　㉡ 목표설정 : 전달하고자 하는 목표를 분명하게 설정한다.

　　㉢ 구성 : 내용 전달 및 설득에 효과적인 구성과 형식을 고려한다.

　　㉣ 자료수집 : 목표를 뒷받침할 자료를 수집한다.

　　㉤ 핵심전달 : 단락별 핵심을 하위목차로 요약한다.

　　㉥ 대상파악 : 대상에 대한 이해와 분석을 통해 철저히 파악한다.

　　㉦ 보충설명 : 예상되는 질문을 정리하여 구체적인 답변을 준비한다.

　　㉧ 문서표현의 시각화 : 그래프, 그림, 사진 등을 적절히 사용하여 이해를 돕는다.

(3) 경청능력

① 경청의 중요성 : 경청은 다른 사람의 말을 주의 깊게 들으며 공감하는 능력으로 경청을 통해 상대방을 한 개인으로 존중하고 성실한 마음으로 대하게 되며, 상대방의 입장에 공감하고 이해하게 된다.

② 경청을 방해하는 습관 : 짐작하기, 대답할 말 준비하기, 걸러내기, 판단하기, 다른 생각하기, 조언하기, 언쟁하기, 옳아야만 하기, 슬쩍 넘어가기, 비위 맞추기 등

③ 효과적인 경청방법

　　㉠ 준비하기 : 강연이나 프레젠테이션 이전에 나누어주는 자료를 읽어 미리 주제를 파악하고 등장하는 용어를 익혀둔다.

　　㉡ 주의 집중 : 말하는 사람의 모든 것에 집중해서 적극적으로 듣는다.

　　㉢ 예측하기 : 다음에 무엇을 말할 것인가를 추측하려고 노력한다.

　　㉣ 나와 관련짓기 : 상대방이 전달하고자 하는 메시지를 나의 경험과 관련지어 생각해 본다.

　　㉤ 질문하기 : 질문은 듣는 행위를 적극적으로 하게 만들고 집중력을 높인다.

　　㉥ 요약하기 : 주기적으로 상대방이 전달하려는 내용을 요약한다.

　　㉦ 반응하기 : 피드백을 통해 의사소통을 점검한다.

다음은 면접스터디 중 일어난 대화이다. 민아의 고민을 해소하기 위한 조언으로 가장 적절한 것은?

> 지섭 : 민아씨, 어디 아파요? 표정이 안 좋아 보여요.
> 민아 : 제가 원서 넣은 공단이 내일 면접이어서요. 그동안 스터디를 통해서 면접 연습을 많이 했는데도 벌써부터 긴장이 되네요.
> 지섭 : 민아씨는 자기 의견도 명확히 피력할 줄 알고 조리 있게 설명을 잘 하시니 걱정 안하셔도 될 것 같아요. 아, 손에 꽉 쥐고 계신 건 뭔가요?
> 민아 : 아, 제가 예상 답변을 정리해서 모아둔거에요. 내용은 거의 외웠는데 이렇게 쥐고 있지 않으면 불안해서..
> 지섭 : 그 정도로 준비를 철저히 하셨으면 걱정할 이유 없을 것 같아요.
> 민아 : 그래도 압박면접이거나 예상치 못한 질문이 들어오면 어떻게 하죠?
> 지섭 : _____

① 시선을 적절히 처리하면서 부드러운 어투로 말하는 연습을 해보는 건 어때요?
② 공식적인 자리인 만큼 옷차림을 신경 쓰는 게 좋을 것 같아요.
③ 당황하지 말고 질문자의 의도를 잘 파악해서 침착하게 대답하면 되지 않을까요?
④ 예상 질문에 대한 답변을 좀 더 정확하게 외워보는 건 어떨까요?

답 ③

[출제의도]
상대방이 하는 말을 듣고 질문의도에 따라 올바르게 답하는 능력을 측정하는 문항이다.
[해설]
민아는 압박질문이나 예상치 못한 질문에 대해 걱정을 하고 있으므로 침착하게 대응하라고 조언을 해주는 것이 좋다.

(4) 의사표현능력

① **의사표현능력** : 말하는 사람이 자신의 생각과 감정을 듣는 사람에게 음성 언어나 신체 언어로 표현하는 능력을 의미한다.

② **의사표현의 중요성** : 좋은 아이디어를 갖고 있어도 이를 제대로 표현하지 못하면 자신의 능력을 충분히 표출하기 어렵다. 반면에 의사표현을 잘하면 목적을 쉽게 달성할 수 있다.

③ **상황과 대상에 따른 의사표현법**

　㉠ **잘못을 지적할 때** : 모호한 표현을 삼가고 확실하게 지적하며, 당장 꾸짖고 있는 내용에만 한정한다.

　㉡ **칭찬할 때** : 자칫 아부로 여겨질 수 있으므로 센스 있는 칭찬이 필요하다.

　㉢ **부탁할 때** : 먼저 상대방의 사정을 듣고 응하기 쉽게 구체적으로 부탁하며 거절을 당해도 싫은 내색을 하지 않는다.

　㉣ **요구를 거절할 때** : 먼저 사과하고 응해줄 수 없는 이유를 설명한다.

　㉤ **명령할 때** : 강압적인 말투보다는 '○○을 이렇게 해주는 것이 어떻겠습니까?'와 같은 식으로 부드럽게 표현하는 것이 효과적이다.

ⓑ 설득할 때 : 일방적으로 강요하기보다는 먼저 양보해서 이익을 공유하겠다는 의지를 보여
　주는 것이 좋다.

ⓢ 충고할 때 : 충고는 가장 최후의 방법이다. 반드시 충고가 필요한 상황이라면 예화를 들
　어 비유적으로 깨우쳐주는 것이 바람직하다.

ⓞ 질책할 때 : 샌드위치 화법(칭찬의 말 + 질책의 말 + 격려의 말)을 사용하여 청자의 반발
　을 최소화 한다.

예제 5

당신은 팀장님께 업무 지시내용을 수행하고 결과물을 보고 드렸다. 하지만
팀장님께서는 "최대리 업무를 이렇게 처리하면 어떡하나? 누락된 부분이 있
지 않은가."라고 말하였다. 이에 대해 당신이 행할 수 있는 가장 부적절한 대
처 자세는?

① "죄송합니다. 제가 잘 모르는 부분이라 이수혁 과장님께 부탁을 했는데 과장님
　께서 실수를 하신 것 같습니다."
② "주의를 기울이지 못해 죄송합니다. 어느 부분을 수정보완하면 될까요?"
③ "지시하신 내용을 제가 충분히 이해하지 못하였습니다. 내용을 다시 한 번 여쭤
　보아도 되겠습니까?"
④ "부족한 내용을 보완하는 자료를 취합하기 위해서 하루정도가 더 소요될 것 같
　습니다. 언제까지 재작성하여 드리면 될까요?"

답 ①

---

④ 원활한 의사표현을 위한 지침

㉠ 올바른 화법을 위해 독서를 하라.

㉡ 좋은 청중이 되라.

㉢ 칭찬을 아끼지 마라.

㉣ 공감하고, 긍정적으로 보이게 하라.

㉤ 겸손은 최고의 미덕임을 잊지 마라.

㉥ 과감하게 공개하라.

㉦ 뒷말을 숨기지 마라.

㉧ 첫마디 말을 준비하라.

㉨ 이성과 감성의 조화를 꾀하라.

㉩ 대화의 룰을 지켜라.

㉪ 문장을 완전하게 말하라.

⑤ 설득력 있는 의사표현을 위한 지침

　　㉠ 'Yes'를 유도하여 미리 설득 분위기를 조성하라.

　　㉡ 대비 효과로 분발심을 불러 일으켜라.

　　㉢ 침묵을 지키는 사람의 참여도를 높여라.

　　㉣ 여운을 남기는 말로 상대방의 감정을 누그러뜨려라.

　　㉤ 하던 말을 갑자기 멈춤으로써 상대방의 주의를 끌어라.

　　㉥ 호칭을 바꿔서 심리적 간격을 좁혀라.

　　㉦ 끄집어 말하여 자존심을 건드려라.

　　㉧ 정보전달 공식을 이용하여 설득하라.

　　㉨ 상대방의 불평이 가져올 결과를 강조하라.

　　㉩ 권위 있는 사람의 말이나 작품을 인용하라.

　　㉪ 약점을 보여 주어 심리적 거리를 좁혀라.

　　㉫ 이상과 현실의 구체적 차이를 확인시켜라.

　　㉬ 자신의 잘못도 솔직하게 인정하라.

　　㉭ 집단의 요구를 거절하려면 개개인의 의견을 물어라.

　　ⓐ 동조 심리를 이용하여 설득하라.

　　ⓑ 지금까지의 노고를 치하한 뒤 새로운 요구를 하라.

　　ⓒ 담당자가 대변자 역할을 하도록 하여 윗사람을 설득하게 하라.

　　ⓓ 겉치레 양보로 기선을 제압하라.

　　ⓔ 변명의 여지를 만들어 주고 설득하라.

　　ⓕ 혼자 말하는 척하면서 상대의 잘못을 지적하라.

(5) 기초외국어능력

① 기초외국어능력의 개념과 필요성

  ㉠ 개념 : 기초외국어능력은 외국어로 된 간단한 자료를 이해하거나, 외국인과의 전화응대와 간단한 대화 등 외국인의 의사표현을 이해하고, 자신의 의사를 기초외국어로 표현할 수 있는 능력이다.

  ㉡ 필요성 : 국제화·세계화 시대에 다른 나라와의 무역을 위해 우리의 언어가 아닌 국제적인 통용어를 사용하거나 그들의 언어로 의사소통을 해야 하는 경우가 생길 수 있다.

② 외국인과의 의사소통에서 피해야 할 행동

  ㉠ 상대를 볼 때 흘겨보거나, 노려보거나, 아예 보지 않는 행동

  ㉡ 팔이나 다리를 꼬는 행동

  ㉢ 표정이 없는 것

  ㉣ 다리를 흔들거나 펜을 돌리는 행동

  ㉤ 맞장구를 치지 않거나 고개를 끄덕이지 않는 행동

  ㉥ 생각 없이 메모하는 행동

  ㉦ 자료만 들여다보는 행동

  ㉧ 바르지 못한 자세로 앉는 행동

  ㉨ 한숨, 하품, 신음소리를 내는 행동

  ㉩ 다른 일을 하며 듣는 행동

  ㉪ 상대방에게 이름이나 호칭을 어떻게 부를지 묻지 않고 마음대로 부르는 행동

③ 기초외국어능력 향상을 위한 공부법

  ㉠ 외국어공부의 목적부터 정하라.

  ㉡ 매일 30분씩 눈과 손과 입에 밸 정도로 반복하라.

  ㉢ 실수를 두려워하지 말고 기회가 있을 때마다 외국어로 말하라.

  ㉣ 외국어 잡지나 원서와 친해져라.

  ㉤ 소홀해지지 않도록 라이벌을 정하고 공부하라.

  ㉥ 업무와 관련된 주요 용어의 외국어는 꼭 알아두자.

  ㉦ 출퇴근 시간에 외국어 방송을 보거나, 듣는 것만으로도 귀가 트인다.

  ㉧ 어린이가 단어를 배우듯 외국어 단어를 암기할 때 그림카드를 사용해 보라.

  ㉨ 가능하면 외국인 친구를 사귀고 대화를 자주 나눠 보라.

출제예상문제

1 아래의 글을 읽고 ⓐ의 내용을 뒷받침할 수 있는 경우로 보기 가장 어려운 것을 고르면?

범죄 사건을 다루는 언론 보도의 대부분은 수사기관으로부터 얻은 정보에 근거하고 있고, 공소제기 전인 수사 단계에 집중되어 있다. 따라서 언론의 범죄 관련 보도는 범죄 사실이 인정되는지 여부를 백지상태에서 판단하여야 할 법관이나 배심원들에게 유죄의 예단을 심어줄 우려가 있다. 이는 헌법상 적법절차 보장에 근거하여 공정한 형사재판을 받을 피고인의 권리를 침해할 위험이 있어 이를 제한할 필요성이 제기된다. 실제로 피의자의 자백이나 전과, 거짓말탐지기 검사 결과 등에 관한 언론 보도는 유죄판단에 큰 영향을 미친다는 실증적 연구도 있다. 하지만 보도 제한은 헌법에 보장된 표현의 자유에 대한 침해가 된다는 반론도 만만치 않다. 미국 연방대법원은 어빈 사건 판결에서 지나치게 편향적이고 피의자를 유죄로 취급하는 언론 보도가 예단을 형성시켜 실제로 재판에 영향을 주었다는 사실이 입증되면, 법관이나 배심원이 피고인을 유죄라고 확신하더라도 그 유죄판결을 파기하여야 한다고 했다. 이 판결은 이른바 '현실적 예단'의 법리를 형성시켰다. 이후 리도 사건 판결에 와서는, 일반적으로 보도의 내용이나 행태 등에서 예단을 유발할 수 있다고 인정이 되면, 개개의 배심원이 실제로 예단을 가졌는지의 입증 여부를 따지지 않고, 적법 절차의 위반을 들어 유죄판결을 파기할 수 있다는 '일반적 예단'의 법리로 나아갔다.

세퍼드 사건 판결에서는 유죄 판결을 파기하면서, '침해 예방'이라는 관점을 제시하였다. 즉, 배심원 선정 절차에서 상세한 질문을 통하여 예단을 가진 후보자를 배제하고, 배심원이나 증인을 격리하며, 재판을 연기하거나, 관할을 변경하는 등의 수단을 언급하였다. 그런데 법원이 보도기관에 내린 '공판 전 보도금지명령'에 대하여 기자협회가 연방대법원에 상고한 네브래스카 기자협회 사건 판결에서는 침해의 위험이 명백하지 않은데도 가장 강력한 사전 예방 수단을 쓰는 것은 위헌이라고 판단하였다.

이러한 판결들을 거치면서 미국에서는 언론의 자유와 공정한 형사절차를 조화시키면서 범죄 보도를 제한할 수 있는 방법을 모색하였다. 그리하여 셰퍼드 사건에서 제시된 수단과 함께 형사 재판의 비공개, 형사소송 관계인의 언론에 대한 정보제공금지 등이 시행되었다. 하지만 ⓐ 예단 방지 수단들의 실효성을 의심하는 견해가 있고, 여전히 표현의 자유와 알 권리에 대한 제한의 우려도 있어, 이 수단들은 매우 제한적으로 시행되고 있다. 그런데 언론 보도의 자유와 공정한 재판이 꼭 상충된다고만 볼 것은 아니며, 피고인 측의 표현의 자유를 존중하는 것이 공정한 재판에 도움이 된다는 입장에서 네브래스카 기자협회 사건 판결의 의미를 새기는 견해도 있다. 이 견해는 수사기관으로부터 얻은 정보에 근거한 범죄 보도로 인하여 피고인을 유죄로 추정하는 구조에 대항하기 위하여 변호인이 적극적으로 피고인 측의 주장을 보도기관에 전하여, 보도가 일방적으로 편향되는 것을 방지할 필요가 있다고 한다. 일반적으로 변호인이 피고인을 위하여 사건에 대해 발언하는 것은 범죄 보도의 경우보다 적법절차를 침해할 위험성이 크지 않은데도 제한을 받는 것은 적절하지 않다고 보며, 반면에 수사기관으로부터 얻은 정보를 기반으로 하는 언론 보도는 예단 형성의 위험성이 큰데도 헌법상 보호를 두텁게 받는다고 비판한다. 미국과 우리나라의 헌법상 변호인의 조력을 받을 권리는 변호인의 실질적 조력을 받을 권리를 의미한다. 실질적 조력에는 법정 밖의 적극적 변호 활동도 포함된다. 따라서 형사절차에서 피고인 측에게 유리한 정보를 언론에 제공할 기회나 반론권을 제약하지 말고, 언론이 검사 측 못지않게 피고인 측에게도 대등한 보도를 할 수 있도록 해야 한다.

① 법원이 재판을 장기간 연기했지만 재판 재개에 임박하여 다시 언론 보도가 이어진 경우
② 검사가 피의자의 진술거부권 행사 사실을 공개하려고 하였으나 법원이 검사에게 그 사실에 대한 공개 금지명령을 내린 경우
③ 변호사가 배심원 후보자에게 해당 사건에 대한 보도를 접했는지에 대해 질문했으나 후보자가 정직하게 답변하지 않은 경우
④ 법원이 관할 변경 조치를 취하였으나 이미 전국적으로 보도가 된 경우
⑤ 법원이 배심원을 격리하였으나 격리 전에 보도가 있었던 경우

 ⓐ의 이전 문장을 보면 알 수 있는데, "언론의 자유와 공정한 형사절차를 조화시키면서 범죄 보도를 제한할 수 있는 방법을 모색하였다. 그리하여 셰퍼드 사건에서 제시된 수단과 함께 형사 재판의 비공개, 형사소송 관계인의 언론에 대한 정보제공금지 등이 시행되었다."에서 볼 수 있듯이 ②의 경우에는 예단 방지를 위한 것이다. 하지만, 예단 방지 수단들에 대한 실효성이 떨어진다는 것은 알 수가 없다.

Answer▸ 1.②

2 다음 글의 문맥상 빈 칸 ㈎에 들어갈 가장 적절한 말은 어느 것인가?

여름이 빨리 오고 오래 가다보니 의류업계에서 '쿨링'을 컨셉으로 하는 옷들을 앞다퉈 내놓고 있다. 그물망 형태의 옷감에서 냉감(冷感)을 주는 멘톨(박하의 주성분)을 포함한 섬유까지 접근방식도 제각각이다. 그런데 가까운 미래에는 미생물을 포함한 옷이 이 대열에 합류할지도 모르겠다. 박테리아 같은 미생물은 여름철 땀냄새의 원인이라는데 어떻게 옷에 쓰일 수 있을까.

생물계에서 흡습형태변형은 널리 관찰되는 현상이다. 솔방울이 대표적인 예로 습도가 높을 때는 비늘이 닫혀있어 표면이 매끈한 덩어리로 보이지만 습도가 떨어지면 비늘이 삐죽삐죽 튀어나온 형태로 바뀐다. 밀이나 보리의 열매(낟알) 끝에 달려 있는 까끄라기도 습도가 높을 때는 한 쌍이 거의 나란히 있지만 습도가 낮아지면 서로 벌어진다. 이런 현상은 한쪽 면에 있는 세포의 길이(크기)가 반대 쪽 면에 있는 세포에 비해 습도에 더 민감하게 변하기 때문이다. 즉 습도가 낮아져 세포 길이가 짧아지면 그쪽 면을 향해 휘어지는 것이다.

MIT의 연구자들은 미생물을 이용해서도 이런 흡습형태변형을 구현할 수 있는지 알아보기로 했다. 즉 습도에 영향을 받지 않는 재질인 천연라텍스 천에 농축된 대장균 배양액을 도포해 막을 형성했다. 대장균은 별도의 접착제 없이도 소수성 상호작용으로 라텍스에 잘 달라붙는다. 라텍스 천의 두께는 150~500㎛(마이크로미터. 1㎛는 100만분의 1m)이고 대장균 막의 두께는 1~5㎛다. 이 천을 상대습도 15%인 건조한 곳에 두자 대장균 세포에서 수분이 빠져나가며 대장균 막이 도포된 쪽으로 휘어졌다. 이 상태에서 상대습도 95%인 곳으로 옮기자 천이 서서히 펴지며 다시 평평해졌다. 이 과정을 여러 차례 반복해도 같은 현상이 재현됐다.

연구자들은 원자힘현미경(AFM)으로 대장균 막을 들여다봤고 상대습도에 따라 크기(부피)가 변한다는 사실을 확인했다. 즉 건조한 곳에서는 대장균 세포부피가 30% 정도 줄어드는데 이 효과가 천에서 세포들이 나란히 배열된 쪽을 수축시키는 현상으로 나타나 그 방향으로 휘어지는 것이다. 연구자들은 이런 흡습형태변형이 대장균만의 특성인지 미생물의 일반 특성인지 알아보기 위해 몇 가지 박테리아와 단세포 진핵생물인 효모에 대해서도 같은 실험을 해봤다. 그 결과 정도의 차이는 있었지만 패턴은 동일했다.

다음으로 연구자들은 양쪽 면에 미생물이 코팅된 천이 쿨링 소재로 얼마나 효과적인지 알아보기로 했다. 연구팀은 흡습형태변형이 효과를 낼 수 있도록 독특한 형태로 옷을 디자인했다. 즉, (㈎   )

그 결과 공간이 생기면서 땀의 배출을 돕는다. 측정 결과 미생물이 코팅된 천으로 만든 옷을 입을 경우 같은 형태의 일반 천으로 만든 옷에 비해 피부 표면 공기의 온도가 2도 정도 낮아 쿨링 효과가 있는 것으로 나타났다.

① 체온이 높은 등 쪽으로 천이 휘어지게 되는 성질을 이용해 평상시에는 옷이 바깥쪽으로 더 튀어나오도록 디자인했다.

② 미생물이 코팅된 천이 땀으로 인한 습도의 영향을 잘 받을 수 있도록 옷의 안쪽 면에 부착하여 옷의 바깥쪽과는 완전히 다른 환경을 유지할 수 있도록 디자인했다.

③ 땀이 많이 나는 등 쪽에 칼집을 낸 형태로 만들어 땀이 안 날 때는 평평하다가 땀이 나면 피부 쪽 면의 습도가 높아져 미생물이 팽창해 천이 바깥쪽으로 휘어지도록 디자인했다.

④ 땀이 나서 습도가 올라가면 등 쪽의 세포 길이가 짧아질 것을 고려해 천이 안쪽으로 휘어져 공간이 생길 수 있도록 디자인했다.

⑤ 땀이 흐르는 등과 천 사이에 일정한 공간이 유지될 수 있도록 천에 미생물 코팅 면을 부착해 공간 사이로 땀이 흘러내리며 쿨링 효과를 일으킬 수 있도록 디자인했다.

 흡습형태변형은 한쪽 면에 있는 세포의 길이(크기)가 반대 쪽 면에 있는 세포에 비해 습도에 더 민감하게 변하여, 습도가 낮아져 세포 길이가 짧아지면 그쪽 면을 향해 휘어지는 것을 의미한다고 언급되어 있다. 따라서 등에 땀이 나면 세포 길이가 더 짧은 바깥쪽으로 옷이 휘어지게 되므로 등 쪽 면에 공간이 생기게 되는 원리를 이용한 것임을 알 수 있다.

Answer⌐➔ 2.③

3 다음 글의 내용을 참고할 때, 빈 칸에 들어갈 가상 석설한 말은 어느 것인가?

> 사람을 비롯한 포유류에서 모든 피를 만드는 줄기세포는 뼈에 존재한다. 그러나 물고기의 조혈 줄기세포(조혈모세포)는 신장에 있다. 신체의 특정 위치 즉 '조혈 줄기세포 자리(blood stem cell niche)'에서 피가 만들어진다는 사실을 처음 알게 된 1970년대 이래, 생물학자들은 생물들이 왜 서로 다른 부위에서 이 기능을 수행하도록 진화돼 왔는지 궁금하게 여겨왔다. 그 40년 뒤, 중요한 단서가 발견됐다. 조혈 줄기세포가 위치한 장소는 (   ) 진화돼 왔다는 사실이다.
>
> 이번에 발견된 '조혈 줄기세포 자리' 퍼즐 조각은 조혈모세포 이식의 안전성을 증진시키는데 도움이 될 것으로 기대된다. 연구팀은 실험에 널리 쓰이는 동물모델인 제브라피쉬를 관찰하다 영감을 얻게 됐다.
>
> 프리드리히 카프(Friedrich Kapp) 박사는 "현미경으로 제브라피쉬의 조혈 줄기세포를 관찰하려고 했으나 신장 위에 있는 멜라닌세포 층이 시야를 가로막았다"고 말했다. 멜라닌세포는 인체 피부 색깔을 나타내는 멜라닌 색소를 생성하는 세포다.
>
> 카프 박사는 "신장 위에 있는 멜라닌세포의 모양이 마치 파라솔을 연상시켜 이 세포들이 조혈줄기세포를 자외선으로부터 보호해 주는 것이 아닐까 하는 생각을 하게 됐다"고 전했다. 이런 생각이 들자 카프 박사는 정상적인 제브라피쉬와 멜라닌세포가 결여된 변이 제브라피쉬를 각각 자외선에 노출시켰다. 그랬더니 변이 제브라피쉬의 조혈 줄기세포가 줄어드는 현상이 나타났다. 이와 함께 정상적인 제브라피쉬를 거꾸로 뒤집어 자외선을 쬐자 마찬가지로 줄기세포가 손실됐다.
>
> 이 실험들은 멜라닌세포 우산이 물리적으로 위에서 내리쬐는 자외선으로부터 신장을 보호하고 있다는 사실을 확인시켜 주었다.

① 줄기세포가 햇빛과 원활하게 접촉할 수 있도록
② 줄기세포에 일정한 양의 햇빛이 지속적으로 공급될 수 있도록
③ 멜라닌 색소가 생성되기에 최적의 공간이 형성될 수 있도록
④ 멜라닌세포 층과 햇빛의 반응이 최소화될 수 있도록
⑤ 햇빛의 유해한 자외선(UV)으로부터 이 줄기세포를 보호하도록

 제브라 피쉬의 실험은 햇빛의 자외선으로부터 줄기세포를 보호하는 멜라닌 세포를 제거한 후 제브라 피쉬를 햇빛에 노출시켜 본 사실이 핵심적인 내용이라고 할 수 있다. 따라서 이를 통하여 알 수 있는 결론은, 줄기세포가 존재하는 장소는 햇빛의 자외선으로부터 보호받을 수 있는 방식으로 진화하게 되었다는 것이 타당하다고 볼 수 있다.

4 올해로 20살이 되는 5명의 친구들이 바다로 추억여행을 떠나기 위해 목적지, 교통편 등을 알아보고 마지막으로 숙소를 정하게 되었다. 도중에 이들은 국내 숙박업소에 대한 예약·취소·환불에 관한 기사 및 그래프를 접하게 되었다. 이를 보고 내용을 잘못 파악하고 있는 사람이 누구인지 고르면?

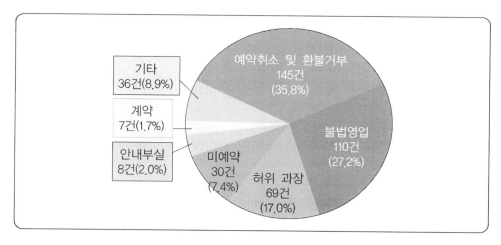

① A : 그래프에서 보면 숙박 애플리케이션 이용자들은 예약 취소 및 환불 거부 등에 가장 큰 불만을 가지고 있음을 알 수 있어

② B : 불법영업 및 허위·과장 등도 A가 지적한 원인 다음으로 많은데 이 두 건의 차이는 41건이야

③ C : 국내하고는 다르게 해외 업체의 경우에는 주로 불법영업 단속 요청이 많음을 알 수 있어

④ D : 위 그래프에 제시된 것으로 보아 이용자들이 불편을 느끼는 부분들에 대해 1순위는 예약취소 및 환불거부, 2순위는 불법영업, 3순위는 허위·과장, 4순위는 미예약, 5순위는 안내부실, 6순위는 계약, 7순위는 기타의 순이야

⑤ E : 아무래도 숙박 어플리케이션을 사용할 시에는 약관을 꼼꼼하게 살펴보고 숙박업소의 정보가 정확한지 확인할 필요가 있다고 생각해

(Tip) 위 내용에서는 "해외 업체의 경우에는 주로 불법영업 단속 요청이 많다"는 것은 그래프를 통해 알 수가 없다.

5 다음 글이 어느 전체 글의 서론에 해당하는 내용일 때, 본론에서 다루어질 내용이라고 판단하기에 적절하지 않은 것은 어느 것인가?

> 지난 2017년 1월 20일 제 45대 미국 대통령으로 취임한 도널드 트럼프는 미국 내 석유·천연가스 생산을 증진하고 수출을 늘려 미국의 고용과 성장을 추구하며 이를 위해 각종 규제들을 완화하거나 폐지해야 한다는 주장을 해왔다. 이어 트럼프 행정부는 취임 직후부터 에너지 부문 규제를 전면 재검토하고 중단되었던 에너지 인프라 프로젝트를 추진하는 등 관련 조치들을 단행하였다. 화석에너지 자원을 중시하는 트럼프 행정부의 에너지 정책은 과거 오바마 행정부가 온실가스 감축과 신재생에너지 확산을 중시하면서 화석연료 소비는 절약 및 효율개선을 통해 줄이려했던 것과는 반대되는 모습이다.
>
> 셰일혁명에 힘입어 세계 에너지 시장과 산업에서 미국의 영향력은 점점 커지고 있어 미국의 정책 변화는 미국의 에너지 산업이나 에너지수급 뿐만 아니라 세계 에너지 시장과 산업에 상당한 영향을 미칠 수 있다. 물론 미국의 행정부 교체에 따른 에너지정책 변화가 미국과 세계의 에너지 부문에 급격히 많은 변화를 야기할 것이라는 전망은 다소 과장된 것일 수 있다. 미국의 에너지정책은 상당부분 주정부의 역할이 오히려 더 중요한 역할을 하고 있기도 하고 미국의 에너지시장은 정책 요인보다는 시장논리에 따라서 움직이는 요소가 크다는 점에서 연방정부의 정책 변화의 영향은 제한적일 것이라는 분석도 일리가 있다. 또한 기후변화 대응을 위한 온실가스 감축노력과 저탄소 에너지 사용 확대 노력은 이미 세계적으로 대세를 형성하고 있어 이러한 흐름을 미국이 역행하는 것은 한계가 있다는 견해도 많다.
>
> 어쨌든 트럼프 행정부가 이미 출범했고 화석연료 중심의 에너지정책과 규제 완화 등 공약사항들을 상당히 빠르게 추진하고 있어 이에 따른 미국 및 세계 에너지 수급과 에너지시장에의 영향을 조기에 전망하고 우리나라의 에너지수급과 관련된 사안이 있다면 이에 대한 적절한 대응을 위한 시사점을 찾아낼 필요가 있으며 트럼프 행정부 초기에 이러한 작업을 하는 것은 매우 시의적절하다 하겠다.

① 트럼프 행정부의 에너지 정책 추진 동향에 대한 분석
② 세계 에너지부문에의 영향을 파악하여 우리나라의 대응 방안 모색
③ 미국의 화석에너지 생산 및 소비 현황과 국제적 비중 파악
④ 중국, EU 등 국제사회와의 무역 갈등에 대한 원인과 영향 분석
⑤ 기후변화에 따른 국제사회와의 협약 이행 여부 및 기후변화에 대한 인식 파악

 국제사회와 빚고 있는 무역 갈등은 자국의 이기주의 또는 보호무역주의에 의한 또 다른 문제로 볼 수 있으며, 제시된 기후변화와 화석에너지 정책의 변화 내용과는 관련이 없는 내용이라고 할 수 있다. 트럼프 행정부의 에너지 정책 추진에 관한 내용과 에너지원 활용 현황, 국제사회와의 협약 이행 여부 관찰 등은 모두 제시 글의 말미에서 정리한 서론의 핵심 내용을 설명하기 위해 전개하게 될 사항들이다.

6 다음 중 밑줄 친 외래어의 표기가 올바르게 쓰인 것은 어느 것인가?

① 그는 어제 오후 비행기를 타고 <u>라스베가스</u>로 출국하였다.

② 그런 <u>넌센스</u>를 내가 믿을 것 같냐?

③ 도안이 완료되는 즉시 <u>팸플릿</u> 제작에 착수해야 한다.

④ 백화점보다는 <u>아울렛</u> 매장에서 사는 것이 훨씬 싸다고 생각한다.

⑤ 아무리 비밀로 하려 해도 나의 <u>레이다</u>에 포착되지 않을 순 없다.

 '팸플릿'은 올바른 외래어 표기법에 따른 것으로, '팜플렛'으로 잘못 쓰지 않도록 주의하여야 한다. 국립국어원 외래어 표기법에 따른 올바른 외래어의 표기는 다음과 같다.
① 라스베가스 → 라스베이거스
② 넌센스 → 난센스
④ 아울렛 → 아웃렛
⑤ 레이다 → 레이더

7 공문서를 작성할 경우, 명확한 의미의 전달은 의사소통을 하는 일에 있어 가장 중요한 요소라고 할 수 있다. 다음에 제시되는 문장 중 명확하지 않은 중의적인 의미를 포함하고 있는 문장이 아닌 것은 어느 것인가?

① 그녀를 기다리고 있던 성진이는 길 건너편에서 모자를 쓰고 있었다.

② 울면서 떠나는 영희에게 철수는 손을 흔들었다.

③ 그곳까지 간 김에 나는 철수와 영희를 만나고 돌아왔다.

④ 대학 동기동창이던 하영과 원태는 지난 달 결혼을 하였다.

⑤ 참석자가 모두 오지 않아서 회의가 진행될 수 없다.

 '철수는'이라는 주어가 맨 앞으로 와서 '철수는 울면서 떠나는 영희에게 손을 흔들었다.'라고 표현하기 쉬우며, 이것은 우는 주체가 철수인지 영희인지 불분명한 경우가 될 수 있으므로 주의하여야 한다.

Answer ↱ 5.④ 6.③ 7.②

8 다음 글에서 언급된 밑줄 친 '합리적 기대이론'에 대한 설명으로 적절하지 않은 것은 무엇인가?

> 과거에 중앙은행들은 자신이 가진 정보와 향후의 정책방향을 외부에 알리지 않는 이른바 비밀주의를 오랜 기간 지켜왔다. 통화정책 커뮤니케이션이 활발하지 않았던 이유는 여러 가지가 있었지만 무엇보다도 통화정책 결정의 영향이 파급되는 경로가 비교적 단순하고 분명하여 커뮤니케이션의 필요성이 크지 않았기 때문이었다. 게다가 중앙은행에게는 권한의 행사와 그로 인해 나타난 결과에 대해 국민에게 설명할 어떠한 의무도 부과되지 않았다.
> 중앙은행의 소극적인 의사소통을 옹호하는 주장 가운데는 비밀주의가 오히려 금융시장의 발전을 가져올 수 있다는 견해가 있었다. 중앙은행이 모호한 표현을 이용하여 자신의 정책의도를 이해하기 어렵게 설명하면 금리의 변화 방향에 대한 불확실성이 커지고 그 결과 미래 금리에 대한 시장의 기대가 다양하게 형성된다. 이처럼 미래의 적정금리에 대한 기대의 폭이 넓어지면 금융거래가 더욱 역동적으로 이루어짐으로써 시장의 규모가 커지는 등 금융시장이 발전하게 된다는 것이다. 또한 통화정책의 효과를 극대화하기 위해 커뮤니케이션을 자제해야 한다는 생각이 통화정책 비밀주의를 오래도록 유지하게 한 요인이었다. <u>합리적 기대이론</u>에 따르면 사전에 예견된 통화정책은 경제주체의 기대 변화를 통해 가격조정이 정책의 변화 이전에 이루어지기 때문에 실질생산량, 고용 등의 변수에 변화를 가져올 수 없다. 따라서 단기간 동안이라도 실질변수에 변화를 가져오기 위해서는 통화정책이 예상치 못한 상황에서 수행되어야 한다는 것이다.
> 이 외에 통화정책결정에 있어 중앙은행의 독립성이 확립되지 않은 경우 비밀주의를 유지하는 것이 외부의 압력으로부터 중앙은행을 지키는 데 유리하다는 견해가 있다. 중앙은행의 통화정책이 공개되면 이해관계가 서로 다른 집단이나 정부 등이 정책결정에 간섭할 가능성이 커지고 이들의 간섭이 중앙은행의 독립적인 정책수행을 어렵게 할 수 있다는 것이다.

① 사람들은 현상을 충분히 합리적으로 판단할 수 있으므로 어떠한 정책 변화도 미리 합리적으로 예상하여 행동한다.

② 경제주체들이 자신의 기대형성 방식이 잘못되었다는 것을 알면서도 그런 방식으로 계속 기대를 형성한다고 가정하는 것이다.

③ 예상하지 못한 정책 충격만이 단기적으로 실질변수에 영향을 미친다.

④ 1년 후의 물가가 10% 오를 것으로 예상될 때 10% 이하의 금리로 돈을 빌려 주면 손실을 보게 되기 때문에, 대출 금리를 10% 이상으로 인상시켜 놓게 된다.

⑤ 임금이나 실업 수준 등에 실질적인 영향을 미치고자 할 때에는 사람들이 예상하지 못하는 방법으로 통화 공급을 변화시켜야 한다.

 제시 글을 통해 알 수 있는 합리적 기대이론의 의미는, 가계나 기업 등 경제주체들은 활용가능한 모든 정보를 활용해 경제상황의 변화를 합리적으로 예측한다는 것으로, 이에 따르면 공개된 금융, 재정 정책은 합리적 기대이론에 의한 경제주체들의 선제적 반응으로 무력화되고 만다. 보기 ②에서 언급된 내용은 이와 정반대로 움직이는 경제주체의 모습을 설명한 것으로, 경제주체들이 드러난 정보를 무시하고 과거의 실적치만으로 기대를 형성하는 기대오류를 범한다고 보는 견해이다.

9 다음 보기 중, 아래 제시 글의 내용을 올바르게 이해하지 못한 것은? (실질 국외순수취 요소소 득은 고려하지 않는다)

> 어느 해의 GDP가 그 전년에 비해 증가했다면 ①총 산출량이 증가했거나, ②산출물의 가격이 상승했거나 아니면 ③둘 다였을 가능성이 있게 된다. 국가경제에서 생산한 재화와 서비스의 총량이 시간의 흐름에 따라 어떻게 변화하는지(경제성장)를 정확하게 측정하기 위해서는 물량과 가격 요인이 분리되어야 한다. 이에 따라 GDP는 명목 GDP와 실질 GDP로 구분되어 추계되고 있다. 경상가격 GDP(GDP at current prices)라고도 불리는 명목 GDP는 한 나라 안에서 생산된 최종생산물의 가치를 그 생산물이 생산된 기간중의 가격을 적용하여 계산한 것이다. 반면에 실질 GDP는 기준연도 가격으로 측정한 것으로 불변가격 GDP(GDP at constant prices)라고도 한다.
>
> 그러면 실질 구매력을 반영하는 실질 GNI는 어떻게 산출될까? 결론적으로 말하자면 실질 GNI도 실질 GDP로부터 산출된다. 그런데 실질 GNI는 교역조건 변화에 따른 실질 무역 손익까지 포함하여 다음과 같이 계산된다.
> '실질 GNI=실질 GDP+교역조건 변화에 따른 실질 무역 손익+(실질 국외순수취 요소소득)'
> 교역조건은 수출가격을 수입가격으로 나눈 것으로 수출입 상품간의 교환 비율이다. 교역조건이 변화하면 생산 및 소비가 영향을 받게 되고 그로 인해 국민소득이 변화하게 된다. 예를 들어 교역조건이 나빠지면 동일한 수출물량으로 사들일 수 있는 수입물량이 감소하게 된다. 이는 소비나 투자에 필요한 재화의 수입량이 줄어드는 것을 의미하며 수입재에 의한 소비나 투자의 감소는 바로 실질소득의 감소인 것이다. 이처럼 교역조건이 변화하면 실질소득이 영향을 받기 때문에 실질 GNI의 계산에는 교역조건 변화에 따른 실질 무역 손익이 포함되는 것이다. 교역조건 변화에 따른 실질 무역 손익이란 교역조건의 변화로 인해 발생하는 실질소득의 국외 유출 또는 국외로부터의 유입을 말한다.

① 한 나라의 총 생산량이 전년과 동일해도 GDP가 변동될 수 있다.
② GDP의 중요한 결정 요인은 가격과 물량이다.
③ 실질 GDP의 변동 요인은 물량이 아닌 가격이다.
④ 동일한 제품의 수입가격보다 수출가격이 높으면 실질 GNI는 실질 GDP보다 커진다.
⑤ 실질 GNI가 실질 GDP보다 낮아졌다는 것은 교역조건이 더 나빠졌다는 것을 의미한다.

 실질 GDP는 기준연도의 가격을 근거로 한 불변가격 GDP이므로 실질 GDP가 변하는 요인은 가격이 아닌 물량의 변동에 따른 것이다.

10 아래에 제시된 글을 읽고 20세기 중반 이후의 정당 체계에서 발생한 정당 기능의 변화로 볼 수 없는 것을 고르면?

대의 민주주의에서 정당의 역할에 대한 대표적인 설명은 책임 정당정부 이론이다. 이 이론에 따르면 정치에 참여하는 각각의 정당은 자신의 지지 계급과 계층을 대표하고, 정부 내에서 정책 결정 및 집행 과정을 주도하며, 다음 선거에서 유권자들에게 그 결과에 대해 책임을 진다. 유럽에서 정당은 산업화 시기 생성된 노동과 자본 간의 갈등을 중심으로 다양한 사회 경제적 균열을 이용하여 유권자들을 조직하고 동원하였다. 이 과정에서 정당은 당원 중심의 운영 구조를 지향하는 대중정당의 모습을 띠었다. 당의 정책과 후보를 당원 중심으로 결정하고, 당내 교육과정을 통해 정치 엘리트를 충원하며, 정치인들이 정부 내에서 강한 기율을 지니는 대중정당은 책임정당정부 이론을 뒷받침하는 대표적인 정당 모형이었다. 대중정당의 출현 이후 정당은 의회의 정책 결정과 행정부의 정책 집행을 통제하는 정부 속의 정당 기능, 지지자들의 이익을 집약하고 표출하는 유권자 속의 정당 기능, 그리고 당원을 확충하고 정치 엘리트를 충원하고 교육하는 조직으로서의 정당 기능을 갖추어 갔다. 그러나 20세기 중반 이후 발생한 여러 원인으로 인해 정당은 이러한 기능에서 변화를 겪게 되었다. 산업 구조와 계층 구조가 다변화됨에 따라 정당들은 특정 계층이나 집단의 지지만으로는 집권이 불가능해졌고 이에 따라 보다 광범위한 유권자 집단으로부터 지지를 획득하고자 했다. 그 결과 정당 체계는 특정 계층을 뛰어넘어 전체 유권자 집단에 호소하여 표를 구하는 포괄정당 체계의 모습을 띠게 되었다. 선거 승리라는 목표가 더욱 강조될 경우 일부 정당은 외부 선거 전문가로 당료들을 구성하는 선거전문가정당 체계로 전환되기도 했다. 이 과정에서 계층과 직능을 대표하던 기존의 조직 라인은 당 조직의 외곽으로 밀려나기도 했다. 조직의 외곽으로 밀려나기도 했다. 한편 탈산업사회의 도래와 함께 환경, 인권, 교육 등에서 좀 더 나은 삶의 질을 추구하는 탈물질주의가 등장함에 따라 새로운 정당의 출현에 대한 압박이 생겨났다. 이는 기득권을 유지해온 기성 정당들을 위협했다. 이에 정당들은 자신의 기득권을 유지하기 위해 공적인 정치 자원의 과점을 통해 신생 혹은 소수당의 원 내 진입이나 정치 활동을 어렵게 하는 카르텔정당 체계를 구성하기도 했다. 다양한 정치관계법은 이런 체계를 유지하는 대표적인 수단으로 활용되었다.

정치관계법과 관련된 선거 제도의 예를 들면, 비례대표제에 비해 다수대표제는 득표 대비 의석 비율을 거대정당에 유리하도록 만들어 정당의 카르텔화를 촉진하는 데 활용되기도 한다. 이러한 정당의 변화 과정에서 정치 엘리트들의 자율성은 증대되었고, 정당 지도부의 권력이 강화되어 정부 내 자당 소속의 정치인들에 대한 통제력이 증가되었다. 하지만 반대로 평당원의 권력은 약화되고 당원 수는 감소하여 정당은 지지 계층 및 집단과의 유대를 잃어가기 시작했다. 뉴미디어가 발달하면서 정치에 관심은 높지만 정당과는 거리를 두는 '인지적' 시민이 증가함에 따라 정당 체계는 또 다른 도전에 직면하게 되었다. 정당 조직과 당원들이 수행했던 기존의 정치적 동원은 소셜 네트워크 내 시민들의 자기 조직적 참여로 대체 되었다. 심지어 정당을 우회하는 직접 민주주의의 현상도 나타났다.

이에 일부 정당은 카르텔 구조를 유지하면서도 공직 후보 선출 권을 일반 국민에게 개방하는 포스트카르텔정당 전략이나, 비록 당원으로 유입시키지 못할지라도 온라인 공간에서 인지적 시민과의 유대를 강화하려는 네트워크정당 전략으로 위기에 대응하고자 했다. 그러나 이러한 제반의 개혁 조치가 대중 정당으로의 복귀를 의미하지는 않았다. 오히려 당원이 감소되는 상황에서 선출권자나 후보들을 정당 밖에서 충원함으로써 적 의미의 정당 기능은 약화되었다. 물론 이러한 상황에서도 20세기 중반 이후 정당 체계들이 여전히 책임정당정치를 일정하게 구현하고 있다는 주장이 제기되기도 했다.

예를 들어 국가 간 비교를 행한 연구는 최근의 정당들이 구체적인 계급, 계층 집단을 조직하고 동원하지는 않지만 일반 이념을 매개로 정치 영역에서 유권자들을 대표하는 기능을 강화했음을 보여주었다. 유권자들은 좌우의 이념을 통해 정당의 정치적 입장을 인지하고 자신과 이념적으로 가까운 정당에 정치적 이해를 표출하며, 정당은 집권 후 이를 고려하여 책임정치를 일정하게 구현하고 있다는 것이다. 이때 정당은 포괄정당에서 네트 워크정당까지 다양한 모습을 띨 수 있지만, 이념을 매개로 유권자의 이해와 정부의 책임성 간의 선순환적 대의 관계를 잘 유지하고 있다는 것이다. 이와 같이 정당의 이념적 대표성을 긍정적으로 평가하는 주장에 대해 몇몇 학자 및 정치인들은 대중정당론에 근거한 반론을 제기하기도 한다. 이들은 여전히 정당이 계급과 계층을 조직적으로 대표해야 하며, 따라서 정당의 전통적인 기능과 역할을 복원하여 책임정당정치를 강화해야 한다는 주장을 제기하고 있다.

① 조직으로서의 정당 기능의 강화
② 유권자의 일반 이념을 대표하는 기능의 강화
③ 유권자를 정치적으로 동원하는 기능의 약화
④ 정부 속의 정당 기능의 강화
⑤ 유권자 속의 정당 기능의 약화

 3문단에서 보면 "최근의 정당들이 구체적인 계급, 계층 집단을 조직하고 동원하지는 않지만~"에서 알 수 있듯이 조직으로서의 정당 기능이 약화되었음을 알 수 있다.

Answer⟶ 10.①

11 다음 육아휴직에 관한 글을 올바르게 이해하지 못한 설명은 어느 것인가?

□ 육아휴직이란?

육아휴직이란 근로자가 만 8세 이하 또는 초등학교 2학년 이하의 자녀를 양육하기 위하여 신청, 사용하는 휴직을 말합니다.

□ 육아휴직기간

육아휴직의 기간은 1년 이내입니다.

* 자녀 1명당 1년 사용 가능하므로 자녀가 2명이면 각각 1년씩 2년 사용 가능
* 근로자의 권리이므로 부모가 모두 근로자면 한 자녀에 대해 아빠도 1년, 엄마도 1년 사용가능

□ 육아휴직급여 지급대상

- 사업주로부터 30일 이상 육아휴직을 부여받아야 합니다.

  ※ ① 근로한 기간이 1년 미만인 근로자, ② 같은 자녀에 대하여 배우자가 육아휴직을 하고 있는 근로자에 대하여는 사업주가 육아휴직을 거부할 수 있으니 유의하세요.

- 육아휴직 개시일 이전에 피보험단위기간(재직하면서 임금 받은 기간)이 모두 합해서 180일 이상이 되어야 합니다.

  ※ 단, 과거에 실업급여를 받았을 경우 인정받았던 피보험기간은 제외

- 같은 자녀에 대해서 피보험자인 배우자가 동시에 육아휴직(30일 미만은 제외) 중인 경우에는 중복된 기간에 대하여는 1명만 지급합니다.

□ 육아휴직급여 지급액

- 육아휴직기간 동안 매월 통상임금의 100분의 40을 육아휴직급여로 지급하고(상한액 : 월 100만 원, 하한액 : 월 50만 원), 육아휴직급여액 중 100분의 25는 직장복귀 6개월 후에 일시불로 지급합니다.

- 또한, 육아휴직 기간 중 사업주로부터 육아휴직을 이유로 금품을 지급받은 경우로서 매월 단위로 육아휴직기간 중 지급받은 금품과 육아휴직 급여의 100분의 75에 해당하는 금액(그 금액이 50만 원 미만인 경우에는 하한액 50만 원)을 합한 금액이 육아 휴직 시작일 기준으로 한 월 통상임금을 초과한 경우에는 그 초과한 금액을 육아휴직 급여의 100분의 75에 해당하는 금액에서 빼고 지급합니다.

- 육아 휴직 시작일이 2015년 7월 1일 이전은 육아휴직 급여의 100분의 85에 해당하는 금액(그 금액이 50만 원 미만인 경우에는 하한액 50만 원)을 합한 금액이 육아 휴직 시작일 기준으로 한 월 통상임금을 초과한 경우에는 그 초과한 금액을 육아휴직 급여의 100분의 85에 해당하는 금액에서 빼고 지급합니다.

□ 신청 시기

육아휴직을 시작한 날 이후 1개월부터 매월 단위로 신청하되, 당월 중에 실시한 육아휴직에 대한 급여의 지급 신청은 다음 달 말일까지 해야 합니다. 매월 신청하지 않고 기간을 적치하여 신청 가능합니다(사전 신청한 경우). 단, 육아휴직이 끝난 날 이후 12개월 이내에 신청하지 않을 경우 동 급여를 지급하지 않습니다.

① 해당 연령대 자녀가 2명인 부모가 사용할 수 있는 총 육아휴직 합산 기간은 4년이다.

② 통상임금이 200만 원인 근로자의 경우, 직장복귀 6개월 후 50만 원을 지급받게 된다.

③ 육아휴직급여를 받기 위해서는 이전 재직기간이 최소한 180일 이상이어야 한다.

④ 통상임금이 200만 원인 근로자가 사업주로부터 육아휴직을 이유로 150만 원의 격려금을 지급받았을 경우, 해당 월의 육아휴직급여액은 50만 원이 된다.

⑤ 5월 달 분의 육아휴직급여액을 7월에 신청할 수는 없다.

 통상임금이 200만 원이면 육아휴직 급여는 100분의 40인 80만 원이 되며, 이 금액의 100분의 25인 20만 원이 직장복귀 6개월 후 지급받는 금액이 된다.

12 다음에 제시되는 글과 내용에 포함된 표를 참고할 때, 뒤에 이이질 단락에서 디루이질 내용이리고 보기 어려운 것은 어느 것인가?

에너지의 사용량을 결정하는 매우 중요한 핵심인자는 함께 거주하는 가구원의 수이다. 다음의 표에서 가구원수가 많아질수록 연료비 지출액 역시 함께 증가하는 것을 확인할 수 있다.

가구원수	비율	가구소득(천 원, %)		연료비(원, %)		연료비 비율
1명	17.0%	1,466,381	(100.0)	59,360	(100.0)	8.18%
2명	26.8%	2,645,290	(180.4)	96,433	(162.5)	6.67%
3명	23.4%	3,877,247	(264.4)	117,963	(198.7)	4.36%
4명	25.3%	4,470,861	(304.9)	129,287	(217.8)	3.73%
5명 이상	7.5%	4,677,671	(319.0)	148,456	(250.1)	4.01%

하지만 가구원수와 연료비는 비례하여 증가하는 것은 아니며, 특히 1인 가구의 지출액은 3인이나 4인 가구의 절반 수준, 2인 가구와 비교하여서도 61.5% 수준에 그친다. 연료비 지출액이 1인 가구에서 상대적으로 큰 폭으로 떨어지는 이유는 1인 가구의 가구 유형에서 찾을 수 있다. 1인 가구의 40.8%가 노인가구이며, 노인가구의 낮은 소득수준이 연료비 지출을 더욱 압박하는 효과를 가져왔을 것이다. 하지만 1인 가구의 연료비 감소폭에 비해 가구소득의 감소폭이 훨씬 크며, 그 결과 1인 가구의 연료비 비율 역시 3인 이상인 가구들에 비해 두 배 가까이 높게 나타난다. 한편, 2인 가구 역시 노인가구의 비율이 21.7%로, 3인 이상 가구 6.8%에 비해 3배 이상 높게 나타난다.

① 가구 소득분위별 연료비 지출 현황
② 가구의 유형별 연료비 지출 현황
③ 연령대별 가구소득 및 노인 가구 소득과의 격차 비교
④ 가구주 연령대별 연료비 지출 내역
⑤ 과거 일정 기간 동안의 연료비 증감 내역

 제시된 글에서 필자가 말하고자 하는 바는, 1인 가구의 대다수는 노인가구가 차지하고 있으며 노인 가구는 소득 수준은 낮은 데 반해 연료비 비율이 높다는 문제점을 지적하고자 하는 것이다. 따라서 보기 ①~④의 내용은 필자의 언급 내용과 직접적인 연관성이 있는 근거 자료가 될 수 있으나, 과거의 연료비 증감 내역은 반드시 근거로써 제시되어야 할 것이라고 볼 수는 없다.

13 다음은 농어촌 주민의 보건복지 증진을 위해 추진하고 있는 방안을 설명하는 글이다. 주어진 단락 (가)~(마) 중 농어촌의 사회복지서비스를 소개하고 있는 단락은 어느 것인가?

> (가) 「쌀 소득 등의 보전에 관한 법률」에 따른 쌀 소득 등 보전직접 지불금 등은 전액 소득인정액에 반영하지 않으며, 농어민 가구가 자부담한 보육비용의 일부, 농어업 직접 사용 대출금의 상환이자 일부 등을 소득 산정에서 제외하고 있다. 또한 경작농지 등 농어업과 직접 관련되는 재산의 일부에 대해서도 소득환산에서 제외하고 있다.
>
> (나) 2019년까지 한시적으로 농어민에 대한 국민연금보험료 지원을 실시하고 있다. 기준소득 금액은 910천 원으로 본인이 부담할 연금보험료의 1/2를 초과하지 않는 범위 내에서 2015년 최고 40,950원/월을 지원하였다.
>
> (다) 급격한 농어촌 고령화에 따라 농어촌 지역에 거주하는 보호가 필요한 거동불편노인, 독거노인 등에게 맞춤형 대책을 제공하기 위한 노인돌보기, 농어촌 지역 노인의 장기요양 욕구 충족 및 부양가족의 부담 경감을 위한 노인요양시설 확충 등을 추진하고 있다.
>
> (라) 농어촌 지역 주민의 암 조기발견 및 조기치료를 유도하기 위한 국가 암 검진 사업을 지속적으로 추진하고, 농어촌 재가암환자서비스 강화를 통하여 농어촌 암환자의 삶의 질 향상, 가족의 환자 보호·간호 등에 따른 부담 경감을 도모하고 있다.
>
> (마) 휴·폐경농지, 3년 이상 계속 방치된 빈 축사 및 양식장 등은 건강보험료 산정 시 재산세 과세표준금액의 20%를 감액하여 적용하는 등 보험료 부과 기준을 완화하여 적용하고 있다. 소득·재산 등 보험료 납부 능력 여부를 조사하여 납부 능력이 없는 세대는 체납보험료를 결손 처분하고 의료급여 수급권자로 전환하고 있다.

① (가)

② (나)

③ (다)

④ (라)

⑤ (마)

 (다)의 내용은 농어촌 특성에 적합한 고령자에 대한 복지서비스를 제공하는 모습을 설명하고 있다.

14 다음 글은 합리적 의사결정을 위해 필요한 절차적 조건 중의 하나에 관한 설명이다. 다음 보기 중 이 조건을 위배한 것끼리 묶은 것은?

> 합리적 의사결정을 위해서는 정해진 절차를 충실히 따르는 것이 필요하다. 고도로 복잡하고 불확실하나 문제 상황 속에서 결정의 절차가 합리적이기 위해서는 다음과 같은 조건이 충족되어야 한다.
>
> 〈조건〉
>
> 정책결정 절차에서 논의되었던 모든 내용이 결정절차에 참여하지 않은 다른 사람들에게 투명하게 공개되어야 한다. 그렇지 않으면 이성적 토론이 무력해지고 객관적 증거나 논리 대신 강압이나 회유 등의 방법으로 결론이 도출되기 쉽기 때문이다.

> 〈보기〉
>
> ㉠ 심의에 참여한 분들의 프라이버시 보호를 위해 오늘 회의의 결론만 간략히 알려드리겠습니다.
> ㉡ 시간이 촉박하니 회의 참석자 중에서 부장급 이상만 발언하도록 합시다.
> ㉢ 오늘 논의하는 안건은 매우 민감한 사안이니만큼 비참석자에게는 그 내용을 알리지 않을 것입니다. 그러니 회의자료 및 메모한 내용도 두고 가시기 바랍니다.
> ㉣ 우리가 외부에 자문을 구한 박사님은 이 분야의 최고 전문가이기 때문에 참석자 간의 별도 토론 없이 박사님의 의견을 그대로 채택하도록 합시다.
> ㉤ 오늘 안건은 매우 첨예한 이해관계가 걸려 있으니 상대방에 대한 반론은 자제해 주시고 자신의 주장만 말씀해주시기 바랍니다.

① ㉠, ㉡
② ㉠, ㉢
③ ㉢, ㉣
④ ㉢, ㉤
⑤ ㉣, ㉤

 합리적 의사결정의 조건으로 회의에서 논의된 내용이 투명하게 공개되어야 한다는 조건을 명시하고 있으나, ㉠과 ㉢에서는 비공개주의를 원칙으로 하고 있기 때문에 조건에 위배된다.

15 다음은 2017년 연말 우수사원 시상식에서 최우수 사원을 받은 장그래 씨의 감사 인사말이다. 밑줄 친 단어 중 잘못 고쳐 쓴 것을 고르면?

> 사실 입사 후 저는 실수투성이로 아무 것도 모르는 <u>풋나기</u>였습니다. 그런 제가 최우수 사원에 선정되어 상을 받을 수 있게 된 것은 오차장님을 비롯한 영업3팀의 여러 선배님들 <u>탓</u>이라고 생각합니다. 어색하게 있던 제게 친근히 말을 <u>부쳐</u>주시던 김대리님, <u>묵묵이</u> 지켜봐주셨던 천과장님, 그리고 그밖에 도움을 주셨던 영업팀 팀원들에게 이 자리를 <u>빌려서</u> 감사의 말씀 드리고 싶습니다.

① 풋나기 → 풋내기　　　　　② 탓 → 덕분
③ 부쳐 → 붙여　　　　　　　④ 묵묵이 → 묵묵히
⑤ 빌려서 → 빌어서

 어떤 기회를 이용해서 감사나 사과의 의미를 전달할 때는 "이 자리를 빌려서 감사드린다."라는 표현을 쓰는 것이 적절하다.

※ 빌다 vs 빌리다
　㉠ 빌다
　　• 바라는 바를 이루게 하여 달라고 신이나 사람, 사물 따위에 간청하다.
　　• 잘못을 용서하여 달라고 호소하다.
　　• 생각한 대로 이루어지길 바라다.
　㉡ 빌리다
　　• 남의 물건이나 돈 따위를 나중에 도로 돌려주거나 대가를 갚기로 하고 얼마 동안 쓰다.
　　• 남의 도움을 받거나 사람이나 물건 따위를 믿고 기대다.
　　• 일정한 형식이나 이론, 또는 남의 말이나 글 따위를 취하여 따르다.

16 나음 글의 내용을 통해 알 수 있는 '풋 귤'의 특성으로 석설한 것은 어느 것인가?

풋 귤이란 덜 익어서 껍질이 초록색인 감귤을 가리킨다. 감귤의 적정 생산량을 조절하기 위해 수확 시기보다 이르게 감귤나무에서 미숙한 상태로 솎아내는 과일이다. 얼마 전까지만 해도 풋 귤은 '청귤'로 많이 불렸다. 색깔이 노란색이 아닌 초록색이어서 붙여진 이름이다. 그런데 사실 이는 잘못된 일이다. 청귤은 엄연한 감귤의 한 품종으로서 제주의 고유 품종 중 하나다. 다른 감귤과 달리 꽃이 핀 이듬해인 2월까지 껍질이 푸르며, 3~4월이 지나서야 황색으로 변하게 된다. 여러 감귤 품종 중에서도 특히 추위와 질병에 강한 생태적 특성을 지닌 것으로 알려져 있다.

재래종인 만큼 한 때는 제주도에서 생산되는 감귤 중 상당량이 청귤이었지만, 개량된 감귤의 위세에 밀려 현재는 생산량이 많이 줄어든 상황이다. 따라서 감귤의 미숙과를 청귤이라고 부르는 것은 잘못된 호칭이며, 풋 귤이라 부르는 것이 보다 정확한 표현이다.

사실 풋 귤이 시장의 주목을 받기 시작한 것은 얼마 되지 않는다. 일정 품질과 당도를 유지하는 감귤을 만들기 위해 열매 일부분을 익기도 전에 따서 버렸기에 제대로 된 이름조차 갖지 못했다. 그러던 풋 귤이 특색 있는 식재료로 인정받아 유통 품목의 하나로 자리를 잡기 시작한 것은 지난 2015년부터의 일이다. 영양학적 가치를 인정받았기 때문이다.

최근 들어서는 기존의 감귤 시장을 위협할 정도로 수요가 꾸준히 늘고 있다. 특히 수입과일인 레몬이나 라임 등을 대체할 수 있는 먹거리로 풋 귤이 떠오르면서 국내는 물론 해외에서도 관심의 대상이 되고 있다.

감귤연구소 연구진은 사람의 각질세포에 풋 귤에서 추출한 물질을 1% 정도만 처리해도 '히알루론산(hyaluronic acid)'이 40%나 증가한다는 사실을 확인했다. 히알루론산은 동물의 피부에 많이 존재하는 생체 합성 천연 물질이다. 수산화기($-OH$)가 많은 친수성 물질이며 사람이나 동물 등의 피부에서 보습 작용 역할을 하는 것으로 알려져 있다. 이에 대해 감귤연구소 관계자는 "각질층에 수분이 충분해야 피부가 건강하고 탄력이 생긴다."라고 설명하며 "피부의 주름과 탄성에 영향을 주는 히알루론산이 많이 생성된 것을 볼 때 풋 귤의 보습효과는 탁월하다"라고 밝혔다.

풋 귤은 보습 효과 외에 염증 생성을 억제하는 효과도 뛰어난 것으로 드러났다. 연구진은 동물의 백혈구를 이용한 풋 귤 추출물의 염증 억제 실험을 진행했다. 그 결과 풋귤 추출물을 200ug/mL 처리했더니 일산화질소 생성이 40%p 정도 줄었고, 염증성 사이토카인의 생성도 대폭 억제되는 것으로 밝혀졌다. 일산화질소(NO)와 염증성 사이토카인(cytokine)은 염증 반응의 대표 지표 물질이다. 이에 대해 감귤연구소 관계자는 "풋 귤은 익은 감귤에 비해 총 폴리페놀(polyphenol)과 총 플라보노이드(flavonoid) 함량이 2배 이상 높은 것으로 나타났다"라고 강조했다.

① 풋 귤은 다른 감귤보다 더 늦게 황색으로 변하며 더 오랜 시간 황색을 유지한다.

② 풋 귤은 일반 감귤이 덜 익은 상태로 수확된 것을 의미하는 것이 아니다.

③ 풋 귤이 감귤보다 더 맛이 있다.

④ 풋 귤에는 히알루론산이 다량 함유되어 있다.

⑤ 풋 귤에 함유되어 있는 폴리페놀과 플라보노이드는 염증 생성을 억제하는 기능을 한다.

 염증 생성 억제 효과를 확인한 실험을 통해 연구진은 풋 귤의 폴리페놀과 플라보노이드 함량이 감귤의 2배 이상이라고 언급하였으며, 이것은 폴리페놀과 플라보노이드가 염증 생성 물질인 일산화질소와 염증성 사이토카인을 억제한 것이라고 설명하고 있다.

17 다음 사례를 통해 알 수 있는 소셜 미디어의 특징으로 가장 적절한 것은?

○○일보

2018년 1월 15일

소셜미디어의 활약, 너무 반짝반짝 눈이 부셔!

　자연재해 시마다 소셜미디어의 활약이 눈부시다. 지난 14일 100년만의 폭설로 인해 지하철 운행이 중단되고 곳곳의 도로가 정체되는 등 교통대란이 벌어졌지만 많은 사람들이 스마트폰의 도움으로 최악의 상황을 피할 수 있었다.

　누리꾼들은, 폭설로 인한 전력공급 중단으로 지하철 1호선 영등포역 정차 중 올림픽대로 상행선 가양대교부터 서강대교까지 정체 중 등 서로 소셜미디어를 통해 실시간 피해상황을 주고받았으며 이로 인해 출근 준비 중이던 대부분의 시민들은 다른 교통수단으로 혼란 없이 회사로 출근할 수 있었다.

① 정보전달방식이 일방적이다.

② 상위계층만 누리던 고급문화가 대중화된 사례이다.

③ 정보의 무비판적 수용을 조장한다.

④ 정보수용자와 제공자 간의 경계가 모호하다.

⑤ 정보 습득을 위한 비용이 많이 든다.

 제시된 글은 누구나 쉽게 정보를 생산하고 공유할 수 있는 소셜미디어의 장점이 부각된 기사로 ①②③⑤의 보기들은 사례내용과 관련이 없다.

Answer ☞ 16.⑤ 17.④

18 장기기증본부에 근무하는 A는 기증된 신장이 대기 순번에 따라 배분되는 신장이식의 배분원칙
    이 각 수요자의 개별적 특성을 고려하지 못한 비효율적인 방식이라고 느끼게 되었다. 그래서 상
    사에게 환자의 수술 성공 확률, 수술 성공 후 기대 수명, 병의 위중 정도 등을 고려하는 배분원
    칙을 적용하는 것이 어떠냐고 제안하였다. 다음 중 A가 제안한 방식과 같은 방식이 적용된 것
    을 모두 고르면?

> ⊙ 시립 유치원에 취학을 신청한 아동들은 그 시 주민들의 자녀이고 각자 취학의 권리
>   를 가지고 있으므로 취학 연령 아동들은 모두 동등한 기회를 가져야 한다. 유치원에
>   다니는 기간을 한정해서라도 모든 아이들에게 같은 기간 동안 유치원에 다닐 수 있
>   는 기회를 제공해야 한다는 것이다. 그러기 위해서는 추첨으로 선발하는 방법이 유용
>   하다.
> ⊙ 국고는 국민들의 세금으로 충당되고 모든 국민은 동등한 주권을 가지며 모든 유권자
>   는 동등한 선거권을 가지므로 선거자금 지원의 대상은 후보가 아니라 유권자다. 유권
>   자는 이 자금을 사용해 자신의 이해관계를 대변할 대리인으로서 후보를 선택하는 것
>   이다. 따라서 유권자 한 명당 동일한 지원액을 산정해 유권자 개인에게 분배하고 유
>   권자들이 후보에게 이 지원금을 직접 기부하게 해야 한다. 그 결과 특정 후보들에게
>   더 많은 자금 지원이 이루어질 수는 있다.
> ⊙ 이해 당사자들이 한정되어 있고 그 이해관계의 연관성과 민감도가 이해 당사자마다
>   다른 사회문제에 있어서는 결정권을 달리 할 필요가 있다. 예를 들어 혐오시설 유치
>   를 결정하는 투표에서 그 유치 지역 주민들이 각자 한 표씩 행사하는 것이 아니라,
>   혐오시설 유치 장소와 거주지의 거리 및 생업의 피해 정도를 기준으로 이해관계가
>   클수록 더 많은 표를 행사할 수 있어야 한다.

① ㉠   ② ㉡

③ ㉢   ④ ㉠, ㉡

⑤ ㉡, ㉢

 A가 제안한 배분원칙의 요점은 사안의 개별적인 특성을 고려하여 우선순위를 정하자는 것이다.
이러한 방식이 적용된 사례는 ㉢뿐이다.
㉠ 동등한 권리, 동등한 기회를 근거로 아동들의 특성과 상관없이 추첨으로 선발하는 방법을 적
  용하고 있다.
㉡ 동등한 주권, 동등한 선거권을 근거로 유권자 개인의 특성과 상관없이 동일한 지원액을산정
  하며, 후보의 특성에 상관없이 유권자의 직접 기부라는 동일한 지원 방식을 적용하고 있다.

19 다음 안내사항을 바르게 이해한 것은?

> 2015년 5월 1일부터 변경되는 "건강보험 임신·출산 진료비 지원제도"를 다음과 같이 알려드립니다.
>
> 건강보험 임신·출산 진료비 지원제도란 임신 및 출산에 관련한 진료비를 지불할 수 있는 이용권(국민행복카드)을 제공하여 출산 친화적 환경을 조성하기 위해 건강보험공단에서 지원하는 제도입니다.
> - 지원금액 : 임신 1회 당 50만 원(다 태아 임신부 70만 원)
> - 지원방법 : 지정요양기관에서 이용권 제시 후 결제
> - 지원기간 : 이용권 수령일~분만예정일+60일
> 가. 시행일 : 2015.5.1.
> 나. 주요내용
>   (1) '15.5.1. 신청자부터 건강보험 임신·출산 진료비가 국민행복카드로 지원
>   (2) 건강보험 임신·출산 진료비 지원 신청 장소 변경
>   (3) 지원금 승인코드 일원화(의료기관, 한방기관 : 38코드)
>   (4) 관련 서식 변경
>   -변경서식 : 건강보험 임신·출산 진료비 지원 신청 및 확인서(별지 2호 서식)
>   -변경내용 : 카드 구분 폐지

① 건강보험 임신·출산 진료비 지원제도는 연금공단에서 지원하는 제도이다.
② 임신지원금은 모두 동일하게 일괄 50만 원이 지급된다.
③ 지원금 승인코드는 의·한방기관 모두 '38'코드로 일원화된다.
④ 지원기간은 이용권 수령일로부터 분만예정일까지이며 신청자에 한해서 기간이 연장된다.
⑤ 시행일은 2016년 5월 1일이다.

① 건강보험공단에서 지원하는 제도이다.
② 임신지원금은 임신 1회당 50만 원이나 다 태아 임신 시에는 70만 원이 지급된다.
④ 지원기간은 신청에 관계없이 이용권 수령일로부터 분만예정일+60일까지이다.
⑤ 시행일은 2015년 5월 1일이다.

Answer ⟶ 18.③ 19.③

20 다음은 시공업체 선정 공고문의 일부이다. 이를 통해 알 수 있는 경쟁 매매 방식에 대한 적절한 설명을 모두 고른 것은?

시공업체 공고문

공고 제2016-5호

○○기업의 사원연수원 설치에 참여할 시공업체를 다음과 같이 선정하고자 합니다.

1. 사업명 : ○○기업의 사원연수원 설치 시공업체 선정
2. 참가조건 : △△ 지역 건설업체로 최근 2년 이내에 기업 연수원 설치 참여 기업
3. 사업개요 : ○○기업 홈페이지 공지사항 참고
4. 기타 : 유찰 시에는 시공업체 선정을 재공고 할 수 있음

㉠ 입찰 참가자는 주로 서면으로 신청한다.
㉡ 최저 가격을 제시한 신청자가 선정된다.
㉢ 신속하게 처리하기 위한 경매에 해당한다.
㉣ 판매자와 구매자 간 동시 경쟁으로 가격이 결정된다.

---

① ㉠㉡
② ㉠㉢
③ ㉡㉢
④ ㉡㉣
⑤ ㉢㉣

 입찰 매매는 서면으로 최고 및 최저 가격을 제시한 자와 계약을 체결하며 주로 관공서나 공기업 등의 물품 구입이나 공사 발주 시 이용된다.

서양음악의 기본은 오선지 위에 음표를 기재하는 방식으로 이루어진다. 오선지 상에서 각 음의 이름은 아래의 〈그림〉과 같으며, 동일한 음 간의 간격을 1도, 바로 인접한 음과의 간격을 2도라 하고 8도 떨어진 음을 '옥타브 위의 음'이라고 한다.

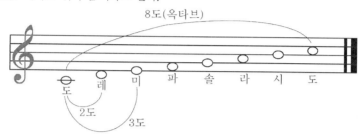

중세시대 성가들은 8개의 교회선법을 기초로 만들어졌다. 그 8개의 선법은 4개의 '정격선법'과 이와 짝을 이루는 4개의 '변격선법'으로 이루어져 있다. 4개의 정격선법에는 도리아, 프리지아, 리디아, 믹소리디아가 있고, 이들 선법은 서로 다른 하나의 '종지음'을 갖고 있다. '종지음'이라는 명칭의 유래는 어느 한 선법을 기초로 만들어진 성가는 반드시 그 선법의 종지음으로 끝난다는 특징에서 기인한다. 도리아-프리지아-리디아-믹소리디아 선법은 도리아 선법의 종지음인 '레'음에서 2도씩 순차적으로 높아지는 음을 종지음으로 갖는다. 각 정격선법은 그 종지 음으로부터 옥타브 위까지의 8개 음으로 이루어지며, 이 8개의 음을 '음역'이라 한다.
정격선법과 짝을 이루는 변격선법의 이름은 정격선법 이름에 '히포'라는 접두어를 붙여 부른다. 예를 들면 도리아 선법의 변격선법은 히포도리아 선법이 된다. 각 변격선법은 상응하는 정격선법과 같은 종지음을 갖지만 그 음역은 종지음으로부터 아래로는 4도, 위로는 5도까지 펼쳐져 있다.

교회선법에는 종지음 외에 특별히 강조되는 음이 하나 더 있는데 이 음을 '중심음'이라고 한다. 원칙적으로는 정격선법의 중심음은 종지음으로부터 5도 위의 음이다. 다만 프리지아 선법에서처럼 종지음으로부터 5도 위의 음이 '시'음이 될 때에는 그 위의 '도'음이 중심음이 된다. 변격선법에서는 짝을 이루는 정격선법의 중심음으로부터 3도 아래의 음이 그 변격선법의 중심음이 되는데, 역시 이때도 3도 아래의 음이 '시'음일 경우는 바로 위의 '도'음이 중심음이 된다.

Answer ☞ 20.①

21 도리아 선법을 악보로 나타낸 것으로 바른 것은?

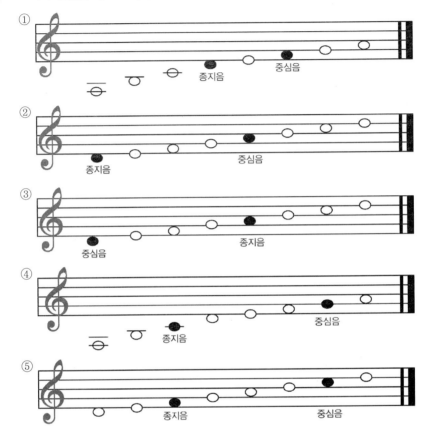

Tip 도리아 선법의 종지음은 '레'음이고 중심음은 이보다 5도 위의 음인 '라'음이다.

22 히포프리지아 선법을 악보로 나타낸 것으로 바른 것은?

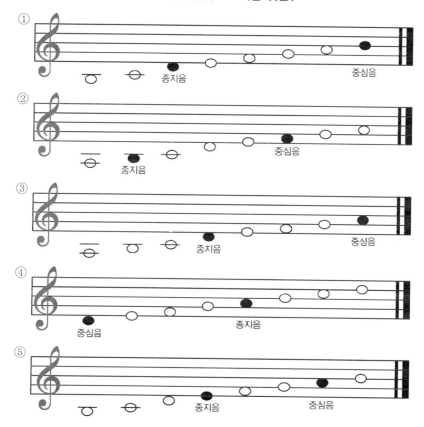

① 종지음 … 중심음

② 종지음 … 중심음

③ 종지음 … 중심음

④ 중심음 … 종지음

⑤ 종지음 … 중심음

Tip 히포프리지아 선법은 '미'음을 종지음으로 갖는 프리지아 선법의 변격선법이다. 세 번째 문단에 따르면 변격선법은 상응하는 정격선법과 같은 종지음을 갖는다. 따라서 히포프리지아 선법의 종지음 역시 '미'음이다. 네 번째 문단에 따르면 변격선법에서는 짝을 이루는 정격선법의 중심음으로부터 3도 아래의 음이 변격선법의 중심음이 된다. 즉, 프리지아 선법의 중심음인 위의 '도'음에서 3도 아래인 '라'음이 된다. 이를 악보로 나타내면 ⑤와 같다.

Answer 21.② 22.⑤

23 다음의 글을 읽고 박 대리가 저지른 실수를 바르게 이해한 것은?

> 직장인 박 대리는 매주 열리는 기획회의에서 처음으로 발표를 할 기회를 얻었다. 박 대리는 자신이 할 수 있는 문장실력을 총 동원하여 4페이지의 기획안을 작성하였다. 기획회의가 열리고 박 대리는 기획안을 당당하게 읽기 시작하였다. 2페이지를 막 읽으려던 때, 부장이 한 마디를 했다. "박 대리, 그걸 전부 읽을 셈인가? 결론이 무엇인지만 말하지." 그러자 박 대리는 자신이 작성한 기획안을 전부 발표하지 못하고 중도에 대충 결론을 맺어 발표를 마무리하게 되었다.

① 박 대리의 기획안에는 첨부파일이 없었다.
② 박 대리의 발표는 너무 시간이 길었다.
③ 박 대리의 발표는 간결하지 못하고 시각적인 부분이 부족했다.
④ 박 대리의 기획안에는 참신한 아이디어가 없었다.
⑤ 박 대리의 기획안은 너무 화려하게 꾸며져 있었다.

 기획안의 작성도 중요하나 발표 시 문서의 내용을 효과적으로 전달하는 것이 무엇보다 중요하다. 문서만 보면 내용을 이해하기 어렵고 의도한 내용을 바로 파악할 수 없기 때문에 간결하고 시각적인 문서작성이 중요하다.

24 다음에 해당하는 언어의 기능은?

> 이 기능은 우리가 세계를 이해하는 정도에 비례하여 수행된다. 그러면 세계를 이해한다는 것은 무엇인가? 그것은 이 세상에 존재하는 사물에 대하여 이름을 부여함으로써 발생하는 것이다. 여기 한 그루의 나무가 있다고 하자. 그런데 그것을 나무라는 이름으로 부르지 않는 한 그것은 나무로서의 행세를 못한다. 인류의 지식이라는 것은 인류가 깨달아 알게 되는 모든 대상에 대하여 이름을 붙이는 작업에서 형성되는 것이라고 말해도 좋다. 어떤 사물이건 거기에 이름이 붙으면 그 사물의 개념이 형성된다. 다시 말하면, 그 사물의 의미가 확정된다. 그러므로 우리가 쓰고 있는 언어는 모두가 사물을 대상화하여 그것에 의미를 부여하는 이름이라고 할 수 있다.

① 정보적 기능 ② 친교적 기능
③ 명령적 기능 ④ 관어적 기능
⑤ 미적 기능

언어의 기능

㉠ 표현적 기능 : 말하는 사람의 감정이나 태도를 나타내는 기능이다. 언어의 개념적 의미보다는 감정적인 의미가 중시된다. →[예 : 느낌, 놀람 등 감탄의 말이나 욕설, 희로애락의 감정표현, 폭언 등]

㉡ 정보전달기능 : 말하는 사람이 알고 있는 사실이나 지식, 정보를 상대방에게 알려 주기 위해 사용하는 기능이다. →[예 : 설명, 신문기사, 광고 등]

㉢ 사교적 기능(친교적 기능) : 상대방과 친교를 확보하거나 확인하여 서로 의사소통의 통로를 열어 놓아주는 기능이다. →[예 : 인사말, 취임사, 고별사 등]

㉣ 미적 기능 : 언어예술작품에 사용되는 것으로 언어를 통해 미적인 가치를 추구하는 기능이다. 이 경우에는 감정적 의미만이 아니라 개념적 의미도 아주 중시된다. →[예 : 시에 사용되는 언어]

㉤ 지령적 기능(감화적 기능) : 말하는 사람이 상대방에게 지시를 하여 특정 행위를 하게 하거나, 하지 않도록 함으로써 자신의 목적을 달성하려는 기능이다. →[예 : 법률, 각종 규칙, 단체협약, 명령, 요청, 광고문 등의 언어]

25 다음 밑줄 친 부분을 고쳐 쓰기 위한 방안으로 적절하지 않은 것은?

> 매년 장마철이면 한강에서 ㉠수만 마리의 물고기가 떼죽음을 당합니다. 공장폐수와 생활하수를 흘려보내는 시민들의 탓만은 아닙니다. ㉡그래서 자연은 더 이상 인간의 무분별한 파괴를 너그럽게 ㉢묵인해주지 않습니다. ㉣또한 장마로 인한 호우 피해의 복구 또한 제대로 이뤄지지 않고 있습니다. 우리 모두가 사태의 심각성을 깨닫고, 자연과 ㉤조화하는 삶의 태도를 지녀야 하는 것입니다.

① ㉠의 '마리'는 수를 세는 단위이므로 붙여 써야겠어.
② ㉡은 접속어의 사용이 잘못되어 문장의 연결이 어색해. '하지만'으로 고치는 게 좋겠어.
③ ㉢은 '모르는 체하고 하려는 대로 내버려 둠으로써 슬며시 인정함'이라는 뜻으로 단어의 사용이 잘못되었어.
④ ㉣은 글의 통일성을 저해하니 삭제해야겠어.
⑤ ㉤은 '어울리는'으로 바꿔도 문제 없겠어.

 한글 맞춤법 제43항에 따르면 '단위를 나타내는 명사는 띄어 쓴다.'라고 규정하고 있다. 다만, 순서를 나타내는 경우나 숫자와 어울려 쓰이는 경우에는 붙여 쓸 수 있다.

Answer ↱ 23.③ 24.① 25.①

26 다음 글에서 A의 추리가 전제하고 있는 것을 〈보기〉에서 모두 고른 것은?

낭포성 섬유증은 치명적 유전 질병으로 현대 의학이 발달하기 전에는 이 질병을 가진 사람은 어린 나이에 죽었다. 지금도 낭포성 섬유증을 가진 사람은 대개 청년기에 이르기 전에 사망한다. 낭포성 섬유증은 백인에게서 3000명에 1명 정도의 비율로 나타나며 인구의 약 5% 정도가 이 유전자를 가지고 있다. 진화생물학 이론에 의하면 유전자는 자신이 속하는 종에 어떤 이점을 줄 때에만 남아 있다. 만일 어떤 유전자가 치명적 질병과 같이 생물에 약점으로 작용한다면 이 유전자를 가지고 있는 생물은 그렇지 않은 생물보다 생식할 수 있는 기회가 줄어들기 때문에, 이 유전자는 궁극적으로 유전자 풀(pool)에서 사라질 것이다. 낭포성 섬유증 유전자는 이 이론으로 설명할 수 없는 것으로 보인다.

1994년 미국의 과학자 A는 흥미로운 실험 결과를 발표하였다. 정상 유전자를 가진 쥐에게 콜레라 독소를 주입하자 쥐는 심한 설사로 죽었다. 그러나 낭포성 섬유증 유전자를 1개 가지고 있는 쥐는 독소를 주입한 다음 설사 증상을 보였지만 그 정도는 낭포성 섬유증 유전자가 없는 쥐에 비해 반 정도였다. 낭포성 섬유증 유전자를 2개 가진 쥐는 독소를 주입한 후에도 전혀 증상을 보이지 않았다. 낭포성 섬유증 증세를 보이는 사람은 장과 폐로부터 염소이온을 밖으로 퍼내는 작용을 정상적으로 하지 못한다. 반면 콜레라 독소는 장으로부터 염소이온을 비롯한 염분을 과다하게 분비하게 하고 이로 인해 물을 과다하게 배출시켜 설사를 일으킨다. 이 결과로부터 A는 낭포성 섬유증 유전자의 작용이 콜레라 독소가 과도한 설사를 일으키는 메커니즘을 막기 때문에, 낭포성 섬유증 유전자를 가진 사람이 콜레라로부터 보호될 수 있을 것이라고 추측하였다. 그러므로 1800년대에 유럽을 강타했던 콜레라 대유행에서 낭포성 섬유증 유전자를 가진 사람이 살아남기에 유리했다고 주장하였다.

〈보기〉
㉠ 쥐에서 나타나는 질병 양상은 사람에게도 유사하게 적용된다.
㉡ 낭포성 섬유증은 백인 외의 인종에서는 드문 유전 질병이다.
㉢ 콜레라 독소는 콜레라균에 감염되었을 때와 같은 증상을 유발한다.
㉣ 낭포성 섬유증 유전자를 가진 모든 사람이 낭포성 섬유증으로 인하여 청년기 전에 사망하는 것은 아니다.

① ㉠, ㉡
② ㉠, ㉢
③ ㉡, ㉣
④ ㉠, ㉢, ㉣
⑤ ㉡, ㉢, ㉣

㉠ A는 낭포성 유전자를 지니고 있는 '쥐'를 이용한 실험을 통해 낭포성 유전자를 가진 '사람' 역시 콜레라로부터 보호 받을 것이라는 결론을 내렸다. 이는 쥐에서 나타나는 질병 양상은 사람에게도 유사하게 적용된다는 것을 전제로 한다.
㉢ A는 실험에서 '콜레라 균'에 감염을 시키는 대신에 '콜레라 독소'를 주입하였다. 이는 콜레라 독소의 주입이 콜레라 균에 의한 감염과 같은 증상을 유발함을 전제로 한다.
㉣ 만약 낭포성 섬유증 유전자를 가진 모든 사람이 낭포섬 섬유증으로 인하여 청년기 전에 사망한다면 '살아남았다'고 할 수 없을 것이다. 따라서 '낭포성 섬유증 유전자를 가진 모든 사람이 이로 인하여 청년기 전에 사망하는 것은 아니다'라는 전제가 필요하다.

27 다음 글에서 컨버전스 제품이 출시된 이후에 저품질 A의 생산이 중단될 때, 사회적 후생이 감소할 가능성을 높이는 것을 〈보기〉에서 모두 고른 것은?

> 기술의 발달은 개별 제품들의 각 기능을 한 기기 내에 담을 수 있는 가능성을 열어주는데, 이를 '컨버전스(convergence)'라고 부른다. 컨버전스는 사용자의 편의성과 더불어 경쟁의 활성화라는 경제적 효과를 야기하게 된다. 경쟁의 활성화가 소비자의 후생 증진으로 이어지려면 소비자 선택의 다양성이 존중되어야 한다. 선택권을 상실한 소비자의 효용 감소가 매우 크다면, 사회적 후생의 감소로 이어질 가능성이 있다. 예를 들어 제품 A의 시장이 독점적인 성격을 지니고 있어, A를 생산하는 기업이 제품의 차별화를 통하여 이윤 극대화를 도모한다고 가정하자. 그렇다면 저품질(저가) A와 고품질(고가) A를 공급함으로써 소비자 스스로 자신의 조건에 맞는 선택을 하도록 유인하여 이윤을 높이려는 시도를 하게 될 것이다. 이러한 상황에서 A에 서로 대체성이 없는 제품 B의 기능이 추가된 컨버전스 제품 C가 출시되었다고 하자. 이제 C의 시장진입으로 저품질 A의 소비자 그룹을 대상으로 경쟁이 치열하게 전개된다면, A를 생산하는 기업은 저품질 A의 시장을 포기하고, C와의 차별화를 시도할 가능성이 있다. A를 생산하는 기업이 저품질 A의 생산을 중단하고 고품질 A에 특화할 때 사회적 후생이 감소할 가능성이 있다.

〈보기〉

㉠ C는 저품질 A에 비하여 가격이 크게 높다.
㉡ 기술 혁신으로 고품질 A의 가격이 하락한다.
㉢ 소비자가 B의 가격에 대해 민감하게 반응하지 않는다.

---

① ㉠   ② ㉢

③ ㉠, ㉡   ④ ㉠, ㉢

⑤ ㉡, ㉢

 ㉠ 저품질 A가 시장에서 사라진 상황에서 C의 가격대가 저품질 A의 가격대보다 크게 높다면, 자신에게 알맞은 가격대(저가−저품질A, 고가−고품질A)의 제품을 선택할 수 있었던 소비자의 권리가 상실되었다고 할 수 있다.
이 경우 경제적인 이유로 저품질 A가 속해있던 가격대의 제품을 구입하던 소비자들에게는 고품질 A나 C를 구입하는데 많은 부담을 느낄 것이다. 따라서 소비자의 효용감소가 매우 크다고 할 수 있다. 따라서 사회적 후생이 감소할 가능성이 높아진다.

28 두 과학자 진영 A와 B의 진술 내용과 부합하지 않는 것은?

> 우리 은하와 비교적 멀리 떨어져 있는 은하들이 모두 우리 은하로부터 점점 더 멀어지고 있다는 사실이 확인되었다. 이 사실을 두고 우주의 기원과 구조에 대해 서로 다른 견해를 가진 두 진영이 다음과 같이 논쟁하였다.
>
> A진영 : 우주는 시간적으로 무한히 오래되었다. 우주가 팽창하는 것은 사실이다. 그렇다
>
> 고 우리 견해가 틀렸다고 볼 필요는 없다. 우주는 팽창하지만 전체적으로 항상성을 유지한다. 은하와 은하가 멀어질 때 그 사이에서 물질이 연속적으로 생성되어 새로운 은하들이 계속 형성되기 때문이다. 비록 우주는 약간씩 변화가 있겠지만, 우주 전체의 평균 밀도는 일정하게 유지된다. 만일 은하 사이에서 새로 생성되는 은하를 관측한다면, 우리의 가설을 입증할 수 있다. 반면 우주가 자그마한 씨앗으로부터 대폭발에 의해 생겨났다는 주장은 터무니없다. 이처럼 방대한 우주의 물질과 구조가 어떻게 그토록 작은 점에 모여 있을 수 있겠는가?
>
> B진영 : A의 주장은 터무니없다. 은하 사이에서 새로운 은하가 생겨난다면 도대체 그 물질은 어디서 온 것이라는 말인가? 은하들이 우리 은하로부터 점점 더 멀어지고 있다는 사실은 오히려 우리 견해가 옳다는 것을 입증할 뿐이다. 팽창하는 우주를 거꾸로 돌린다면 우주가 시공간적으로 한 점에서 시작되었다는 결론을 얻을 수 있다. 만일 우주 안의 모든 물질과 구조가 한 점에 있었다면 초기 우주는 현재와 크게 달랐을 것이다. 대폭발 이후 우주의 물질들은 계속 멀어지고 있으며 우주의 밀도는 계속 낮아지고 있다. 대폭발 이후 방대한 전자기파가 방출되었는데, 만일 우리가 이를 관측한다면, 우리의 견해가 입증될 것이다.

① A에 따르면 물질의 총 질량이 보존되지 않는다.
② A에 따르면 우주는 시작이 없고, B에 따르면 우주는 시작이 있다.
③ A에 따르면 우주는 국소적인 변화는 있으나 전체적으로는 변화가 없다.
④ A와 B는 인접한 은하들 사이의 평균 거리가 커진다는 것을 받아들인다.
⑤ A와 B는 은하가 서로 멀어질 때 새로운 은하들이 형성된다고 보았다

 ④ A는 은하와 은하가 멀어질 때 그 사이에서 물질이 연속적으로 생성되어 새로운 은하들이 계속 형성되기 때문에, 우주가 팽창하지만 전체적으로 항상성을 유지하며 평균 밀도가 일정하게 유지된다고 보고 있다.

29 다음 중 맞춤법이나 띄어쓰기에 틀린 데가 없는 것은?

① 그는 일본 생활에서 얻은 생각을 바탕으로 귀국하자 마자 형, 동생과 함께 항일 단체인 정의부, 군정서, 의열단에 가입하였다. 그리고 지금의 달성 공원 입구에 자리잡고 있었던 조양 회관에서 벌이는 문화 운동에 적극적으로 참여하였다.

② 중국에서 이육사는 자금을 모아 중국에 독립군 기지를 건설하려는 몇몇의 독립 운동가들과 만날 수 있었다. 그는 이들과의 만남을 계기로 독립 운동에 본격적으로 참여하게 된다.

③ 이육사는 1932년에 난징으로 항일 무장 투쟁 단체인 의열단과 군사 간부 학교의 설립 장소를 찾아간다. 교육을 받는 동안 그는 늘상 최우수의 성적을 유지했으며, 권총 사격에서 대단한 실력을 보였다고 한다.

④ 이육사는 문단 생활을 하면서 친형제 이상의 우애를 나누었던 신석초에게도 자신의 신분을 밝히지 않았다. 어쩌다 고향인 안동에 돌아와서도 마을 사람이나 친척들과 별로 어울리지 않았다.

⑤ 이육사가 죽은 후, 1년 뒤에 일제강점기에서 해방되었다. 그 후, 1946년 신석초를 비롯한 문학인들에 의해 유고집 「육사시집」이 가맹되었고, 1968년 고향인 경상북도 안동에 육사시비가 세워졌다.

 ① 귀국하자 마자 → 귀국하자마자
② 계기로 → 계기로
③ 늘상 → 늘
⑤ 가맹 → 간행

30 다음 글은 어떤 글을 쓰기 위한 서두 부분이다. 다음에 이어질 글을 추론하여 제목을 고르면?

> 우주선 안을 둥둥 떠다니는 우주비행사의 모습은 동화 속의 환상처럼 보는 이를 즐겁게 한다. 그러나 위아래 개념도 없고 무게도 느낄 수 없는 우주공간에서 실제 활동하는 것은 결코 쉬운 일이 아니다. 때문에 우주비행사들은 여행을 떠나기 전에 지상기지에서 미세중력(무중력)에 대한 충분한 훈련을 받는다. 그러면 무중력 훈련은 어떤 방법으로 하는 것일까?

① 무중력의 신비
② 우주선의 신비
③ 우주선과 무중력
④ 비행사의 무중력 훈련
⑤ 우주선 안의 시각적 요소

 마지막 문장을 통해 무중력 훈련이 어떻게 이루어지는가에 대한 내용이 올 것이라는 것을 추론할 수 있다. 따라서 글의 제목은 '비행사의 무중력 훈련'이 된다.

Answer → 28.④ 29.④ 30.④

02 수리능력

1 직장생활과 수리능력

(1) 기초직업능력으로서의 수리능력

① 개념 : 직장생활에서 요구되는 사칙연산과 기초적인 통계를 이해하고 도표의 의미를 파악하거나 도표를 이용해서 결과를 효과적으로 제시하는 능력을 말한다.

② 수리능력은 크게 기초연산능력, 기초통계능력, 도표분석능력, 도표작성능력으로 구성된다.

　㉠ 기초연산능력 : 직장생활에서 필요한 기초적인 사칙연산과 계산방법을 이해하고 활용할 수 있는 능력

　㉡ 기초통계능력 : 평균, 합계, 빈도 등 직장생활에서 자주 사용되는 기초적인 통계기법을 활용하여 자료의 특성과 경향성을 파악하는 능력

　㉢ 도표분석능력 : 그래프, 그림 등 도표의 의미를 파악하고 필요한 정보를 해석하는 능력

　㉣ 도표작성능력 : 도표를 이용하여 결과를 효과적으로 제시하는 능력

(2) 업무수행에서 수리능력이 활용되는 경우

① 업무상 계산을 수행하고 결과를 정리하는 경우

② 업무비용을 측정하는 경우

③ 고객과 소비자의 정보를 조사하고 결과를 종합하는 경우

④ 조직의 예산안을 작성하는 경우

⑤ 업무수행 경비를 제시해야 하는 경우

⑥ 다른 상품과 가격비교를 하는 경우

⑦ 연간 상품 판매실적을 제시하는 경우

⑧ 업무비용을 다른 조직과 비교해야 하는 경우

⑨ 상품판매를 위한 지역조사를 실시해야 하는 경우

⑩ 업무수행과정에서 도표로 주어진 자료를 해석하는 경우

⑪ 도표로 제시된 업무비용을 측정하는 경우

예제 1

다음 자료를 보고 주어진 상황에 대한 물음에 답하시오.

〈근로소득에 대한 간이 세액표〉

월 급여액(천 원) [비과세 및 학자금 제외]		공제대상 가족 수				
이상	미만	1	2	3	4	5
2,500	2,520	38,960	29,280	16,940	13,570	10,190
2,520	2,540	40,670	29,960	17,360	13,990	10,610
2,540	2,560	42,380	30,640	17,790	14,410	11,040
2,560	2,580	44,090	31,330	18,210	14,840	11,460
2,580	2,600	45,800	32,680	18,640	15,260	11,890
2,600	2,620	47,520	34,390	19,240	15,680	12,310
2,620	2,640	49,230	36,100	19,900	16,110	12,730
2,640	2,660	50,940	37,810	20,560	16,530	13,160
2,660	2,680	52,650	39,530	21,220	16,960	13,580
2,680	2,700	54,360	41,240	21,880	17,380	14,010
2,700	2,720	56,070	42,950	22,540	17,800	14,430
2,720	2,740	57,780	44,660	23,200	18,230	14,850
2,740	2,760	59,500	46,370	23,860	18,650	15,280

※ 갑근세는 제시되어 있는 간이 세액표에 따름
※ 주민세＝갑근세의 10%
※ 국민연금＝급여액의 4.50%
※ 고용보험＝국민연금의 10%
※ 건강보험＝급여액의 2.90%
※ 교육지원금＝분기별 100,000원(매 분기별 첫 달에 지급)

박○○ 사원의 5월 급여내역이 다음과 같고 전월과 동일하게 근무하였으나, 특별수당은 없고 차량지원금으로 100,000원을 받게 된다면, 6월에 받게 되는 급여는 얼마인가? (단, 원 단위 절삭)

(주) 서원플랜테크 5월 급여내역			
성명	박○○	지급일	5월 12일
기본급여	2,240,000	갑근세	39,530
직무수당	400,000	주민세	3,950
명절 상여금		고용보험	11,970
특별수당	20,000	국민연금	119,700
차량지원금		건강보험	77,140
교육지원		기타	
급여계	2,660,000	공제합계	252,290
		지급총액	2,407,710

① 2,443,910
② 2,453,910
③ 2,463,910
④ 2,473,910

[출제의도]
업무상 계산을 수행하거나 결과를 정리하고 업무비용을 측정하는 능력을 평가하기 위한 문제로서, 주어진 자료에서 문제를 해결하는 데에 필요한 부분을 빠르고 정확하게 찾아내는 것이 중요하다.

[해설]

기본 급여	2,240,000	갑근세	46,370
직무 수당	400,000	주민세	4,630
명절 상여금		고용 보험	12,330
특별 수당		국민 연금	123,300
차량 지원금	100,000	건강 보험	79,460
교육 지원		기타	
급여계	2,740,000	공제 합계	266,090
		지급 총액	2,473,910

답 ④

(3) 수리능력의 중요성

① 수학적 사고를 통한 문제해결

② 직업세계의 변화에의 적응

③ 실용적 가치의 구현

(4) 단위환산표

구분	단위환산
길이	1cm = 10mm, 1m = 100cm, 1km = 1,000m
넓이	1cm² = 100mm², 1m² = 10,000cm², 1km² = 1,000,000m²
부피	1cm³ = 1,000mm³, 1m³ = 1,000,000cm³, 1km³ = 1,000,000,000m³
들이	1mℓ = 1cm³, 1dℓ = 100cm³, 1L = 1,000cm³ = 10dℓ
무게	1kg = 1,000g, 1t = 1,000kg = 1,000,000g
시간	1분 = 60초, 1시간 = 60분 = 3,600초
할푼리	1푼 = 0.1할, 1리 = 0.01할, 1모 = 0.001할

예제 2

둘레의 길이가 4.4km인 정사각형 모양의 공원이 있다. 이 공원의 넓이는 몇 a인가?

① 12,100a   ② 1,210a

③ 121a   ④ 12.1a

[출제의도]
길이, 넓이, 부피, 들이, 무게, 시간, 속도 등 단위에 대한 기본적인 환산 능력을 평가하는 문제로서, 소수점 계산이 필요하며, 자릿수를 읽고 구분할 줄 알아야 한다.

[해설]
공원의 한 변의 길이는
$4.4 \div 4 = 1.1 \, (\mathrm{km})$ 이고
$1\mathrm{km}^2 = 10000\mathrm{a}$ 이므로
공원의 넓이는
$1.1\mathrm{km} \times 1.1\mathrm{km} = 1.21\mathrm{km}^2$
$= 12100a$

답 ①

답 ①

2 수리능력을 구성하는 하위능력

(1) 기초연산능력

① 사칙연산 : 수에 관한 덧셈, 뺄셈, 곱셈, 나눗셈의 네 종류의 계산법으로 업무를 원활하게 수행하기 위해서는 기본적인 사칙연산뿐만 아니라 다단계의 복잡한 사칙연산까지도 수행할 수 있어야 한다.

② 검산 : 연산의 결과를 확인하는 과정으로 대표적인 검산방법으로 역연산과 구거법이 있다.

  ㉠ 역연산 : 덧셈은 뺄셈으로, 뺄셈은 덧셈으로, 곱셈은 나눗셈으로, 나눗셈은 곱셈으로 확인하는 방법이다.

  ㉡ 구거법 : 원래의 수와 각 자리 수의 합이 9로 나눈 나머지가 같다는 원리를 이용한 것으로 9를 버리고 남은 수로 계산하는 것이다.

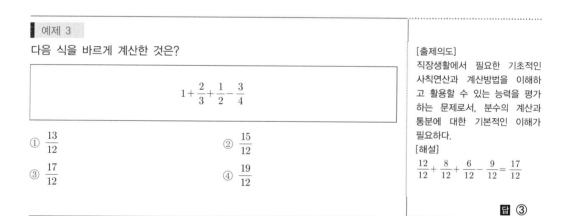

예제 3

다음 식을 바르게 계산한 것은?

$$1 + \frac{2}{3} + \frac{1}{2} - \frac{3}{4}$$

① $\dfrac{13}{12}$ ② $\dfrac{15}{12}$

③ $\dfrac{17}{12}$ ④ $\dfrac{19}{12}$

[출제의도]
직장생활에서 필요한 기초적인 사칙연산과 계산방법을 이해하고 활용할 수 있는 능력을 평가하는 문제로서, 분수의 계산과 통분에 대한 기본적인 이해가 필요하다.

[해설]
$$\frac{12}{12} + \frac{8}{12} + \frac{6}{12} - \frac{9}{12} = \frac{17}{12}$$

답 ③

(2) 기초통계능력

① 업무수행과 통계

  ㉠ 통계의 의미 : 통계란 집단현상에 대한 구체적인 양적 기술을 반영하는 숫자이다.

  ㉡ 업무수행에 통계를 활용함으로써 얻을 수 있는 이점
  • 많은 수량적 자료를 처리가능하고 쉽게 이해할 수 있는 형태로 축소
  • 표본을 통해 연구대상 집단의 특성을 유추
  • 의사결정의 보조수단
  • 관찰 가능한 자료를 통해 논리적으로 결론을 추출·검증

ⓒ 기본적인 통계지

- 빈도와 빈도분포 : 빈도란 어떤 사건이 일어나거나 증상이 나타나는 정도를 의미하며, 빈도 분포란 빈도를 표나 그래프로 종합적으로 표시하는 것이다.
- 평균 : 모든 사례의 수치를 합한 후 총 사례 수로 나눈 값이다.
- 백분율 : 전체의 수량을 100으로 하여 생각하는 수량이 그중 몇이 되는가를 퍼센트로 나타낸 것이다.

② 통계기법

ⓒ 범위와 평균

- 범위 : 분포의 흩어진 정도를 가장 간단히 알아보는 방법으로 최곳값에서 최젓값을 뺀 값을 의미한다.
- 평균 : 집단의 특성을 요약하기 위해 가장 자주 활용하는 값으로 모든 사례의 수치를 합한 후 총 사례 수로 나눈 값이다.
- 관찰값이 1, 3, 5, 7, 9일 경우 범위는 $9 - 1 = 8$이 되고, 평균은 $\dfrac{1+3+5+7+9}{5} = 5$ 가 된다.

ⓒ 분산과 표준편차

- 분산 : 관찰값의 흩어진 정도로, 각 관찰값과 평균값의 차의 제곱의 평균이다.
- 표준편차 : 평균으로부터 얼마나 떨어져 있는가를 나타내는 개념으로 분산값의 제곱근 값이다.
- 관찰값이 1, 2, 3이고 평균이 2인 집단의 분산은 $\dfrac{(1-2)^2+(2-2)^2+(3-2)^2}{3} = \dfrac{2}{3}$ 이고 표준편차는 분산값의 제곱근 값인 $\sqrt{\dfrac{2}{3}}$ 이다.

③ 통계자료의 해석

ⓒ 다섯숫자요약

- 최솟값 : 원자료 중 값의 크기가 가장 작은 값
- 최댓값 : 원자료 중 값의 크기가 가장 큰 값
- 중앙값 : 최솟값부터 최댓값까지 크기에 의하여 배열했을 때 중앙에 위치하는 사례의 값
- 하위 25%값 · 상위 25%값 : 원자료를 크기 순으로 배열하여 4등분한 값

ⓒ 평균값과 중앙값 : 평균값과 중앙값은 그 개념이 다르기 때문에 명확하게 제시해야 한다.

인터넷 쇼핑몰에서 회원가입을 하고 디지털캠코더를 구매하려고 한다. 다음은 구입하고자 하는 모델에 대하여 인터넷 쇼핑몰 세 곳의 가격과 조건을 제시한 표이다. 표에 있는 모든 혜택을 적용하였을 때 디지털캠코더의 배송비를 포함한 실제 구매가격을 바르게 비교한 것은?

구분	A 쇼핑몰	B 쇼핑몰	C 쇼핑몰
정상가격	129,000원	131,000원	130,000원
회원혜택	7,000원 할인	3,500원 할인	7% 할인
할인쿠폰	5% 쿠폰	3% 쿠폰	5,000원
중복할인여부	불가	가능	불가
배송비	2,000원	무료	2,500원

① A<B<C
② B<C<A
③ C<A<B
④ C<B<A

[출제의도]
직장생활에서 자주 사용되는 기초적인 통계기법을 활용하여 자료의 특성과 경향성을 파악하는 능력이 요구되는 문제이다.

[해설]
㉠ A 쇼핑몰
• 회원혜택을 선택한 경우 : $129,000 - 7,000 + 2,000 = 124,000$(원)
• 5% 할인쿠폰을 선택한 경우 : $129,000 \times 0.95 + 2,000 = 124,550$
㉡ B 쇼핑몰 : $131,000 \times 0.97 - 3,500 = 123,570$
㉢ C 쇼핑몰
• 회원혜택을 선택한 경우 : $130,000 \times 0.93 + 2,500 = 123,400$
• 5,000원 할인쿠폰을 선택한 경우 : $130,000 - 5,000 + 2,500 = 127,500$
∴ C<B<A

답 ④

(3) 도표분석능력

① 도표의 종류

　㉠ 목적별 : 관리(계획 및 통제), 해설(분석), 보고

　㉡ 용도별 : 경과 그래프, 내역 그래프, 비교 그래프, 분포 그래프, 상관 그래프, 계산 그래프

　㉢ 형상별 : 선 그래프, 막대 그래프, 원 그래프, 점 그래프, 층별 그래프, 레이더 차트

② 도표의 활용

㉠ 선 그래프

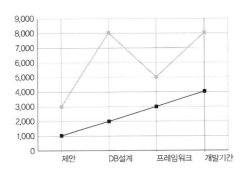

- 주로 시간의 경과에 따라 수량에 의한 변화 상황(시계열 변화)을 절선의 기울기로 나타내는 그래프이다.
- 경과, 비교, 분포를 비롯하여 상관관계 등을 나타낼 때 쓰인다.

㉡ 막대 그래프

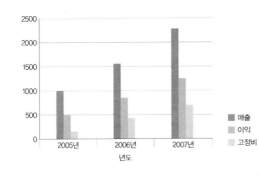

- 비교하고자 하는 수량을 막대 길이로 표시하고 그 길이를 통해 수량 간의 대소관계를 나타내는 그래프이다.
- 내역, 비교, 경과, 도수 등을 표시하는 용도로 쓰인다.

㉢ 원 그래프

산업별 분포

3%	
11%	
34%	이공계열
18%	상경계열
34%	인문계열
	사회과학계열
	예체능계열

- 내역이나 내용의 구성비를 원을 분할하여 나타낸 그래프이다.
- 전체에 대해 부분이 차지하는 비율을 표시하는 용도로 쓰인다.

ⓒ 점 그래프

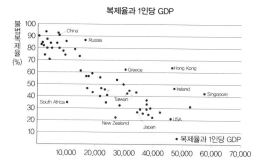

- 종축과 횡축에 2요소를 두고 보고자 하는 것이 어떤 위치에 있는가를 나타내는 그래프이다.
- 지역분포를 비롯하여 도시, 지방, 기업, 상품 등의 평가나 위치·성격을 표시하는데 쓰인다.

ⓜ 층별 그래프

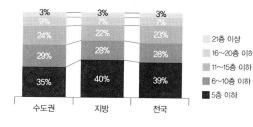

- 선 그래프의 변형으로 연속내역 봉 그래프라고 할 수 있다. 선과 선 사이의 크기로 데이터 변화를 나타낸다.
- 합계와 부분의 크기를 백분율로 나타내고 시간적 변화를 보고자 할 때나 합계와 각 부분의 크기를 실수로 나타내고 시간적 변화를 보고자 할 때 쓰인다.

ⓗ 레이더 차트(거미줄 그래프)

- 원 그래프의 일종으로 비교하는 수량을 직경, 또는 반경으로 나누어 원의 중심에서의 거리에 따라 각 수량의 관계를 나타내는 그래프이다.
- 비교하거나 경과를 나타내는 용도로 쓰인다.

③ 도표 해석상의 유의사항

　　㉠ 요구되는 지식의 수준을 넓힌다.

　　㉡ 도표에 제시된 자료의 의미를 정확히 숙지한다.

　　㉢ 도표로부터 알 수 있는 것과 없는 것을 구별한다.

　　㉣ 총량의 증가와 비율의 증가를 구분한다.

　　㉤ 백분위수와 사분위수를 정확히 이해하고 있어야 한다.

예제 5

다음 표는 2009 ~ 2010년 지역별 직장인들의 자기개발에 관해 조사한 내용을 정리한 것이다. 이에 대한 분석으로 옳은 것은?

(단위 : %)

연도\구분\지역	2009				2010			
	자기개발 하고 있음	자기개발 비용 부담 주체			자기개발 하고 있음	자기개발 비용 부담 주체		
		직장 100%	본인 100%	직장50% + 본인50%		직장 100%	본인 100%	직장50% + 본인50%
충청도	36.8	8.5	88.5	3.1	45.9	9.0	65.5	24.5
제주도	57.4	8.3	89.1	2.9	68.5	7.9	68.3	23.8
경기도	58.2	12	86.3	2.6	71.0	7.5	74.0	18.5
서울시	60.6	13.4	84.2	2.4	72.7	11.0	73.7	15.3
경상도	40.5	10.7	86.1	3.2	51.0	13.6	74.9	11.6

① 2009년과 2010년 모두 자기개발 비용을 본인이 100% 부담하는 사람의 수는 응답자의 절반 이상이다.

② 자기개발을 하고 있다고 응답한 사람의 수는 2009년과 2010년 모두 서울시가 가장 많다.

③ 자기개발 비용을 직장과 본인이 각각 절반씩 부담하는 사람의 비율은 2009년과 2010년 모두 서울시가 가장 높다.

④ 2009년과 2010년 모두 자기개발을 하고 있다고 응답한 비율이 가장 높은 지역에서 자기개발비용을 직장이 100% 부담한다고 응답한 사람의 비율이 가장 높다.

[출제의도]
그래프, 그림, 도표 등 주어진 자료를 이해하고 의미를 파악하여 필요한 정보를 해석하는 능력을 평가하는 문제이다.
[해설]
② 지역별 인원수가 제시되어 있지 않으므로, 각 지역별 응답자 수는 알 수 없다.
③ 2009년에는 경상도에서, 2010년에는 충청도에서 가장 높은 비율을 보인다.
④ 2009년과 2010년 모두 '자기개발을 하고 있다'고 응답한 비율이 가장 높은 지역은 서울시이며, 2010년의 경우 자기개발 비용을 직장이 100% 부담한다고 응답한 사람의 비율이 가장 높은 지역은 경상도이다.

답 ①

(4) 도표작성능력

① 도표작성 절차
　　㉠ 어떠한 도표로 작성할 것인지를 결정
　　㉡ 가로축과 세로축에 나타낼 것을 결정
　　㉢ 한 눈금의 크기를 결정
　　㉣ 자료의 내용을 가로축과 세로축이 만나는 곳에 표현
　　㉤ 표현한 점들을 선분으로 연결
　　㉥ 도표의 제목을 표기

② 도표작성 시 유의사항
　　㉠ 선 그래프 작성 시 유의점
　　　• 세로축에 수량, 가로축에 명칭구분을 제시한다.
　　　• 선의 높이에 따라 수치를 파악하는 경우가 많으므로 세로축의 눈금을 가로축보다 크게 하는 것이 효과적이다.
　　　• 선이 두 종류 이상일 경우 반드시 그 명칭을 기입한다.
　　㉡ 막대 그래프 작성 시 유의점
　　　• 막대 수가 많을 경우에는 눈금선을 기입하는 것이 알아보기 쉽다.
　　　• 막대의 폭은 모두 같게 하여야 한다.
　　㉢ 원 그래프 작성 시 유의점
　　　• 정각 12시의 선을 기점으로 오른쪽으로 그리는 것이 보통이다.
　　　• 분할선은 구성비율이 큰 순서로 그린다.
　　㉣ 층별 그래프 작성 시 유의점
　　　• 눈금은 선 그래프나 막대 그래프보다 적게 하고 눈금선은 넣지 않는다.
　　　• 층별로 색이나 모양이 완전히 다른 것이어야 한다.
　　　• 같은 항목은 옆에 있는 층과 선으로 연결하여 보기 쉽도록 한다.

출제예상문제

1   B양은 자동차 부품을 생산하는 M기계산업에 근무한다. 최근 자사 제품의 품질관리를 위해 생산 라인별 직원 1인당 생산량을 비교하라는 지시를 받았다. 자료를 참고할 때, B생산라인에 5명, D 생산라인에 6명, E생산라인에 2명이 하루에 생산할 수 있는 총생산량은 얼마인가?

생산라인	시설비	유지비	1인당 생산량
A : 수동라인	2천만 원	월 200만 원	하루 200set
B : 반자동라인	4천만 원	월 150만 원	하루 500set
C : 수동＋반자동라인	5천만 원	월 180만 원	하루 600set
D : 반자동라인	8천만 원	월 120만 원	하루 700set
E : 자동라인	1억 원	월 100만 원	하루 800set

※ 생산 라인별 동일 제품 생산 시 직원 1인당 생산량 비교

① 6,300set   ② 6,800set

③ 7,300set   ④ 8,300set

⑤ 9,100set

 B생산량 × 5명 + D생산량 × 6 + E생산량 × 2 = 500 × 5 + 700 × 6 + 800 × 2 = 8,300

2 다음은 어느 TV 제조업체의 최근 5개월 동안 컬러 TV 판매량을 나타낸 것이다. 6월의 컬러 TV 판매량을 단순 이동평균법, 가중이동평균법, 단순지수평활법을 이용하여 예측한 값을 각각 ㉠, ㉡, ㉢이라고 할 때, 그 크기를 비교한 것으로 옳은 것은? (단, 이동평균법에서 주기는 4개월, 단순지수평활법에서 평활상수는 0.4를 각각 적용한다)

(단위 : 천대)

	1월	2월	3월	4월	5월	6월
판매량	10	14	9	13	15	
가중치	0.0	0.1	0.2	0.3	0.4	

① ㉠>㉡>㉢ 　　　　　　　② ㉡>㉠>㉢

③ ㉠>㉢>㉡ 　　　　　　　④ ㉡>㉢>㉠

⑤ ㉢>㉡>㉠

 ㉠ 단순이동평균법 $= \dfrac{14+9+13+15}{4} = 12.75$대

㉡ 가중이동평균법 $= 15 \times 0.4 + 13 \times 0.3 + 9 \times 0.2 + 14 \times 0.1 = 13.1$ 대

㉢ 지수평활법을 이용하기 위해서는 세 개의 자료가 필요하다. 전월의 예측치, 전월의 실제치, 지수평활계수 이를 식으로 나타내면 당기 예측치=전기 예측치+지수평활계수 (전기 실제치 −전기 예측치) 그런데 이 문제에서는 5월의 예측치가 없으므로 문제가 성립될 수 없다. 그러나 이러한 경우에는 단순이동평균치를 예측치로 사용한다. 4월까지의 단순이동평균치는 11.50이다. 지수평활법=$0.4 \times 15 + 0.6 \times 11.50 = 12.90$대이므로 따라서 ㉡>㉢>㉠이 된다.

3 아래에서 S기업이 물류비용 5%를 추가로 절감할 경우, S 기업은 얼마의 매출액을 증가시키는 것과 동일한 효과를 얻게 되는가?

> • S기업 총 매출액 : 100억 원
> • 매출액 대비 물류비 비중 : 10%
> • 매출액 대비 이익률 : 5%

① 1억 원 　　　　　　　② 1억 1천만 원

③ 10억 원 　　　　　　　④ 11억 원

⑤ 110억 원

 매출액은 100억, 물류비는 10억, 순이익은 5억이 된다. 물류비를 5% 추가 절감하면 10억에서 9억 5천이 되므로 순이익이 5억 5천만 원으로 증가하게 된다. 순이익을 매출액으로 환원하면 110억이므로 10억이 증가하게 된다.

Answer╶→　1.④　2.④　3.③

┃4~5┃ 기술보증기금 ○○지점에서 근무하는 박 차장은 보증서를 발급하면서 고객의 보증료를 산출하고 있다. 보증료 산출에 관한 주요 규정이 다음과 같을 때, 물음에 답하시오.

- 보증료 계산 : 보증금액 × 보증료율 × 보증기간/365
  - 계산은 십원단위로 하고 10원 미만 단수는 버림
- 기준보증료율 기술사업평가등급에 따라 다음과 같이 적용한다.

등급	적용요율	등급	적용요율	등급	적용요율
AAA	0.8%	BBB	1.4%	CCC	1.7%
AA	1.0%	BB	1.5%	CC	1.8%
A	1.2%	B	1.6%	C	2.2%

- 아래에 해당되는 경우 기준보증료율에서 해당 감면율을 감면할 수 있다.

가산사유	가산요율
1. 벤처·이노비즈기업	−0.2%p
2. 장애인기업	−0.3%p
3. 국가유공자기업	−0.3%p
4. 지방기술유망기업	−0.3%p
5. 지역주력산업 영위기업	−0.1%p

※ 감면은 항목은 중복해서 적용할 수 없으며, 감면율이 가장 큰 항목을 우선 적용한다.
※ 사고기업(사고유보기업 포함)에 대해서는 보증료율의 감면을 적용하지 아니한다.
- 아래에 해당되는 경우 산출된 보증료율에 해당 가산율을 가산한다.

가산사유	가산요율
1. 고액보증기업	
가. 보증금액이 15억원 초과 30억원 이하 기업	+0.1%p
나. 보증금액이 30억원 초과 기업	+0.2%p
2. 장기이용기업	
가. 보증이용기간이 5년 초과 10년 이하 기업	+0.1%p
나. 보증이용기간이 10년 초과 15년 이하 기업	+0.2%p
다. 보증이용기간이 15년 초과 기업	+0.3%p

※ 가산사유가 중복되는 경우에는 사유별 가산율을 모두 적용한다.
※ 경영개선지원기업으로 확정된 기업에 대해서는 가산요율을 적용하지 않는다.
- 감면사유와 가산사유에 모두 해당되는 경우 감면사유를 먼저 적용한 후 가산사유를 적용한다.

4 ㈜서원의 회계과장인 이 과장은 보증서 발급에 앞서 보증료가 얼마나 산출되었는지 박 차장에게 다음과 같이 이메일로 문의하였다. 문의에 따라 보증료를 계산한다면 ㈜서원의 보증료는 얼마인가?

> 안녕하세요, 박 차장님.
>
> ㈜서원의 회계과장인 이□□입니다. 대표님께서 오늘 보증서(보증금액 5억 원, 보증기간 365일)를 발급받으러 가시는데, 보증료가 얼마나 산출되었는지 궁금하여 문의드립니다.
>
> 저희 회사의 기술사업평가등급은 BBB등급이고, 지방기술사업을 영위하고 있으며 작년에 벤처기업 인증을 받았습니다. 다른 특이사항은 없습니다.

① 4,000천 원

② 4,500천 원

③ 5,500천 원

④ 5,500천 원

⑤ 6,000천 원

 BBB등급 기준보증료율인 1.4%에서 지방기술사업과 벤처기업 중 감면율이 큰 자방기술사업을 적용하면 ㈜서원의 보증료율은 1.1%이다. 보증료의 계산은 보증금액 × 보증료율 × 보증기간/365이므로 ㈜서원의 보증료는 5억 원 × 1.1% × 365/365 = 5,500천 원이다.

5 박 차장은 아래 자료들을 도대로 갑, 을, 병 3개 회사의 보증료를 산출하였다. 보증료가 높은 순서대로 정렬한 것은?

구분	기술사업 평가등급	특이사항	보증금액 (신규)	보증기간
갑	BBB	• 국가유공자기업 • 지역주력산업영위기업 • 신규보증금액 포함한 총보증금액 100억원 • 보증이용기간 7년	10억원	365일
을	BB	• 벤처기업 • 이노비즈기업 • 보증이용기간 20년 • 경영개선지원기업	10억원	365일
병	BB	• 장애인기업 • 이노비즈기업 • 보증이용기간 1년	10억원	365일

① 갑 - 을 - 병
② 갑 - 병 - 을
③ 을 - 갑 - 병
④ 을 - 병 - 갑
⑤ 병 - 갑 - 을

 갑, 을, 병 3개 회사가 보증금액(신규)과 보증기간이 동일하므로 보증료율이 높은 순서대로 정렬하면 된다.
- 갑 보증료율 : 1.4%(BBB등급) − 0.3%p(감면율이 큰 국가유공자기업 적용) + 0.3%p(고액보증기업 나 + 장기이용기업 가) = 1.4%
- 을 보증료율 : 1.5%(B등급) − 0.2%(벤처·이노비즈기업 중복적용 안 됨) + 0.0%p(장기이용기업 다에 해당하지만 경영개선지원기업으로 가산요율 적용 안 함) = 1.3%
- 병 보증료율 : 1.5%(B등급) − 0.3%p(감면율이 큰 장애인기업 적용) + 0.0%p(가산사유 해당 없음) = 1.2%

따라서 보증료율이 높은 순서인 갑 - 을 - 병 순으로 보증료가 높다.

6 정원이는 이번 여름휴가에 친구들이랑 걸어서 부산으로 여행을 계획하고 있다. 그러던 중 여러 가지 상황이 변수 (날씨, 직장 등)로 작용하여 여러 가지 교통수단을 생각하게 되었다. 이 때 아래의 표를 참조하여 보완적 평가방식을 활용해 정원이와 친구들이 부산까지 가는 데 있어 효율적으로 이동이 가능한 교통운송 수단을 고르면 어떤 대안의 선택이 가능하게 되겠는가? (보완적 평가방식 : 각 상표에 있어 어떤 속성의 약점을 다른 속성의 강점에 의해 보완하여 전반적인 평가를 내리는 방식을 말함)

평가의 기준	중요도	교통운송수단에 관한 평가			
		비행기	기차	고속버스	승용차
경제성	20	4	5	4	3
디자인	30	4	4	5	7
승차감	40	7	5	7	8
속도	50	9	8	5	6

① 기차   ② 비행기
③ 고속버스   ④ 승용차

 보완적 평가방식은 각 상표에 있어 어떤 속성의 약점을 다른 속성의 강점에 의해 보완하여 전반적인 평가를 내리는 방식을 의미한다. 한 가지 예로서 비행기의 경우 속성별 평가점수가 4, 4, 7, 9점이며, 각 속성이 평가에서 차지하는 중요도는 20, 30, 40, 50이므로, 이러한 가중치를 각 속성별 평가점수에 곱한 후에 이를 모두 더하면 930이 된다. 이러한 방식으로 계산하면 그 결과는 아래와 같다.
• 비행기 : $(20 \times 4) + (30 \times 4) + (40 \times 7) + (50 \times 9) = 930$
• 기차 : $(20 \times 5) + (30 \times 4) + (40 \times 5) + (50 \times 8) = 820$
• 고속버스 : $(20 \times 4) + (30 \times 5) + (40 \times 7) + (50 \times 5) = 760$
• 승용차 : $(20 \times 3) + (30 \times 7) + (40 \times 8) + (50 \times 6) = 890$
그러므로 정원이는 가장 높은 값이 나온 비행기를 교통운송 수단으로 선택하게 된다.

Answer 5.① 6.②

7 남한은 상대적으로 자본이 풍부하고 북한은 노동력이 풍부하다. 남북한이 하나의 시장경제로 통합될 경우, 통합 이전과 비교하여 남한의 임금과 이자율의 변동 상황으로 적절한 설명은 어느 것인가? (단, 남북한 노동력은 숙련도 차이가 없으며, 외국과의 자본, 노동 이동이 없다고 가정한다)

① 임금은 상승하고 이자율은 하락할 것이다.

② 임금은 하락하고 이자율은 상승할 것이다.

③ 임금과 이자율 모두 하락할 것이다.

④ 임금과 이자율 모두 상승할 것이다.

⑤ 임금과 이자율 모두 불변일 것이다.

 통합된 경제는 통합 이전의 남한과 비교할 때 노동력은 상대적으로 풍부한 반면에 자본은 상대적으로 부족하다. 따라서 통합된 경제의 임금은 통합 이전의 남한보다 낮고, 이자율은 통합 이전의 남한보다 높아질 것으로 판단하는 것이 합리적이다.

8 야산 한 쪽에 태양광 설비 설치를 위해 필요한 부품을 트럭에서 내려 설치 장소까지 리어카를 이용하여 시속 4km로 이동한 K씨는 설치 후 트럭이 있는 곳까지 시속 8km의 속도로 다시 돌아왔다. 처음 트럭을 출발하여 작업을 마치고 다시 트럭의 위치로 돌아오니 총 4시간이 걸렸다. 작업에 소요된 시간이 1시간 30분이라면, 트럭에서 태양광 설치 장소까지의 거리는 얼마인가? (거리는 반올림하여 소수 둘째 자리까지 표시함)

① 약 4.37km

② 약 4.95km

③ 약 5.33km

④ 약 6.28km

⑤ 약 6.67km

 '거리=시간×속력'을 이용하여 계산할 수 있다.

총 4시간의 소요 시간 중 작업 시간 1시간 30분을 **빼면**, 왕복 이동한 시간은 2시간 30분이 된다. 트럭에서 태양광 설치 장소까지의 거리를 $x$km라고 하면, 시속 4km로 이동한 거리와 시속 8km로 되돌아 온 거리 모두 $x$km가 된다.

따라서 거리=시간×속력 → 시간=거리÷속력 공식을 이용하여, 2시간 30분은 2.5시간이므로 $2.5=(x\div4)+(x\div8)$이 성립하게 된다.

이것을 풀면, $2.5=x/4+x/8$ → $2.5=3/8x$ → $x=2.5\times8/3=6.666...$ → 약 6.67km가 된다.

9 아래의 자료는 A 지역의 2017~2018년 상반기 대비 5대 범죄의 발생을 분석한 표이다. 이를 참조하여 예측 및 분석한 내용으로 가장 거리가 먼 것을 고르면?

〈'17~18년 상반기 대비 5대 범죄 발생 분석〉

구분	계	살인	강도	강간	절도	폭력
'18년	934	2	6	46	360	520
'17년	1,211	2	8	39	601	561
대비	−277 (−22.9%)	0	−2 (−25%)	+7 (17.9%)	−241 (−40.1%)	−41 (−7.3%)

① 살인의 경우에는 2017~2018년 동기간 동안 동일한 건수를 기록하고 있다.

② 강간의 경우에는 2017년 대비 2018년에는 7건 정도가 증가하였으며, 폭력의 경우에는 41건 정도가 감소함을 알 수 있다.

③ 자료를 보면 치안 담당자들이 전반적으로 해당 지역의 정보를 공유하지 않고 범죄 검거에 대한 의지가 약함을 알 수 있다.

④ 표를 보면 5대 범죄 중 가장 괄목할만한 것은 민생치안 및 체감안전도와 직결되는 절도의 경우에 360건이 발생하여 전년 601건 대비 270건 정도 감소했다.

⑤ 18년 상반기를 기준으로 범죄 발생 분석 현황에 의하면 5대 범죄는 934건 발생하여 전년 1,211건 대비 277건이 감소했음을 알 수 있다.

 주어진 표는 2017년 및 2018년 상반기 동기간 동안의 5대 범죄 발생을 분석한 것이다. 약간의 차이는 있으나 전반적으로 보면 2017년에는 1,211건, 이에 대비 2018년에는 발생 범죄가 934건으로 감소됨을 알 수 있다. 그러므로 범죄다발지역에 대해 치안 담당자들이 해당 지역에 대한 정보를 공유하여 범죄의 발생 및 검거에 치안역량을 집중했음을 알 수 있다.

10 신도시 A지역에 지역도로를 신설하려고 한다. 6곳의 기점 중 어디에서나 나머지 5곳을 직접 또는 다른 곳을 경유하여 갈 수 있어야 한다. 건설비용이 다음과 같을 때 도로를 건설하는데 소요되는 최소 총비용은?

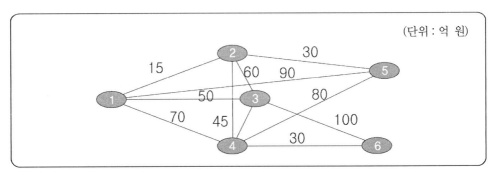

(단위 : 억 원)

① 150
② 160
③ 170
④ 180
⑤ 190

 15+15+50+30+30+30=170억 원

11 N은행 고객인 S씨는 작년에 300만 원을 투자하여 3년 만기, 연리 2.3% 적금 상품(비과세, 단리 이율)에 가입하였다. 올해 추가로 여유 자금이 생긴 S씨는 200만 원을 투자하여 신규 적금 상품에 가입하려 한다. 신규 적금 상품은 복리가 적용되는 이율 방식이며, 2년 만기라 기존 적금 상품과 동시에 만기가 도래하게 된다. 만기 시 두 적금 상품의 원리금의 총 합계가 530만 원 이상이 되기 위해서는 올 해 추가로 가입하는 적금 상품의 연리가 적어도 몇 %여야 하는가? (모든 금액은 절삭하여 원 단위로 표시하며, 이자율은 소수 첫째 자리까지만 계산함)

① 2.2%
② 2.3%
③ 2.4%
④ 2.5%
⑤ 2.6%

 단리 이율 계산 방식은 원금에만 이자가 붙는 방식으로 원금은 변동이 없으므로 매년 이자액이 동일하다. 반면, 복리 이율 방식은 '원금+이자'에 이자가 붙는 방식으로 매년 이자가 붙어야 할 금액이 불어나 갈수록 원리금이 커지게 된다. 작년에 가입한 상품의 만기 시 원리금은 3,000,000+(3,000,000×0.023×3)=3,000,000+ 207,000=3,207,000원이 된다.
따라서 올 해 추가로 가입하는 적금 상품의 만기 시 원리금이 2,093,000원 이상이어야 한다. 이것은 곧 다음과 같은 공식이 성립하게 됨을 알 수 있다. 추가 적금 상품의 이자율을 A%, 이를 100으로 나눈 값을 x라 하면, $2,000,000×(1+x)^2 \geq 2,093,000$이 된다.
주어진 보기의 값을 대입해 보면, 이자율이 2.3%일 때 x가 0.023이 되어 2,000,000× 1.023×1.023=2,093,058이 된다. 따라서 올 해 추가로 가입하는 적금 상품의 이자율(연리)은 적어도 2.3%가 되어야 만기 시 두 상품의 원리금 합계가 530만 원 이상이 될 수 있다.

12 기술보증기금에서는 1억 원을 투자하여 연간 15%의 수익률을 올리는 것을 목표로 새로운 택배 서비스를 시작하였다. 이 때, 택배서비스의 목표수입가격은 얼마가 적당한가? (단, 예상 취급량 30,000개/연, 택배서비스 취급원가 1,500원/개)

① 1,000원   ② 1,500원

③ 2,000원   ④ 2,500원

⑤ 3,000원

 1억 원을 투자하여 15%의 수익률을 올리므로 수익은 15,000,000원이다. 예상 취급량이 30,000 개이므로 15,000,000÷30,000=500(원)이고, 취급원가가 1,500원이므로 목표수입가격은 1,500 +500=2,000(원)이 된다.

13 표는 갑국의 학력별, 성별 평균 임금을 비교한 것이다. 이에 대한 옳은 분석을 〈보기〉에서 고른 것은? (단, 고졸 평균 임금은 2010년보다 2012년이 많다.)

구분	2010년	2012년
중졸 / 고졸	0.78	0.72
대졸 / 고졸	1.20	1.14
여성 / 남성	0.70	0.60

〈보기〉
㉠ 2012년 중졸 평균 임금은 2010년에 비해 감소하였다.
㉡ 2012년 여성 평균 임금은 2010년에 비해 10 % 감소하였다.
㉢ 2012년 남성의 평균 임금은 여성 평균 임금의 2배보다 적다.
㉣ 중졸과 대졸 간 평균 임금의 차이는 2010년보다 2012년이 크다.

① ㉠㉡   ② ㉠㉢

③ ㉡㉢   ④ ㉢㉣

⑤ ㉠㉣

 ㉢ 2012년 여성 평균 임금이 남성 평균 임금의 60%이므로 남성 평균 임금은 여성 평균 임금의 2배가 되지 않는다.
㉣ 고졸 평균 임금 대비 중졸 평균 임금의 값과 고졸 평균 임금 대비 대졸 평균 임금의 값 간의 차이는 2010년과 2012년에 0.42로 같다. 하지만 비교의 기준인 고졸 평균 임금이 상승하였 으므로 중졸과 대졸 간 평균 임금의 차이는 2010년보다 2012년이 크다.

Answer → 10.③ 11.② 12.③ 13.④

14 아래에 제시된 자료는 65세 이상 생존확률 및 기대여명에 관한 내용이다. 이에 대한 분석으로 가장 바르지 않은 것은?

연도	기대여명							생존확률			
	0	65	70	75	80	85	90	65	75	85	90
	남자										
1990	67.29	12.39	9.57	7.22	5.22	–	–	66.51	39.02	–	–
1995	69.57	13.30	10.38	7.91	5.85	4.16	–	69.89	44.34	14.45	–
2000	72.25	14.34	11.22	8.58	6.47	4.91	3.76	75.34	51.20	18.60	3.76
2005	75.14	15.80	12.39	9.42	7.00	5.16	3.83	80.98	59.83	25.54	11.09
2010	77.20	17.16	13.49	10.26	7.57	5.49	4.01	84.08	66.15	32.16	15.07
	여자										
1990	75.51	16.29	12.63	9.45	6.75	–	–	83.52	64.55	–	–
1995	77.74	16.95	13.14	9.80	6.98	4.53	–	86.85	69.45	34.04	–
2000	79.60	18.18	14.22	10.74	7.89	5.77	4.24	89.73	74.47	38.53	4.24
2005	81.89	19.90	15.70	11.90	8.72	6.28	4.53	91.85	80.25	47.29	25.52
2010	84.07	21.63	17.31	13.30	9.83	7.04	4.99	93.33	84.36	56.32	34.06

① 남녀 65세 기대여명은 1990년~2010년의 기간 동안 남자 12.39년에서 17.16년, 여자 16.29년에서 21.63년으로 증가하였다.

② 2010년 신생아의 기대여명은 남자가 여자보다 높다.

③ 2010년 75세까지 생존할 확률은 남녀 각각 66.15%, 84.36%이다.

④ 생존확률은 남녀 모두 계속적으로 증가하고 있다.

⑤ 65세 기대여명은 여자가 남자보다 전체적으로 다소 높다.

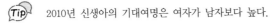 2010년 신생아의 기대여명은 여자가 남자보다 높다.

15 서원이는 집에서 중학교까지 19km를 통학한다. 집으로부터 자전거로 30분 동안 달린 후 20분 동안 걸어서 중학교에 도착했다면 걷는 속도는 분당 몇 km인가? (단, 자전거는 분속 0.5km로 간다고 가정한다.)

① 0.2km

② 0.4km

③ 0.6km

④ 0.8km

⑤ 1km

> (Tip) 걷는 속도를 분당 x라 하면 $30 \times 0.5 + 20 \times x = 19$
> ∴ $x = 0.2$km

16 정수는 6명의 친구들과 저녁 식사를 했다. 평균 한 사람당 12,000원씩 낸 것과 같다면 친구들은 얼마씩 낸 것인가? (단, 정수가 음료수 값도 함께 계산하기로 하여 24,000원을 먼저 내고, 나머지 친구들은 동일한 금액으로 나누어 냈다.)

① 8,500원

② 9,000원

③ 9,500원

④ 10,000원

⑤ 10,500원

> (Tip) ㉠ 평균 한 사람당 12,000원이므로 총 금액은 $12,000 \times 7 = 84,000$원
> ㉡ 정수가 음료수 값까지 더 냈으므로 이 값을 제외한 금액은 $84,000 - 24,000 = 60,000$원
> ㉢ 친구 6명이서 나누어내므로, $60,000 \div 6 = 10,000$원

Answer → 14.② 15.① 16.④

17 다음은 연도별 교육비에 관한 자료이다. 다음 중 전년 대비 고등교육비 증감량이 가장 작은 연도와 동일한 시기의 중등교육비 대비 2009년의 중등교육비의 증가량으로 짝지어진 것은?

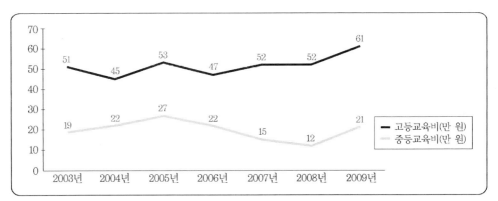

① 2008년, 9(만 원)
② 2007년, 8(만 원)
③ 2006년, 7(만 원)
④ 2005년, 6(만 원)
⑤ 2004년, 5(만 원)

 • 전년 대비 고등교육비 증감량이 가장 작은 연도: 2008년(증감량 0)
• 2008년의 중등교육비 대비 2009년의 중등교육비의 증가량: 9(만 원)

18 다음은 일산 도로에 관한 자료이다. 산업용 도로 4km와 산업관광용 도로 5km의 건설비의 합은 얼마인가?

분류	도로 수	총 길이	건설비
관광용 도로	5	30km	30억
산업용 도로	7	60km	300억
산업관광용 도로	9	100km	400억
합계	21	283km	730억

① 20억 원
② 30억 원
③ 40억 원
④ 50억 원
⑤ 60억 원

 ㉠ 산업용 도로 4km의 건설비＝(300÷60)×4＝20억 원
㉡ 산업관광용 도로 5km의 건설비＝(400÷100)×5＝20억 원
∴ 20＋20＝40억 원

19 다음은 여성의 취업에 대한 설문 조사 결과를 정리한 표이다. 이에 대한 옳은 설명을 모두 고른 것은?

(단위 : %)

구분		2009년	2014년		
			전체	여성	남성
찬성		85.5	83.8	86.6	80.8
	혼인 전까지만	8.7	4.8	4.0	5.8
	자녀 성장 후	43.2	41.7	40.2	43.3
	가사 일에 관계없이	48.1	53.5	55.8	50.9
	소계	100.0	100.0	100.0	100.0
반대		8.7	9.3	8.0	10.7
모름/무응답		5.8	6.9	5.4	8.5
합계		100.0	100.0	100.0	100.0

ㄱ 2009년의 경우 혼인 전까지만 여성의 취업을 찬성하는 응답자와 여성 취업을 반대하는 응답자 수는 같다.
ㄴ 2014년의 경우 자녀 성장 후 맞벌이를 희망하는 응답자 비율은 남성이 여성보다 많다.
ㄷ 2014년의 경우 가사 일에 관계없이 여성 취업을 찬성하는 남성 응답자 수는 전체 남성 응답자의 절반을 넘지 못한다.
ㄹ 2009년에 비해 2014년에는 여성 취업을 찬성하는 응답자 중에서 혼인이나 자녀 양육을 고려하는 응답자의 비율은 감소하였다.

① ㄱㄴ
② ㄴㄷ
③ ㄷㄹ
④ ㄱㄴㄹ
⑤ ㄴㄹ

 ㄱ 2009년의 경우 여성의 취업을 반대하는 8.7%는 전체 응답자 중에서의 비율이고, 혼인 전까지만 여성의 취업을 찬성하는 8.7%는 여성의 취업을 찬성하는 응답자 중에서의 비율이므로 각각의 응답자 수는 다르다.
ㄴ 자녀 성장 후 맞벌이를 희망하는 내용은 표를 통해서는 알 수 없다.

Answer ⤷ 17.① 18.③ 19.③

20 다음은 학생별 독서량에 관한 자료이다. 다음 중 갑의 독서량과 해당 독서량이 전체에서 차지하는 비율로 묶여진 것은? (단, 여섯 학생의 평균 독서량은 을의 독서량보다 3배 많다.)

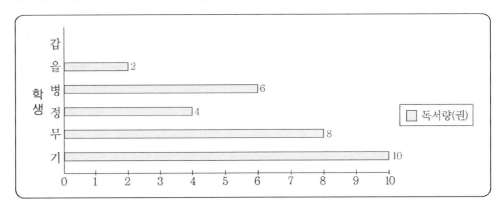

	갑의 독서량	갑의 독서량이 전체에서 차지하는 비율
①	4권	14.5%
②	5권	15.9%
③	6권	16.7%
④	7권	17.2%
⑤	8권	18.3%

- 총 학생의 평균 독서량은 을의 독서량의 3배이므로, $2 \times 3 = 6$권이 된다.
- 갑의 독서량을 x라 하면 $\dfrac{x+2+6+4+8+10}{6} = 6$, $\therefore x = 6$(권)
- 갑의 독서량이 전체에서 차지하는 비율 : $\dfrac{6}{6+2+6+4+8+10} \times 100 ≒ 16.7\%$

21 연중 가장 무더운 8월의 어느 날 우진이는 여자친구, 두 명의 조카들과 함께 서울고속버스터미널에서 출발하여 부산고속버스터미널까지 가는 왕복 프리미엄 고속버스로 휴가를 떠나려고 한다. 이 때 아래에 나타난 자료 및 조건을 토대로 우진이와 여자친구, 조카들의 프리미엄 고속버스의 비용을 구하면?

〈주어진 조건〉

- 조카 1(남 : 만 3세)
- 조카 2(여 : 만 6세)
- 서울에서 부산으로 가는 동안(하행선) 조카 1은 우진이의 무릎에 앉아서 가며, 반대로 부산에서 서울로 올라올 시(상행선)에는 좌석을 지정해서 간다.

〈자료〉

1. 서울-부산 간 프리미엄 고속버스 운임요금은 37,000원이다.
2. 만 4세 미만은 어른 요금의 75%를 할인 받는다.
3. 만 4~6세 사이는 어른 요금의 50%를 할인 받는다.
4. 만 4세 미만의 경우에는 승차권을 따로 구매하지 않고 해당 보호자와 함께 동승이 가능하다.

① 162,798원
② 178,543원
③ 194,250원
④ 205,840원
⑤ 213,526원

 위의 주어진 조건을 기반으로 각 비용을 구하면 다음과 같다.
- 우진이와 여자 친구의 프리미엄 고속버스 비용 = 37,000원×2(명)×2(왕복) = 148,000원
- 조카 2(여 : 50%를 할인 받음)의 운임 = 37,800원×50%×2(왕복) = 37,000원
- 조카 1은 하행인 경우 우진이의 무릎에 앉아가고, 상행인 경우에 좌석을 지정해서 가는 것이므로 이는 편도에 해당한다.
  조카 1(남 : 75% 할인 받음)의 운임 = 하행선무료+37,000원×(100−75%) = 9,250원
  ∴ 148,000원+37,000원+9,250원 = 194,250원이 된다.

22 ABC무역주식회사는 플라즈마 TV 핵심부품을 항공편으로 미국 뉴욕에 수출할 예정이다. 수출시 보험과 다른 수송비 등 여타조건은 무시하고 아래 사항만을 고려할 경우에 항공운임은 얼마인가?

ⓐ 플라즈마 TV 핵심부품이 내장되고 포장된 상자의 무게는 40kg이다.

ⓑ 상기 상자의 용적은 가로 80cm, 세로 60cm, 높이 70cm인 직육면체이다.

ⓒ 항공운임은 중량 또는 부피 중 큰 것을 적용하기로 한다.

ⓓ 요율(최저운임은 US$ 200)
 • 50kg 미만 : US$ 17/kg
 • 50kg 이상~60kg 미만 : US$ 13/kg
 • 60kg 이상~80kg 미만 : US$ 10/kg
 • 80kg 이상~100kg 미만 : US$ 7/kg

---

① US$ 315　　　　　　　　② US$ 334

③ US$ 680　　　　　　　　④ US$ 720

⑤ US$ 728

 ⑤ 실제중량 40kg와 용적중량 $\dfrac{(80\times60\times70)}{6,000}=56kg$ 중 더 큰 중량인 56kg을 적용하여 항공운임을 계산하면 $56\times13=728$이다.

|23~24| 2015년 사이버 쇼핑몰 상품별 거래액에 관한 표이다. 물음에 답하시오.

(단위 : 백만 원)

	1월	2월	3월	4월	5월	6월	7월	8월	9월
컴퓨터	200,078	195,543	233,168	194,102	176,981	185,357	193,835	193,172	183,620
소프트웨어	13,145	11,516	13,624	11,432	10,198	10,536	45,781	44,579	42,249
가전 · 전자	231,874	226,138	251,881	228,323	239,421	255,383	266,013	253,731	248,474
서적	103,567	91,241	130,523	89,645	81,999	78,316	107,316	99,591	93,486
음반 · 비디오	12,727	11,529	14,408	13,230	12,473	10,888	12,566	12,130	12,408
여행 · 예약	286,248	239,735	231,761	241,051	288,603	293,935	345,920	344,391	245,285
아동 · 유아용	109,344	102,325	121,955	123,118	128,403	121,504	120,135	111,839	124,250
음 · 식료품	122,498	137,282	127,372	121,868	131,003	130,996	130,015	133,086	178,736

23 1월 컴퓨터 상품 거래액의 다음 달 거래액과 차이는?

① 4,455백만 원　　　　　　　② 4,535백만 원

③ 4,555백만 원　　　　　　　④ 4,655백만 원

⑤ 4,726백만 원

 200,078 − 195,543 = 4,535백만 원

24 1월 서적 상품 거래액은 음반 · 비디오 상품의 몇 배인가? (소수 둘째 자리까지 구하시오)

① 8.13　　　　　　　　　　　② 8.26

③ 9.53　　　　　　　　　　　④ 9.75

⑤ 9.96

 103,567 ÷ 12,727 = 8.13배

Answer｢→ 22.⑤ 23.② 24.①

25 기술보증기금은 2019년 현재 10대의 화물자동차를 운영하고 있다. 개별 차의 연간 총 운행거리는 50,000km이며, 각 차량은 4개의 타이어를 부착하고 있고, 타이어 교환주기는 25,000km이다. 타이어 한 개의 가격을 10만 원이라 할 때 A사의 연간타이어 소모비용은 얼마인가?

① 800만 원

② 1,000만 원

③ 1,600만 원

④ 2,000만 원

⑤ 2,400만 원

 연간 타이어 소모비용=화물자동차 10대 ×타이어 4개×연간 교환횟수 2회×타이어 한 개의 가격 10만 원=800만 원

26 다음은 갑국의 연도별 비만 환자에 관한 자료이다. 다음 중 전년 대비 비만 환자 비율의 증가량이 큰 연도 순으로 바르게 짝지어진 것은?

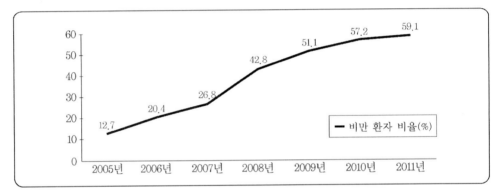

① 2009년, 2010년, 2008년, 2011년

② 2009년, 2008년, 2010년, 2007년

③ 2010년, 2008년, 2009년, 2006년

④ 2008년, 2009년, 2010년, 2011년

⑤ 2008년, 2010년, 2009년, 2006년

 • 2006년의 비만 환자 비율의 증가량 : 7.7%
• 2007년의 비만 환자 비율의 증가량 : 6.4%
• 2008년의 비만 환자 비율의 증가량 : 16%
• 2009년의 비만 환자 비율의 증가량 : 8.3%
• 2010년의 비만 환자 비율의 증가량 : 6.1%
• 2011년의 비만 환자 비율의 증가량 : 1.9%
따라서 2008년, 2009년, 2006년, 2007년, 2010년, 2011년 순이 된다.

27 다음은 주식시장에서 외국인의 최근 한 달간의 주요 매매 정보 자료이다. 가 그룹 주식의 최근 한 달간의 1주당 평균 금액은 얼마인가? (단, 소수점 첫째 자리에서 반올림하시오)

순매수			순매도		
종목명	수량(백 주)	금액(백만 원)	종목명	수량(백 주)	금액(백만 원)
A 그룹	5,620	695,790	가 그룹	84,930	598,360
B 그룹	138,340	1,325,000	나 그룹	2,150	754,180
C 그룹	13,570	284,350	다 그룹	96,750	162,580
D 그룹	24,850	965,780	라 그룹	96,690	753,540
E 그룹	70,320	110,210	마 그룹	12,360	296,320

① 7,045원

② 70,453원

③ 5,984원

④ 68,570원

⑤ 66,213원

Tip $\dfrac{598,360,000,000}{8,493,000} \fallingdotseq 70,453(원)$

28 다음은 총기소지히가 추기 통계표이다. 2011년 전체 총기허가 건수 중 엽총이 차지하는 비율은 몇 %인가? (단, 소수점 첫째 자리에서 반올림하시오)

(단위 : 정)

구분	2004	2005	2006	2007	2008	2009	2010	2011
계	303,139	288,464	276,784	268,216	260,310	242,403	219,979	192,985
전년대비 비율, %	−1.5	−4.8	−4.0	−3.0	−2.9	−6.9	−9.2	−12.3
권총	1,632	1,553	1,596	1,573	1,648	1,734	1,803	1,813
소총	625	636	586	602	576	610	648	653
엽총	36,785	30,058	37,972	38,685	38,012	38,317	38,025	37,654
공기총	209,702	193,616	180,420	172,590	168,175	153,517	138,593	121,201
기타총	54,395	54,601	56,210	54,766	51,899	48,225	40,910	31,664

① 16% ② 18%

③ 20% ④ 22%

⑤ 24%

 $\dfrac{37,654}{192,985} \times 100 = 19.51(\%) \fallingdotseq 20\%$

29 2015년 행정구역별 인구 이동자 수의 자료를 보고 인구변화가 가장 큰 지역을 고르면?

행정구역	전입	전출
서울특별시	1,555,281	1,658,928
부산광역시	461,042	481,652
대구광역시	348,642	359,206
인천광역시	468,666	440,872
광주광역시	228,612	230,437
대전광역시	239,635	239,136
울산광역시	161,433	157,427
세종특별자치시	32,784	15,291

① 서울특별시   ② 부산광역시
③ 대구광역시   ④ 대전광역시
⑤ 울산광역시

 순이동＝전입－전출, 서울특별시가 순이동이 －103,647로 변화폭이 가장 크다.

30 다음은 우체국 택배물 취급에 관한 기준표이다. 미영이가 서울에서 포항에 있는 보람이와 설희에게 각각 택배를 보내려고 한다. 보람이에게 보내는 물품은 10kg에 130cm이고, 설희에게 보내려는 물품은 4kg에 60cm이다. 미영이가 택배를 보내는 데 드는 비용은 모두 얼마인가?

(단위 : 원/개)

중량(크기)		2kg까지 (60cm까지)	5kg까지 (80cm까지)	10kg까지 (120cm까지)	20kg까지 (140cm까지)	30kg까지 (160cm까지)
동일지역		4,000원	5,000원	6,000원	7,000원	8,000원
타지역		5,000원	6,000원	7,000원	8,000원	9,000원
제주 지역	빠른(항공)	6,000원	7,000원	8,000원	9,000원	11,000원
	보통(배)	5,000원	6,000원	7,000원	8,000원	9,000원

※ 1) 중량이나 크기 중에 하나만 기준을 초과하여도 초과한 기준에 해당하는 요금을 적용한다.
  2) 동일지역은 접수지역과 배달지역이 동일한 시/도이고, 타지역은 접수한 시/도지역 이외의 지역으로 배달되는 경우를 말한다.
  3) 부가서비스(안심소포) 이용시 기본요금에 50% 추가하여 부가한다.

① 13,000원 ② 14,000원
③ 15,000원 ④ 16,000원
⑤ 18,000원

 중량이나 크기 중에 하나만 기준을 초과하여도 초과한 기준에 해당하는 요금을 적용한다고 하였으므로, 보람이에게 보내는 택배는 10kg지만 130cm로 크기 기준을 초과하였으므로 요금은 8,000원이 된다. 또한 설희에게 보내는 택배는 60cm이지만 4kg으로 중량기준을 초과하였으므로 요금은 6,000원이 된다.

Answer ↪ 30.②

03 문제해결능력

1 문제와 문제해결

(1) 문제의 정의와 분류

① 정의 : 문제란 업무를 수행함에 있어서 답을 요구하는 질문이나 의논하여 해결해야 되는 사항이다.

② 문제의 분류

구분	창의적 문제	분석적 문제
문제제시 방법	현재 문제가 없더라도 보다 나은 방법을 찾기 위한 문제 탐구→문제 자체가 명확하지 않음	현재의 문제점이나 미래의 문제로 예견될 것에 대한 문제 탐구→문제 자체가 명확함
해결방법	창의력에 의한 많은 아이디어의 작성을 통해 해결	분석, 논리, 귀납과 같은 논리적 방법을 통해 해결
해답 수	해답의 수가 많으며, 많은 답 가운데 보다 나은 것을 선택	답의 수가 적으며 한정되어 있음
주요특징	주관적, 직관적, 감각적, 정성적, 개별적, 특수성	객관적, 논리적, 정량적, 이성적, 일반적, 공통성

(2) 업무수행과정에서 발생하는 문제 유형

① 발생형 문제(보이는 문제) : 현재 직면하여 해결하기 위해 고민하는 문제이다. 원인이 내재되어 있기 때문에 원인지향적인 문제라고도 한다.

    ㉠ 일탈문제 : 어떤 기준을 일탈함으로써 생기는 문제

    ㉡ 미달문제 : 어떤 기준에 미달하여 생기는 문제

② 탐색형 문제(찾는 문제) : 현재의 상황을 개선하거나 효율을 높이기 위한 문제이다. 방치할 경우 큰 손실이 따르거나 해결할 수 없는 문제로 나타나게 된다.

    ㉠ 잠재문제 : 문제가 잠재되어 있어 인식하지 못하다가 확대되어 해결이 어려운 문제

    ㉡ 예측문제 : 현재로는 문제가 없으나 현 상태의 진행 상황을 예측하여 찾아야 앞으로 일어날 수 있는 문제가 보이는 문제

    ㉢ 발견문제 : 현재로서는 담당 업무에 문제가 없으나 선진기업의 업무 방법 등 보다 좋은 제도나 기법을 발견하여 개선시킬 수 있는 문제

③ 설정형 문제(미래 문제) : 장래의 경영선략을 생각하는 것으로 앞으로 어떻게 할 것인가 하는 문제이다. 문제해결에 창조적인 노력이 요구되어 창조적 문제라고도 한다.

예제 1

D회사 신입사원으로 입사한 귀하는 신입사원 교육에서 업무수행과정에서 발생하는 문제 유형 중 설정형 문제를 하나씩 찾아오라는 지시를 받았다. 이에 대해 귀하는 교육받은 내용을 다시 복습하려고 한다. 설정형 문제에 해당하는 것은?

① 현재 직면하여 해결하기 위해 고민하는 문제
② 현재의 상황을 개선하거나 효율을 높이기 위한 문제
③ 앞으로 어떻게 할 것인가 하는 문제
④ 원인이 내재되어 있는 원인지향적인 문제

[출제의도]
업무수행 중 문제가 발생하였을 때 문제 유형을 구분하는 능력을 측정하는 문항이다.
[해설]
업무수행과정에서 발생하는 문제 유형으로는 발생형 문제, 탐색형 문제, 설정형 문제가 있으며 ①④는 발생형 문제이며 ②는 탐색형 문제, ③이 설정형 문제이다.

답 ③

---

(3) 문제해결

① 정의 : 목표와 현상을 분석하고 이 결과를 토대로 과제를 도출하여 최적의 해결책을 찾아 실행·평가해 가는 활동이다.

② 문제해결에 필요한 기본적 사고

　㉠ 전략적 사고 : 문제와 해결방안이 상위 시스템과 어떻게 연결되어 있는지를 생각한다.

　㉡ 분석적 사고 : 전체를 각각의 요소로 나누어 그 의미를 도출하고 우선순위를 부여하여 구체적인 문제해결방법을 실행한다.

　㉢ 발상의 전환 : 인식의 틀을 전환하여 새로운 관점으로 바라보는 사고를 지향한다.

　㉣ 내·외부자원의 활용 : 기술, 재료, 사람 등 필요한 자원을 효과적으로 활용한다.

③ 문제해결의 장애요소

　㉠ 문제를 철저하게 분석하지 않는 경우

　㉡ 고정관념에 얽매이는 경우

　㉢ 쉽게 떠오르는 단순한 정보에 의지하는 경우

　㉣ 너무 많은 자료를 수집하려고 노력하는 경우

④ 문제해결방법

　　㉠ 소프트 어프로치 : 문제해결을 위해서 직접적인 표현보다는 무언가를 시사하거나 암시를 통하여 의사를 전달하여 문제해결을 도모하고자 한다.

　　㉡ 하드 어프로치 : 상이한 문화적 토양을 가지고 있는 구성원을 가정하고, 서로의 생각을 직설적으로 주장하고 논쟁이나 협상을 통해 서로의 의견을 조정해 가는 방법이다.

　　㉢ 퍼실리테이션(facilitation) : 촉진을 의미하며 어떤 그룹이나 집단이 의사결정을 잘 하도록 도와주는 일을 의미한다.

2 문제해결능력을 구성하는 하위능력

(1) 사고력

① 창의적 사고 : 개인이 가지고 있는 경험과 지식을 통해 새로운 가치 있는 아이디어를 산출하는 사고능력이다.

　　㉠ 창의적 사고의 특징
　　　• 정보와 정보의 조합
　　　• 사회나 개인에게 새로운 가치 창출
　　　• 창조적인 가능성

예제 2

M사 홍보팀에서 근무하고 있는 귀하는 입사 5년차로 창의적인 기획안을 제출하기로 유명하다. S부장은 이번 신입사원 교육 때 귀하에게 창의적인 사고란 무엇인지 교육을 맡아달라고 부탁하였다. 창의적인 사고에 대한 귀하의 설명으로 옳지 않은 것은?

① 창의적인 사고는 새롭고 유용한 아이디어를 생산해 내는 정신적인 과정이다.
② 창의적인 사고는 특별한 사람들만이 할 수 있는 대단한 능력이다.
③ 창의적인 사고는 기존의 정보들을 특정한 요구조건에 맞거나 유용하도록 새롭게 조합시킨 것이다.
④ 창의적인 사고는 통상적인 것이 아니라 기발하거나, 신기하며 독창적인 것이다.

[출제의도]
창의적 사고에 대한 개념을 정확히 파악하고 있는지를 묻는 문항이다.
[해설]
흔히 사람들은 창의적인 사고에 대해 특별한 사람들만이 할 수 있는 대단한 능력이라고 생각하지만 그리 대단한 능력이 아니며 이미 알고 있는 경험과 지식을 해체하여 다시 새로운 정보로 결합하여 가치 있는 아이디어를 산출하는 사고라고 할 수 있다.

답 ②

ⓛ 발산적 사고 : 창의적 사고를 위해 필요한 것으로 자유연상법, 강제연상법, 비교발상법 등을 통해 개발할 수 있다.

구분	내용
자유연상법	생각나는 대로 자유롭게 발상 ex) 브레인스토밍
강제연상법	각종 힌트에 강제적으로 연결 지어 발상 ex) 체크리스트
비교발상법	주제의 본질과 닮은 것을 힌트로 발상 ex) NM법, Synectics

Point ≫ 브레인스토밍
  ㄱ 진행방법
- 주제를 구체적이고 명확하게 정한다.
- 구성원의 얼굴을 볼 수 있는 좌석 배치와 큰 용지를 준비한다.
- 구성원들의 다양한 의견을 도출할 수 있는 사람을 리더로 선출한다.
- 구성원은 다양한 분야의 사람들로 5~8명 정도로 구성한다.
- 발언은 누구나 자유롭게 할 수 있도록 하며, 모든 발언 내용을 기록한다.
- 아이디어에 대한 평가는 비판해서는 안 된다.

  ㄴ 4대 원칙
- 비판엄금(Support) : 평가 단계 이전에 결코 비판이나 판단을 해서는 안 되며 평가는 나중까지 유보한다.
- 자유분방(Silly) : 무엇이든 자유롭게 말하고 이런 바보 같은 소리를 해서는 안 된다는 등의 생각은 하지 않아야 한다.
- 질보다 양(Speed) : 질에는 관계없이 가능한 많은 아이디어들을 생성해내도록 격려한다.
- 결합과 개선(Synergy) : 다른 사람의 아이디어에 자극되어 보다 좋은 생각이 떠오르고, 서로 조합하면 재미있는 아이디어가 될 것 같은 생각이 들면 즉시 조합시킨다.

② 논리적 사고 : 사고의 전개에 있어 전후의 관계가 일치하고 있는가를 살피고 아이디어를 평가하는 사고능력이다.

  ㄱ 논리적 사고를 위한 5가지 요소 : 생각하는 습관, 상대 논리의 구조화, 구체적인 생각, 타인에 대한 이해, 설득

  ㄴ 논리적 사고 개발 방법
- 피라미드 구조 : 하위의 사실이나 현상부터 사고하여 상위의 주장을 만들어가는 방법
- so what기법 : '그래서 무엇이지?'하고 자문자답하여 주어진 정보로부터 가치 있는 정보를 이끌어 내는 사고 기법

③ 비판적 사고 : 어떤 주제나 주장에 대해서 적극적으로 분석하고 종합하며 평가하는 능동적인 사고이다.

  ㄱ 비판적 사고 개발 태도 : 비판적 사고를 개발하기 위해서는 지적 호기심, 객관성, 개방성, 융통성, 지적 회의성, 지적 정직성, 체계성, 지속성, 결단성, 다른 관점에 대한 존중과 같은 태도가 요구된다.

ⓛ 비판적 사고를 위한 태도

  • 문제의식 : 비판적인 사고를 위해서 가장 먼저 필요한 것은 바로 문제의식이다. 자신이 지니고 있는 문제와 목적을 확실하고 정확하게 파악하는 것이 비판적인 사고의 시작이다.
  • 고정관념 타파 : 지각의 폭을 넓히는 일은 정보에 대한 개방성을 가지고 편견을 갖지 않는 것으로 고정관념을 타파하는 일이 중요하다.

(2) 문제처리능력과 문제해결절차

① 문제처리능력 : 목표와 현상을 분석하고 이를 토대로 문제를 도출하여 최적의 해결책을 찾아 실행·평가하는 능력이다.

② 문제해결절차 : 문제 인식 → 문제 도출 → 원인 분석 → 해결안 개발 → 실행 및 평가

  ㉠ 문제 인식 : 문제해결과정 중 'waht'을 결정하는 단계로 환경 분석 → 주요 과제 도출 → 과제 선정의 절차를 통해 수행된다.

  • 3C 분석 : 환경 분석 방법의 하나로 사업환경을 구성하고 있는 요소인 자사(Company), 경쟁사(Competitor), 고객(Customer)을 분석하는 것이다.

예제 3

L사에서 주력 상품으로 밀고 있는 TV의 판매 이익이 감소하고 있는 상황에서 귀하는 B부장으로부터 3C분석을 통해 해결방안을 강구해 오라는 지시를 받았다. 다음 중 3C에 해당하지 않는 것은?

① Customer   ② Company
③ Competitor   ④ Content

[출제의도]
3C의 개념과 구성요소를 정확히 숙지하고 있는지를 측정하는 문항이다.
[해설]
3C 분석에서 사업 환경을 구성하고 있는 요소인 자사(Company), 경쟁사(Competitor), 고객을 3C(Customer)라고 한다. 3C 분석에서 고객 분석에서는 '고객은 자사의 상품·서비스에 만족하고 있는지'를, 자사 분석에서는 '자사가 세운 달성목표와 현상 간에 차이가 없는지'를 경쟁사 분석에서는 '경쟁기업의 우수한 점과 자사의 현상과 차이가 없는지'에 대한 질문을 통해서 환경을 분석하게 된다.
目 ④

• SWOT 분석 : 기업내부의 강점과 약점, 외부환경의 기회와 위협요인을 분석·평가하여 문제해결 방안을 개발하는 방법이다.

		내부환경요인	
		강점(Strengths)	약점(Weaknesses)
외부환경요인	기회 (Opportunities)	SO 내부강점과 외부기회 요인을 극대화	WO 외부기회를 이용하여 내부약점을 강점으로 전환
	위협 (Threat)	ST 외부위협을 최소화하기 위해 내부강점을 극대화	WT 내부약점과 외부위협을 최소화

ⓛ 문제 도출 : 선정된 문제를 분석하여 해결해야 할 것이 무엇인지를 명확히 하는 단계로, 문제 구조 파악→핵심 문제 선정 단계를 거쳐 수행된다.

• Logic Tree : 문제의 원인을 파고들거나 해결책을 구체화할 때 제한된 시간 안에서 넓이와 깊이를 추구하는데 도움이 되는 기술로 주요 과제를 나무모양으로 분해·정리하는 기술이다.

ⓒ 원인 분석 : 문제 도출 후 파악된 핵심 문제에 대한 분석을 통해 근본 원인을 찾는 단계로 Issue 분석→Data 분석→원인 파악의 절차로 진행된다.

ⓔ 해결안 개발 : 원인이 밝혀지면 이를 효과적으로 해결할 수 있는 다양한 해결안을 개발하고 최선의 해결안을 선택하는 것이 필요하다.

ⓜ 실행 및 평가 : 해결안 개발을 통해 만들어진 실행계획을 실제 상황에 적용하는 활동으로 실행계획 수립→실행→Follow-up의 절차로 진행된다.

예제 4

C사는 최근 국내 매출이 지속적으로 하락하고 있어 사내 분위기가 심상치 않다. 이에 대해 Y부장은 이 문제를 극복하고자 문제처리 팀을 구성하여 해결방안을 모색하도록 지시하였다. 문제처리 팀의 문제해결 절차를 올바른 순서로 나열한 것은?

① 문제 인식→원인 분석→해결안 개발→문제 도출→실행 및 평가
② 문제 도출→문제 인식→해결안 개발→원인 분석→실행 및 평가
③ 문제 인식→원인 분석→문제 도출→해결안 개발→실행 및 평가
④ 문제 인식→문제 도출→원인 분석→해결안 개발→실행 및 평가

[출제의도]
실제 업무 상황에서 문제가 일어났을 때 해결 절차를 알고 있는지를 측정하는 문항이다.
[해설]
일반적인 문제해결절차는 '문제 인식→문제 도출→원인 분석→해결안 개발→실행 및 평가'로 이루어진다.

 ④

출제예상문제

1 다음은 각 방한의류들의 특성들을 정리한 표이다. 무게가 가볍고 실용성이 높은 방한의류를 원하는 등산객들은 어떤 방한의류를 구매할 때 최상의 선택을 하는 것인가?

	가격	브랜드가치	무게	디자인	실용성
A	★★★☆☆	★★★★★	★★★☆☆	★★★☆☆	★★★★☆
B	★★★★★	★★☆☆☆	★★★☆☆	★★★★☆	★★★★★
C	★★★☆☆	★☆☆☆☆	★★★★☆	★★★★★	★★☆☆☆
D	★★☆☆☆	★★★★☆	★★★☆☆	★★☆☆☆	★★★★☆
E	★★★★☆	★★★★★	★★☆☆☆	★★★★☆	★★★☆☆

★★★★★ : 매우 좋음
★★★★☆ : 좋음
★★★☆☆ : 보통
★★☆☆☆ : 나쁨
★☆☆☆☆ : 매우 나쁨

① A
② B
③ C
④ D
㉦ E

 ② 무게와 실용성 둘 다를 고려해봤을 때 가장 좋은 방한의류는 B제품이다.

Answer⌐→ 1.②

2   H 브랜드 온라인 쇼핑몰 담당자 A는 한 고객으로부터 온라인 게시판을 통해 카드 환불과 관련한 문의를 받았는데, 고객의 내용을 토대로 B 카드사 직원에게 이메일을 전달하려고 한다. 다음의 이메일 내용 중 가장 수정이 필요한 사항은?

받는 사람 : bcard@bcard.co.kr
보내는 사람 : ① happy@gmail.com
날짜 : 2015년 6월 22일 오후 3시
제목 : ② [A brand] 고객 환불요청 카드결제 처리건
내용 : B카드사 담당자 OOO님,

안녕하세요. H 브랜드 온라인 쇼핑몰 담당자 A입니다.
③ 당사 제품 구매고객의 결제 취소요청과 관련하여 아래 내용 확인 후 처리 부탁드립니다.
결제일시 : 2015년 6월 12일 오후 1시 20분
결제코드 : BAS0000
결제카드 정보 : 1234-5678-9012-3456
카드소유자명 : OOO
④ 여러 업무로 인해 바쁘시겠지만 고객약관 내용에 명시된 카드 환불 처리기한이 오늘까지이므로 오늘(2015.6.22) 중으로 처리 부탁드립니다.
지난 번 환불처리 건에 대해 신속히 처리해 주셔서 감사합니다.

A 배상
온라인 고객관리팀 사원
H 브랜드
연락처 : 010-123-4567
주소 : ⑤ 서울특별시 종로구 새문안로

---

  ① 보내는 사람에 대하여 서명란에 소속과 이름을 밝히긴 했으나 발신자의 이메일 주소가 개인메일일 경우엔 수신자의 진위여부를 파악하기가 어렵다. 특히, 카드사 직원과 같이 이메일을 많이 받는 직종에 있는 사람일수록 발신자의 진위를 빠르게 파악하는 것이 신속한 업무처리를 가능하게 한다. 따라서 가능한 업무상 이메일은 회사계정주소와 발신자의 이름이 드러난 주소를 사용하는 것이 적절하다.

3 아래 보기는 A회사 영업 A팀 구성원의 하루 업무 스케줄을 정리한 표이다. 신입사원 B씨는 작성된 스케줄을 바탕으로 다음 주에 진행될 사내 영업실적결과보고 발표와 관련하여 금일 팀 회의 시간을 선정하려고 한다. 전 구성원을 고려하여 1시간 동안 진행될 팀 회의시간을 결정한다고 할 때 가장 효율적인 시간대는 언제인가?

〈A사 영업 A팀 구성원 스케줄 보고〉

시간	직급 별 스케줄				
	부장	차장	대리	주임	사원
9:00~10:00	부장 업무회의		신규거래처 관리	기존고객 관리	거래처 견적서작성
10:00~11:00			신규거래 계약서검토		팀 필요물품 요청
11:00~12:00	신규거래 계약			불만접수, 처리	
12:00~13:00	점심식사				
13:00~14:00	실적전략 수립		시장조사	시장조사	시장조사
14:00~15:00		판매예산 편성	시장조사	시장조사	시장조사
15:00~16:00					
16:00~17:00			조사결과 보고	조사결과 보고	
17:00~18:00	판매예산 결제				

① 9:00~10:00

② 11:00~12:00

③ 14:00~15:00

④ 15:00~16:00

⑤ 16:00~17:00

 가장 적절한 회의 시간은 ④번으로 전 구성원의 스케줄이 비어있다.

Answer 2.① 3.④

4   다음은 글로벌 컴퓨터 회사 중 하나인 D사에 해외시장을 넓히기 위해 각종 광고매체수단과 함께 텔레마케터를 고용하여 현지 마케팅을 진행 중에 있다. 아래의 내용을 읽고 조건에 비추어 보았을 때 상담원 입장으로서는 고객으로부터 자사 제품에 대한 호기심 및 관심을 끌어내야 하는 어려운 상황에 처해 있다. 이 때 C에 들어갈 말로 가장 적절한 항목을 고르면? (조건) C에서 정황 상 고객은 경쟁사의 제품을 구입하고자 마음을 정한 상황이다.

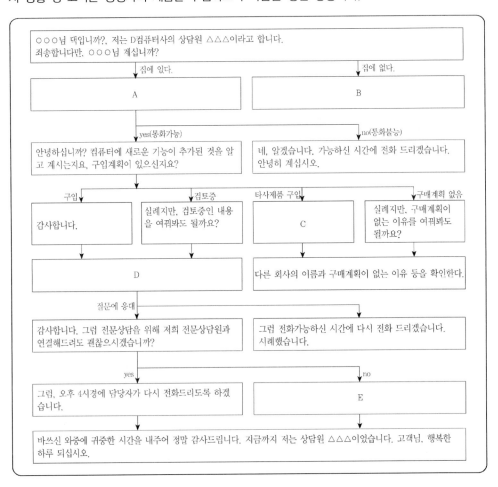

① 지금 고객님께서 부재중이시니 언제쯤 통화가 될 수 있는지 여쭤봐도 될런지요? 저의 명함을 드리고 갈 테니 고객님께서 돌아오시면 제가 방문 드렸다고 메모 부탁드리겠습니다.

② 고객님께서 상당히 많이 바쁘신 것 같습니다. 추후에 고객님께서 통화가능하신 시간에 다시 전화 드리도록 하겠습니다.

③ 저는 D 컴퓨터사 상담원인데, 저희 회사에서 이번에 출시된 보급형 컴퓨터가 나왔는데 지금 통화 가능하신지요?

④ 저희 회사 컴퓨터 구매 시에 30% 할인과 1년 동안 감사이벤트가 적용되십니다.

⑤ 그러면 고객님 실례지만 고객님께서 구매하고자 하는 컴퓨터는 어느 회사의 제품인지, 또한 그 제품을 선택하신 이유가 무엇인지 여쭤봐도 될런지요?

① 이 경우에는 고객이 집에 없는 경우에 사용해야 하는 부분으로 상담원 본인의 소개 및 전화를 한 이유가 언급되어 있다. 하지만, C의 경우에 상담원과 고객이 대화를 하고 있으므로 이 또한 해당 상황에 대한 답으로는 부적절하다.

② 고객은 마음속으로 다른 이유 때문에 상담에 호응할 수 없는 단계에서 나타난 대답이다. 하지만 정황 상 고객은 상담원과의 대화가 지속되는 것에 대해서는 무리가 없으므로 역시 부적절한 내용이다.

③ 상담의 도입단계로서 인사 표현을 명확히 하고, 상담원의 신원을 밝힌 후 전화를 건 이유와 전화통화 가능 여부를 확인하는 부분으로 이는 부적절하다.

④ C의 상황에서는 타사 제품을 구입하고자 하는 고객에 대해 반론극복을 하고 있는 상황인데 자사 제품 구매 시의 조건 등을 이야기하는 것을 옳지 않다.

⑤ 고객이 다른 제품을 구입하겠다는 계획에 적극적인 대응을 해야 한다. 고객 답변에 호응하는 언어를 구사하고, 다른 회사제품에 종류나 왜 그 제품을 구매하는 이유에 대해서도 반드시 물어보아야 하므로 문맥 상 적절한 내용이다.

5 에너지 신산업에 대한 다음과 같은 정의를 참고할 때, 다음 중 에너지 신산업 분야의 사업으로 보기에 가장 적절하지 않은 것은 어느 것인가?

> 2015년 12월, 세계 195개국은 프랑스 파리에서 UN 기후변화협약을 체결, 파리기후변화협약에 따른 신기후체제의 출범으로 온실가스 감축은 선택이 아닌 의무가 되었으며, 이에 맞춰 친환경 에너지시스템인 에너지 신산업이 대두되었다. 에너지 신산업은 기후변화 대응, 미래 에너지 개발, 에너지 안보, 수요 관리 등 에너지 분야의 주요 현안을 효과적으로 해결하기 위한 '문제 해결형 산업'이다. 에너지 신산업 정책으로는 전력 수요관리, 에너지관리 통합서비스, 독립형 마이크로그리드, 태양광 렌탈, 전기 차 서비스 및 유료충전, 화력발전 온배수열 활용, 친환경에너지타운, 스마트그리드 확산사업 등이 있다.

① 에너지 프로슈머 시장의 적극 확대를 위한 기반 산업 보강

② 전기차 확대보급을 실시하기 위하여 전기차 충전소 미비 지역에 충전소 보급 사업

③ 신개념 건축물에 대한 관심도 제고를 위한 고효율 제로에너지 빌딩 확대 사업

④ 폐열과 폐냉기의 재활용을 통한 에너지 사용량 감축과 친환경 에너지 창출 유도 산업

⑤ 분산형 전원으로 에너지 자립 도시 건립을 위한 디젤 발전기 추가 보급 사업

 디젤 발전은 내연력을 통한 발전이므로 친환경과 지속가능한 에너지 정책을 위한 발전 형태로 볼 수 없다. 오히려 디젤 발전을 줄여 신재생에너지원을 활용한 전력 생산 및 공급 방식이 에너지 신산업 정책에 부합한다고 볼 수 있다.

Answerₛ→ 4.⑤ 5.⑤

6   빨간색, 파란색, 노란색 구슬이 각각 한 개씩 있다. 이 세 개의 구슬을 A, B, C 세 사람에게 하나씩 나누어 주고, 세 사람 중 한 사람만 진실을 말하도록 하였더니 구슬을 받고 난 세 사람이 다음과 같이 말하였다.

> A : 나는 파란색 구슬을 가지고 있다.
> B : 나는 파란색 구슬을 가지고 있지 않다.
> C : 나는 노란색 구슬을 가지고 있지 않다.

빨간색, 파란색, 노란색의 구슬을 받은 사람을 차례대로 나열한 것은?

① A, B, C
② A, C, B
③ B, A, C
④ C, B, A
⑤ B, C, A

 1) A가 진실을 말할 때,
     A : 파란색 구슬, B : 파란색 구슬, C : 노란색 구슬
     이 경우, 빨간색 구슬을 가진 사람이 없어서 모순이다.
     2) B가 진실을 말할 때,
     A : 빨간색 또는 노란색 구슬, B : 빨간색 또는 노란색 구슬, C : 노란색 구슬
     이 경우, 파란색 구슬을 가진 사람이 없어서 모순이다.
     3) C가 진실을 말할 때,
     A : 빨간색 또는 노란색 구슬, B : 파란색 구슬, C : 빨간색 또는 파란색 구슬
     이로부터, A는 노란색 구슬, B는 파란색 구슬, C는 빨간색 구슬을 가지고 있다.
     1), 2), 3)에 의하여 빨간색, 파란색, 노란색 구슬을 받은 사람을 차례로 나열하면 C, B, A이다.

7 K지점으로부터 은행, 목욕탕, 편의점, 미용실, 교회 건물이 각각 다음과 같은 조건에 맞게 위치해 있다. 모두 K지점으로부터 일직선상에 위치해 있다고 할 때, 다음 설명 중 올바른 것은 어느 것인가? (언급되지 않은 다른 건물은 없다고 가정한다)

> • K지점으로부터 50m 이상 떨어져 있는 건물은 목욕탕, 미용실, 은행이다.
> • 목욕탕과 교회 건물 사이에는 편의점을 포함한 2개의 건물이 있다.
> • 5개의 건물은 각각 K지점에서 15m, 40m, 60m, 70m, 100m 떨어진 거리에 있다.

① 목욕탕과 편의점과의 거리는 40m이다.
② 연이은 두 건물 간의 거리가 가장 먼 것은 은행과 편의점이다.
③ 미용실과 편의점의 사이에는 1개의 건물이 있다.
④ K지점에서 미용실이 가장 멀리 있다면 은행과 교회는 45m 거리에 있다.
⑤ K지점에서 미용실이 가장 멀리 있다면 교회와 목욕탕과의 거리는 편의점과 미용실과의 거리보다 멀다.

 5개의 건물이 위치한 곳을 그림과 기호로 표시하면 다음과 같다.

첫 번째 조건을 통해 목욕탕, 미용실, 은행은 C, D, E 중 한 곳, 교회와 편의점은 A, B 중 한 곳임을 알 수 있다.
두 번째 조건에 의하면 목욕탕과 교회 사이에 편의점과 또 하나의 건물이 있어야 한다. 이 조건을 충족하려면 A가 교회, B가 편의점이어야 하며 또한 D가 목욕탕이어야 한다. C와 E는 어느 곳이 미용실과 은행의 위치인지 주어진 조건만으로 알 수 없다.
따라서 보기 ④에서 언급된 바와 같이 미용실이 E가 된다면 은행은 C가 되어 교회인 A와 45m 거리에 있게 된다.

8 다음 〈보기〉의 신청인 중 올해 말 이전 휴양콘도 이용 순위가 높은 사람부터 순서대로 올바르게 나열한 것은 어느 것인가?

> 〈보기〉
> A씨 : 30대, 월 소득 200만 원, 주말 2박 선정 후 3일 전 취소(무벌점)
> B씨 : 20대, 월 소득 180만 원, 신혼여행 시 이용 예성
> C씨 : 40대, 월 소득 220만 원, 성수기 2박 기 사용
> D씨 : 50대, 월 소득 235만 원, 올 초 선정 후 5일 전 취소, 평일 1박 기 사용

① D씨 – B씨 – A씨 – C씨
② B씨 – D씨 – C씨 – A씨
③ C씨 – D씨 – A씨 – B씨
④ B씨 – D씨 – A씨 – C씨
⑤ B씨 – A씨 – D씨 – C씨

 모두 월 소득이 243만 원 이하이므로 기본점수가 부여되며, 다음과 같이 순위가 선정된다. 우선, 신혼여행을 위해 이용하고자 하는 B씨가 1순위가 된다. 다음으로 주말과 성수기 선정 박수가 적은 신청자가 우선순위가 되므로 주말과 성수기 이용 실적이 없는 D씨가 2순위가 된다. A씨는 기본점수 80점, 3일 전 취소이므로 20점(주말 2박) 차감을 감안하면 60점의 점수를 보유하고 있으며, C씨는 기본점수 90점, 성수기 사용 40점(1박 당 20점) 차감을 감안하면 50점의 점수를 보유하게 된다. 따라서 최종순위는 B씨-D씨-A씨-C씨가 된다.

9 다음의 진술을 참고할 때, 1층~5층 중 각기 다른 층에 살고 있는 사람들의 거주 위치에 관한 설명이 참인 것은 어느 것인가?

> • 을은 갑과 연이은 층에 거주하지 않는다.
> • 병은 무와 연이은 층에 거주하지 않는다.
> • 정은 무와 연이은 층에 거주하지 않는다.
> • 정은 1층에 위치하며 병은 2층에 위치하지 않는다.

① 갑은 5층에 거주한다.
② 을은 5층에 거주한다.
③ 병은 4층에 거주한다.
④ 무는 4층에 거주한다.
⑤ 무가 3층에 거주한다면 병은 5층에 거주한다.

정이 1층에 거주하므로 네 번째 조건에 의해 2층에 무가 거주할 수 없다. 또한 네 번째 조건에서 병도 2층에 거주하지 않는다 하였으므로 2층에 거주할 수 있는 사람은 갑 또는 을이다. 이것은 곧, 3, 4, 5층에 병, 무, 갑 또는 을이 거주한다는 것이 된다. 두 번째 조건에 의해 병과 무가 연이은 층에 거주하지 않으므로 3, 5층에는 병과 무 중 한 사람이 거주하며 2, 4층에 갑과 을 중 한 사람이 거주하는 것이 된다. 따라서 보기 ①~④의 내용은 모두 모순되는 것이 되며, 보기 ⑤에서와 같이 무가 3층에 거주한다면 병이 5층에 거주하게 된다.

10 다음 16진법에 대한 설명을 참고할 때, 10진법의 45를 나타내는 수를 16진법으로 올바르게 표기한 것은 어느 것인가?

> 10진법이 0~9까지 10개의 숫자를 사용하여 모든 수를 나타내듯이 16진법은 0~15까지의 16개 숫자를 사용하며, 이후부터는 다시 10진법과 마찬가지로 '10'이라는 숫자로 16번째 수를 나타내게 된다. 그런데, 9 이후의 숫자가 존재하지 않기 때문에 알파벳을 사용하여 다음과 같이 부족한 수를 나타내게 된다.
>
> | 10진법 | 10 | 11 | 12 | 13 | 14 | 15 |
> |--------|----|----|----|----|----|----|
> | 16진법 | A | B | C | D | E | F |
>
> 따라서 알파벳 C는 10진법의 12를 나타내며, 16진법으로 쓰인 '13'이라는 표기는 10진법의 19를 나타낸다.

① 1D   ② 1E

③ 2C   ④ 2D

⑤ 2E

 주어진 설명에 따라 10진법과 16진법의 표기를 표로 나타내면 다음과 같다.

10진법	0	1	2	3	4	5	6	7	8	9	10	11	12	13	14	15
16진법	0	1	2	3	4	5	6	7	8	9	A	B	C	D	E	F

10진법	16	17	18	19	20	21	22	23	24	25	26	27	28	29	30	31
16진법	10	11	12	13	14	15	16	17	18	19	1A	1B	1C	1D	1E	1F

10진법	32	33	34	35	36	37	38	39	40	41	42	43	44	45	46	47
16진법	20	21	22	23	24	25	26	27	28	29	2A	2B	2C	2D	2E	2F

따라서 10진법의 45는 16진법으로 2D로 표기된다.

11 아래의 표는 A씨의 금융 상품별 투자 보유 비중 변화를 나타낸 것이다. ㈎에서 ㈏로 변경된 내용으로 옳은 설명을 고르면?

금융 상품		(가) 보유 비중(%)	(나) 보유 비중(%)
주식	○○(주)	30	20
	△△(주)	20	0
저축	보통예금	10	20
	정기적금	20	20
채권	국·공채	20	40

ⓒ 직접금융 종류에 해당하는 상품 투자 보유 비중이 낮아졌다.
ⓛ 수익성보다 안정성이 높은 상품 투자 보유 비중이 높아졌다.
ⓒ 배당 수익을 받을 수 있는 자본 증권 투자 보유 비중이 높아졌다.
ⓔ 일정 기간 동안 일정 금액을 예치하는 예금 보유 비중이 낮아졌다.

① ㉠㉡　　　　　　　　　　② ㉠㉢
③ ㉡㉢　　　　　　　　　　④ ㉡㉣
⑤ ㉠㉢㉣

 주식, 채권은 직접 금융 시장에서 자금을 조달하며, 주식은 수익성이 높으며, 저축과 채권은 주식보다는 안정성이 높다.

12 다음은 특정 월의 3개 원자력발전소에서 생산된 전력을 각각 다른 세 곳으로 전송한 내역을 나타낸 표이다. 다음 표에 대한 〈보기〉의 설명 중, 적절한 것을 모두 고른 것은 어느 것인가?

(단위 : 천 Mwh)

전송처 발전소	지역A	지역B	지역C
H발전소	150	120	180
G발전소	110	90	120
W발전소	140	170	70

〈보기〉

㈎ 생산 전력량은 H발전소가, 전송받은 전력량은 지역A가 가장 많다.

㈏ W발전소에서 지역A로 공급한 전력의 30%가 지역C로 전송되었더라면 전송받은 전력량의 지역별 순위는 바뀌게 된다.

㈐ H발전소에서 전송한 전력량을 세 지역 모두 10%씩 줄이게 되면 발전소별 생산 전력량 순위는 바뀌게 된다.

㈑ 발전소별 평균 전송한 전력량과 지역별 평균 전송받은 전력량 중, 100~150천 Mwh의 범위를 넘어서는 전력량은 없다.

① ㈏, ㈐, ㈑

② ㈎, ㈏, ㈑

③ ㈎, ㈐, ㈑

④ ㈎, ㈏, ㈐

⑤ ㈎, ㈏, ㈐, ㈑

 〈보기〉의 각 내용을 살펴보면 다음과 같다.

㈎ 생산 전력량은 순서대로 각각 450, 320, 380천 Mwh로 H발전소가, 전송받은 전력량은 순서대로 각각 400, 380, 370천 Mwh로 지역A가 가장 많다.

㈏ W발전소에서 지역A로 공급한 전력의 30%가 지역C로 전송된다는 것은 지역A로 전송된 전력량이 140→98천 Mwh, 지역C로 전송된 전력량이 70→112천 Mwh가 된다는 것이므로 이 경우, 전송받은 전력량 순위는 지역A와 지역C가 서로 바뀌게 된다.

㈐ H발전소에서 전송한 전력량을 세 지역 모두 10%씩 줄이면 450→405천 Mwh가 되어 발전소별 생산 전력량 순위는 바뀌지 않고 동일하게 된다.

㈑ 발전소별 평균 전송한 전력량은 순서대로 각각 450÷3=150, 320÷3=약 107, 380÷3=약 127천 Mwh이며, 지역별 평균 전송받은 전력량은 순서대로 각각 400÷3=약 133, 380÷3=약 127, 370÷3=약 123천 Mwh이므로 모든 평균값이 100~150천 Mwh의 범위 내에 있음을 알 수 있다.

> 도서출판 서원각에 근무하는 K씨는 고객으로부터 9급 건축직 공무원 추천도서를 요청받았다. K씨는 도서를 추천하기 위해 다음과 같은 9급 건축직 발행도서의 종류와 특성을 참고하였다.

K씨 : 감사합니다. 도서출판 서원각입니다.

고객 : 9급 공무원 건축직 관련 도서 추천을 좀 받고 싶습니다.

K씨 : 네, 어떤 종류의 도서를 원하십니까?

고객 : 저는 기본적으로 이론은 대학에서 전공을 했습니다. 그래서 많은 예상문제를 풀 수 있는 것이 좋습니다.

K씨 : 아. 문제가 많은 것이라면 딱 잘라서 말씀드리기가 어렵습니다.

고객 : 알아요. 그래도 적당히 가격도 그리 높지 않고 예상문제가 많이 들어 있는 것이면 됩니다.

K씨 : 네. 알겠습니다. 많은 예상문제풀이가 가능한 것 외에는 다른 필요한 사항은 없으십니까?

고객 : 가급적이면 20,000원 이하가 좋을 듯 합니다.

도서명	예상문제 문항 수	기출문제 수	이론 유무	가격
실력평가모의고사	400	120	무	18,000
전공문제집	500	160	유	25,000
문제완성	600	40	무	20,000
합격선언	300	200	유	24,000

13 다음 중 K씨가 고객의 요구에 맞는 도서를 추천해 주기 위해 가장 우선적으로 고려해야 하는 특성은 무엇인가?

① 기출문제 수

② 이론 유무

③ 가격

④ 예상문제 문항 수

⑤ 정답없음

 고객은 많은 문제를 풀어보기를 원하므로 우선적으로 예상문제의 수가 많은 것을 찾아야 한다.

14 고객의 요구를 종합적으로 반영하였을 때 많은 문제와 가격을 맞춘 가장 적당한 도서는?

① 실력평가모의고사

② 전공문제집

③ 문제완성

④ 합격선언

⑤ 정답없음

 고객의 요구인 20,000원 가격선과 예상문제의 수가 많은 도서는 문제완성이 된다.

15 다음은 주식회사 서원각의 팀별 성과급 지급 기준이다. Y팀의 성과평가결과가 다음과 같다면 지급되는 성과급의 1년 총액은?

> **〈성과급 지급 방법〉**
> (개) 성과급 지급은 성과평가 결과와 연계함.
> (내) 성과평가는 유용성, 안전성, 서비스 만족도의 총합으로 평가함. 단, 유용성, 안전성, 서비스 만족도의 가중치를 각각 0.4, 0.4, 0.2로 부여함.
> (대) 성과평가 결과를 활용한 성과급 지급 기준

성과평가 점수	성과평가 등급	분기별 성과급 지급액	비고
9.0 이상	A	100만 원	성과평가 등급이
8.0 이상 9.0 미만	B	90만 원 (10만 원 차감)	A이면 직전분기
7.0 이상 8.0 미만	C	80만 원 (20만 원 차감)	차감액의 50%를
7.0 미만	D	40만 원 (60만 원 차감)	가산하여 지급

구분	1/4 분기	2/4 분기	3/4 분기	4/4 분기
유용성	8	8	10	8
안전성	8	6	8	8
서비스 만족도	6	8	10	8

① 350만 원 ② 360만 원
③ 370만 원 ④ 380만 원
⑤ 410만 원

 먼저 아래 표를 항목별로 가중치를 부여하여 계산하면,

구분	1/4 분기	2/4 분기	3/4 분기	4/4 분기
유용성	$8 \times \frac{4}{10} = 3.2$	$8 \times \frac{4}{10} = 3.2$	$10 \times \frac{4}{10} = 4.0$	$8 \times \frac{4}{10} = 3.2$
안전성	$8 \times \frac{4}{10} = 3.2$	$6 \times \frac{4}{10} = 2.4$	$8 \times \frac{4}{10} = 3.2$	$8 \times \frac{4}{10} = 3.2$
서비스 만족도	$6 \times \frac{2}{10} = 1.2$	$8 \times \frac{2}{10} = 1.6$	$10 \times \frac{2}{10} = 2.0$	$8 \times \frac{2}{10} = 1.6$
합계	7.6	7.2	9.2	8
성과평가 등급	C	C	A	B
성과급 지급액	80만 원	80만 원	110만 원	90만 원

성과평가 등급이 A이면 직전분기 차감액의 50%를 가산하여 지급한다고 하였으므로, 3/4분기의 성과급은 직전분기 차감액 20만 원의 50%인 10만 원을 가산하여 지급한다.
∴ $80 + 80 + 110 + 90 = 360$(만 원)

16 다음은 주요 ESS(에너지저장장치) 기술의 형태별 특징을 나타낸 도표이다. ESS 기술을 물리적인 방식과 화학적인 방식으로 구분할 때, 다음 중 물리적인 방식에 해당한다고 볼 수 있는 두 가지 형태는 어느 것인가?

형태	특징
Flywheel	(원리) 전기에너지를 회전하는 운동에너지로 저장하였다가 다시 전기에너지로 변환하여 사용 (장점) 에너지효율이 높아서(고출력) UPS, 전력망 안정화용으로 적용 가능하고 수명이 긺(20년), 급속저장(분 단위) (단점) 초기 구축비용 과다, 에너지밀도가 작음, 장기간 사용 시 동력 효율 저하
양수발전	(원리) 물의 위치에너지를 전기에너지로 바꾸는 방식으로, 펌프를 이용해 하부 저수지 물을 상부로 양수하고 필요시 하부로 방류하여 발전 (장점) 1일 1회 방전 시 양수발전기를 약 30~50년 이상 사용이 가능할 정도로 내구성이 긺 (단점) 지형지물을 이용하기 때문에 지리적 제약이 많음
LiB (리튬이온 전지)	(원리) 리튬이온이 양극과 음극을 오가면서 전위차 발생 (장점) 에너지밀도가 높고, 에너지효율이 높아서(고출력) 적용범위가 가장 넓음 (단점) 낮은 안전성, 고비용, 수명 미검증, 저장용량이 3kW~3MW로 500MW 이상 대용량 용도에서는 불리
VRB	(원리) 전해질 용액을 순환시켜 작동시키는 Flow Battery의 일종으로 전해액 내 이온들의 전위차를 이용하여 전기에너지를 충·방전 (장점) 저비용, 대용량화가 용이, 장시간 사용 가능 (단점) 반응속도가 낮고, 에너지밀도 및 에너지효율이 낮음
CAES (공기 압축식)	(원리) 잉여전력으로 공기를 동굴이나 지하에 압축하고, 압축된 공기를 가열하여 터빈을 돌리는 방식 (장점) 대규모 저장이 가능하며(100MW 이상), 발전단가가 낮음 (단점) 초기 구축비용이 과다, 지하 굴착 등으로 지리적 제약이 많음
NaS (나트륨 유황 전지)	(원리) 300~350°C의 온도에서 용융상태의 나트륨(Na) 이온이 베타-alumina 고체전해질을 이동하면서 전기화학에너지 저장 (장점) 에너지밀도가 높고, 비용은 저렴하고, 대용량화가 용이 (단점) 에너지효율이 낮고(저출력), 고온시스템이 필요하여 저장용량이 30MW로 제한적

① CASE, LiB 　　　　② 양수발전, VRB

③ NaS, CAES 　　　　④ CAES, LiB

⑤ 양수발전, CAES

 LiB, VRB, NaS 방식은 모두 이온의 특성을 이용한 화학적 방식으로 볼 수 있으며, Flywheel 방식 또한 전기에너지→운동에너지→전기에너지의 변환을 거치는 화학적 방식의 에너지저장 기술이다. 반면, 수위의 낙차를 이용한 양수발전과 압축하여 둔 공기를 가열함으로써 터빈을 돌리는 방식인 CAES는 물리적인 방식의 에너지저장 기술에 해당된다.

17 다음은 몇 년 전까지 국내에서 돌풍을 일으킨 바 있던 Cyworld의 내·외부 환경을 분석한 내용이다. 분석된 환경 요인들을 활용하여 SO전략을 수립한 것은 다음 중 어느 것인가?

> ▲ 트위터, 페이스북 등 외산 SNS의 강세
> ▲ 막강한 인맥구조(일촌)
> ▲ 모바일 환경에 부적합한 서비스
> ▲ 국산 SNS라는 친근함
> ▲ 개방형 소셜 네트워크 시대의 부상
> ▲ C로그(새로운 SNS) 출시
> ▲ 일촌을 기반으로 한 폐쇄적인 환경
> ▲ 감소하고 있는 페이지뷰 수
> ▲ 3,000만 명 이상의 회원 보유한 네이트 온과의 연동
> ▲ 응용프로그램 환경의 개방

① 네이트 온 이용자들을 활용하여 폐쇄적인 환경의 제약을 극복한다.
② 일촌의 인맥을 네이트 온 이용자와 연계하여 시장을 더욱 넓힌다.
③ 응용프로그램 개방으로 신규 서비스를 도입한다.
④ C로그 출시와 함께 모바일 환경에 근접하는 서비스를 제공한다.
⑤ 개방형 네트워크 시대가 부상하면서 막강한 인맥을 구성하는 일촌들은 새로운 시장을 형성한다.

 주어진 분석 요인들을 S, W, O, T로 구분하면 다음과 같다.
Strength : 막강한 인맥구조(일촌), 국산 SNS라는 친근함, C로그(새로운 SNS) 출시
Weakness : 일촌을 기반으로 한 폐쇄적인 환경, 감소하고 있는 페이지뷰 수, 모바일 환경에 부적합한 서비스
Opportunity : 3,000만 명 이상의 회원 보유한 네이트 온과의 연동, 응용프로그램 환경의 개방
Threat : 트위터, 페이스북 등 외산 SNS의 강세, 개방형 소셜 네트워크 시대의 부상
따라서 회사의 내부 강점인 일촌의 인맥(S)을 외부의 기회요인인 네이트 온 이용자와의 연계(O)를 통하여 보이지 않는 시너지 효과를 유발하고, 시장점유율을 높여 폭발적으로 늘어나는 고객층을 확보하는 전략을 SO 전략으로 생각해 볼 수 있다.

Answer 16.⑤ 17.②

18 다음의 상황에서 교징이 징확하게 선생님인지 학생인지 알 수 있는 사람은 누구인기?

> 어느 노인대학에 진실만을 말하는 선생님과 짓궂은 학생들이 모여 있다. 짓궂은 학생들은 거짓말만 한다. 누가 선생님인지 누가 학생인지 모르는 교장이 자기 앞에 서있는 다섯 사람에게 자신 또는 다른 사람에 대해 이야기해보라고 했다.
>
> A : 저는 선생님입니다.
> B : D는 학생입니다.
> C : 저 빼고 다 학생입니다.
> D : 저는 선생님이고, B는 거짓말을 하고 있습니다.
> E : A는 거짓말을 하고 있습니다.

① A   ② B
③ C   ④ D
⑤ E

ⓐ A가 선생님이면 C와 E는 거짓말을 하고 있으므로 학생이다.
ⓑ A가 학생이면, E는 진실을 말하고 있으므로 선생님이고 C는 거짓말을 하고 있으므로 학생이다.
ⓒ B가 선생님이면 D는 학생이고, B가 학생이면 D는 선생님이다.
위의 세 가지를 표로 나타내면 다음과 같다.

A	선생님	선생님	학생	학생
B	선생님	학생	선생님	학생
C	학생	학생	학생	학생
D	학생	선생님	학생	선생님
E	학생	학생	선생님	선생님

따라서 교장이 정확하게 알 수 있는 것은 C가 학생이라는 것과 선생님이 두 명이라는 것뿐이다.

| 19~20 | 다음 글을 읽고 물음에 답하시오.

○○통신회사 직원 K씨가 고객으로부터 걸려온 전화를 응대하고 있다. 고객은 K씨에게 가장 저렴한 통신비를 문의하고 있다.

K씨 : 안녕하십니까? ○○텔레콤 K○○입니다. 무엇을 도와드릴까요?

고객 : 네. 저는 저에게 맞는 통신비를 추천받고자 합니다.

K씨 : 고객님이 많이 사용하시는 부분이 무엇입니까?

고객 : 저는 통화는 별로 하지 않고 인터넷을 한 달에 평균 3기가 정도 사용합니다.

K씨 : 아, 고객님은 인터넷을 많이 사용하시는군요. 그럼 인터넷 외에 다른 서비스는 필요하신 부분이 없으십니까?

고객 : 저는 매달 컬러링을 바꾸고 싶습니다.

K씨 : 아 그럼 매달 3기가 이상의 인터넷과 무료 컬러링이 필요하신 것입니까?

고객 : 네. 그럼 될 것 같습니다.

요금제명	무료 인터넷 용량	무료 통화 용량	무료 부가서비스	가격
35요금제	1기가	40분	없음	30,000원
45요금제	2기가	60분	없음	40,000원
55요금제	3기가	120분	컬러링 월 1회	50,000원
65요금제	4기가	180분	컬러링 월 2회	60,000원

19 K씨가 고객에게 가장 적합하다고 생각하는 요금제는 무엇인가?

① 35요금제   ② 45요금제

③ 55요금제   ④ 65요금제

⑤ 정답없음

 고객이 원하는 3기가 이상의 인터넷과 1회 컬러링이 부가된 것은 55요금제이다.

20 만약 동일한 조건에서 고객이 통화를 1달에 1시간 30분 정도 사용한다고 한다면 이 고객에게 가장 적합한 요금제는 무엇인가?

① 35요금제   ② 45요금제

③ 55요금제   ④ 65요금제

⑤ 정답없음

 55요금제는 매월 3기가의 인터넷과 120분의 통화, 1회의 컬러링을 무료로 사용할 수 있다.

Answer ☞ 18.③ 19.③ 20.③

21 다음 제시 글의 내용을 읽고 화자(話者)가 범하고 있는 논리상의 오류에 대하여 올바르게 지적한 것은 어느 것인가?

> "여보, 우리가 민서를 자정까지 나가 놀게 내버려두면 나중엔 새벽 한 시에 들어오게 될 거고, 그 다음엔 세 시에 들어오다가, 언젠간 아예 외박을 하게 될지도 몰라요."

① 화자는 민서가 외박을 하고 싶어 한다고 추정하고 있다.

② 화자는 늦게 귀가하는 것과 외박은 모두 받아들일 수 없다고 주장하고 있다.

③ 화자는 좋지 않은 선례를 남기기를 원하지 않고 있다.

④ 화자는 '외박'의 의미에 대한 왜곡된 이해를 하고 있다.

⑤ 화자는 한 사건이 다른 사건으로 자동으로 이어진다고 추정하고 있다.

 화자가 범하고 있는 논리상의 오류는 민서의 늦은 귀가 이후의 아무런 제동 장치 없이 반드시 외박으로 이어질 것이라는 단정이다. 이것은 이성과 논리보다 감정에 호소한 논증 오류의 방법이라고 할 수 있다.

22 다음의 진술을 참고할 때, 1층~5층 중 각기 다른 층에 살고 있는 사람들의 거주 위치에 관한 설명이 참인 것은 어느 것인가?

> • 을은 갑과 연이은 층에 거주하지 않는다.
> • 병은 무와 연이은 층에 거주하지 않는다.
> • 정은 무와 연이은 층에 거주하지 않는다.
> • 정은 1층에 위치하며 병은 2층에 위치하지 않는다.

① 갑은 5층에 거주한다.

② 을은 5층에 거주한다.

③ 병은 4층에 거주한다.

④ 무는 4층에 거주한다.

⑤ 무가 3층에 거주한다면 병은 5층에 거주한다.

 정이 1층에 거주하므로 네 번째 조건에 의해 2층에 무가 거주할 수 없다. 또한 네 번째 조건에서 병도 2층에 거주하지 않는다 하였으므로 2층에 거주할 수 있는 사람은 갑 또는 을이다. 이것은 곧, 3, 4, 5층에 병, 무, 갑 또는 을이 거주한다는 것이 된다. 두 번째 조건에 의해 병과 무가 연이은 층에 거주하지 않으므로 3, 5층에는 병과 무 중 한 사람이 거주하며 2, 4층에 갑과 을 중 한 사람이 거주하는 것이 된다. 따라서 보기 ①~④의 내용은 모두 모순되는 것이 되며, 보기 ⑤에서와 같이 무가 3층에 거주한다면 병이 5층에 거주하게 된다.

23 직업이 각기 다른 A, B, C, D 네 사람이 여행을 떠나기 위해 기차의 한 차 안에 앉아 있다. 네 사람은 모두 색깔이 다른 옷을 입었고 두 사람씩 얼굴을 마주하고 앉아 있다. 그 중 두 사람은 창문 쪽에, 나머지 두 사람은 통로 쪽에 앉아 있으며 다음과 같은 사실들을 알고 있다. 다음에서 이 모임의 회장과 부회장의 직업을 순서대로 바르게 짝지은 것은?

> (ㄱ) 경찰은 B의 왼쪽에 앉아 있다.
> (ㄴ) A는 파란색 옷을 입고 있다.
> (ㄷ) 검은색 옷을 입고 있는 사람은 의사의 오른쪽에 앉아 있다.
> (ㄹ) D의 맞은편에 외교관이 앉아 있다.
> (ㅁ) 선생님은 초록색 옷을 입고 있다.
> (ㅂ) 경찰은 창가에 앉아 있다.
> (ㅅ) 갈색 옷을 입은 사람이 모임 회장이며, 파란색 옷을 입은 사람이 부회장이다.
> (ㅇ) C와 D는 서로 마주보고 앉아있다.

① 회장 – 의사   부회장 – 외교관
② 회장 – 의사   부회장 – 경찰
③ 회장 – 경찰   부회장 – 의사
④ 회장 – 외교관   부회장 – 선생님
⑤ 회장 – 외교관   부회장 – 경찰

 주어진 조건들을 종합하면 A는 파란색 옷 입은 의사, B는 초록색 옷을 입은 선생님, C는 검은색 옷을 입은 외교관, D는 갈색 옷을 입은 경찰이므로 회장의 직업은 경찰이고, 부회장의 직업은 의사이다.

창 가	외교관, 검정 C ↓	의사, 파랑 A ↓
	↑ D 경찰, 갈색	↑ B 선생님, 초록

24 진력 설비 수리를 하기 위해 본사에서 파견된 8명의 기술자들이 출장지에서 하룻밤을 묵게 되었다. 1개 층에 4개의 객실(101~104호, 201~204호, 301~304호, 401~404호)이 있는 3층으로 된 조그만 여인숙에 1인당 객실 1개씩을 잡고 투숙하였고 다음과 같은 조건을 만족할 경우, 12개의 객실 중 8명이 묵고 있지 않은 객실 4개를 모두 알기 위하여 필요한 사실이 될 수 있는 것은 다음 보기 중 어느 것인가? (출장자 일행 외의 다른 투숙객은 없는 것으로 가정한다)

> • 출장자들은 1, 2, 3층에 각각 객실 2개, 3개, 3개에 투숙하였다.
> • 출장자들은 1, 2, 3, 4호 라인에 각각 2개, 2개, 1개, 3개 객실에 투숙하였다.

① 302호에 출장자가 투숙하고 있다.

② 203호에 출장자가 투숙하고 있지 않다.

③ 102호에 출장자가 투숙하고 있다.

④ 202호에 출장자가 투숙하고 있지 않다.

⑤ 103호에 출장자가 투숙하고 있다.

 객실의 층과 라인의 배열을 그림으로 표현하면 다음과 같다.

301호	302호	303호	304호
201호	202호	203호	204호
101호	102호	103호	104호

두 번째 조건에서 4호 라인에는 3개의 객실에 투숙하였다고 했으므로 104호, 204호, 304호에는 출장자가 있게 된다. 또한 3호 라인에는 1개의 객실에만 출장자가 투숙하였다고 했는데, 만일 203호나 303호에 투숙하였을 경우, 2층과 3층의 나머지 객실이 정해질 수 없다. 그러나 103호에 투숙하였을 경우, 1층의 2개 객실이 정해지게 되며 2층과 3층은 3호 라인을 제외한 1호와 2호 라인 모두에 출장자가 투숙하여야 한다. 따라서 보기 ⑤의 사실이 확인된다면 8명의 출장자가 투숙한 8개의 객실과 투숙하지 않는 4개의 객실 모두를 다음과 같이 알아낼 수 있다.

301호	302호	303호	304호
201호	202호	203호	204호
101호	102호	103호	104호

25 G 음료회사는 신제품 출시를 위해 시제품 3개를 만들어 전직원을 대상으로 블라인드 테스트를 진행한 후 기획팀에서 회의를 하기로 했다. 독창성, 대중성, 개인선호도 세 가지 영역에 총 15점 만점으로 진행된 테스트 결과가 다음과 같을 때, 기획팀 직원들의 발언으로 옳지 않은 것은?

	독창성	대중성	개인선호도	총점
시제품 A	5	2	3	10
시제품 B	4	4	4	12
시제품 C	2	5	5	12

① 우리 회사의 핵심가치 중 하나가 창의성 아닙니까? 저는 독창성 점수가 높은 A를 출시해야 한다고 생각합니다.

② 독창성이 높아질수록 총점이 낮아지는 것을 보지 못하십니까? 저는 그 의견에 반대합니다.

③ 무엇보다 현 시점에서 회사의 재정상황을 타계하기 위해서는 대중성을 고려하여 높은 이윤이 날 것으로 보이는 C를 출시해야 하지 않겠습니까?

④ 그럼 독창성과 대중성, 개인선호도를 모두 고려하여 B를 출시하는 것이 어떻겠습니까?

⑤ 요즘 같은 개성시대에는 개인선호도가 높은 C가 적격이라고 생각합니다.

Tip 시제품 B는 C에 비해 독창성 점수가 2점 높지만 총점은 같다. 따라서 옳지 않은 발언이다.

Answer ☞ 24.⑤ 25.②

26 사과 사탕, 포도 사탕, 딸기 사탕이 각각 2개씩 있다. 甲~戊 다섯 명의 사람 중 한 명이 사과 사탕 1개와 딸기 사탕 1개를 함께 먹고, 다른 네 명이 남은 사탕을 각각 1개씩 먹었다. 모두 진실을 말하였다고 할 때, 사과 사탕 1개와 딸기 사탕 1개를 함께 먹은 사람과戊가 먹은 사탕을 옳게 짝지은 것은?

> 甲 : 나는 포도 사탕을 먹지 않았어.
> 乙 : 나는 사과 사탕만을 먹었어.
> 丙 : 나는 사과 사탕을 먹지 않았어.
> 丁 : 나는 사탕을 한 종류만 먹었어.
> 戊 : 너희 말을 다 듣고 아무리 생각해봐도 나는 딸기 사탕을 먹은 사람 두 명 다 알 수는 없어.

① 甲, 포도 사탕 1개
② 甲, 딸기 사탕 1개
③ 丙, 포도 사탕 1개
④ 丙, 딸기 사탕 1개
⑤ 戊, 사과 사탕 1개와 딸기 사탕 1개

 甲~戊가 먹은 사탕을 정리하면 다음과 같다.

구분	甲	乙	丙	丁	戊
맛	사과+딸기	사과	포도 or 딸기	포도 or 딸기	포도
개수	2개	1개	1개	1개	1개

27 다음은 □□전자의 스마트폰 사용에 관한 조사 설계의 일부분이다. 본 설문조사의 목적으로 가장 적합하지 않은 것은?

---

1. 조사 목적

2. 과업 범위
① 조사 대상 : 서울과 수도권에 거주하고 있으며 최근 5년 이내에 스마트폰 변경 이력이 있고, 향후 1년 이내에 스마트폰 변경 의향이 있는 만 20~30세의 성인 남녀
② 조사 방법 : 구조화된 질문지를 이용한 온라인 조사
③ 표본 규모 : 총 1,000명

3. 조사 내용
① 시장 환경 파악 : 스마트폰 시장 동향 (사용기기 브랜드 및 가격, 기기사용 기간 등)
② 과거 스마트폰 변경 현황 파악 : 변경 횟수, 변경 사유 등
③ 향후 스마트폰 변경 잠재 수요 파악 : 변경 사유, 선호 브랜드, 변경 예산 등
④ 스마트폰 구매자를 위한 개선 사항 파악 : 스마트폰 구매자를 위한 요금할인, 사은품 제공 등 개선 사항 적용 시 스마트폰 변경 의향
⑤ 배경정보 파악 : 인구사회학적 특성 (연령, 성별, 거주 지역 등)

4. 결론 및 기대효과

---

① 스마트폰 구매자를 위한 요금할인 프로모션 시행의 근거 마련
② 평균 스마트폰 기기사용 기간 및 주요 변경 사유 파악
③ 광고 매체 선정에 참고할 자료 구축
④ 스마트폰 구매 시 사은품 제공 유무가 구입 결정에 미치는 영향 파악
⑤ 향후 출시할 스마트폰 가격 책정에 활용할 자료 구축

(Tip) 제시된 설문조사에는 광고 매체 선정에 참고할 만한 조사 내용이 포함되어 있지 않다. 따라서 ③은 이 설문조사의 목적으로 적합하지 않다.

Answer⤷ 26.① 27.③

28 다음은 폐기물관리법의 일부이다. 제시된 내용을 참고할 때 옳은 것은?

제00조 이 법에서 말하는 폐기물이란 쓰레기, 연소재, 폐유, 폐알칼리 및 동물의 사체 등으로 사람의 생활이나 사업 활동에 필요하지 않게 된 물질을 말한다.

제00조

① 도지사는 관할 구역의 폐기물을 적정하게 처리하기 위하여 환경부장관이 정하는 지침에 따라 10년마다 폐기물 처리에 관한 기본계획(이하 기본계획이라 한다)을 세워 환경부장관의 승인을 받아야 한다. 승인사항을 변경하려 할 때에도 또한 같다. 이 경우 환경부장관은 기본계획을 승인하거나 변경승인하려면 관계 중앙행정기관의 장과 협의하여야 한다.

② 시장·군수·구청장은 10년마다 관할 구역의 기본계획을 세워 도지사에게 제출하여야 한다.

③ 제1항과 제2항에 따른 기본계획에는 다음 각 호의 사항이 포함되어야 한다.

  1. 관할 구역의 지리적 환경 등에 관한 개황
  2. 폐기물의 종류별 발생량과 장래의 발생 예상량
  3. 폐기물의 처리 현황과 향후 처리 계획
  4. 폐기물의 감량화와 재활용 등 자원화에 관한 사항
  5. 폐기물처리시설의 설치 현황과 향후 설치 계획
  6. 폐기물 처리의 개선에 관한 사항
  7. 재원의 확보계획

제00조

① 환경부장관은 국가 폐기물을 적정하게 관리하기 위하여 전조 제1항에 따른 기본 계획을 기초로 국가 폐기물관리 종합계획(이하 종합계획이라 한다)을 10년마다 세워야 한다.

② 환경부장관은 종합계획을 세운 날부터 5년이 지나면 그 타당성을 재검토하여 변경할 수 있다.

---

① 재원의 확보계획은 기본계획에 포함되지 않아도 된다.

② A도 도지사가 제출한 기본계획을 승인하려면, 환경부장관은 관계 중앙행정기관의 장과 협의를 거쳐야 한다.

③ 환경부장관은 국가 폐기물을 적정하게 관리하기 위하여 10년마다 기본계획을 수립하여야 한다.

④ B군 군수는 5년마다 종합계획을 세워 환경부장관에게 제출하여야 한다.

⑤ 기본계획 수립 이후 5년이 경과하였다면, 환경부장관은 계획의 타당성을 재검토하여 계획을 변경하여야 한다.

 ① 재원의 확보계획은 기본계획에 포함되어야 한다.
③ 환경부장관은 국가 폐기물을 적정하게 관리하기 위하여 10년마다 종합계획을 수립하여야 한다.
④ 시장·군수·구청장은 10년마다 관할 구역의 기본계획을 세워 도지사에게 제출하여야 한다.
⑤ 환경부장관은 종합계획을 세운 날부터 5년이 지나면 그 타당성을 재검토하여 변경할 수 있다.

29 다음은 우리나라의 연도별 유형별 정치 참여도를 나타낸 자료이다. 〈보기〉에 주어진 조건을 참고할 때, ㉠~㉣에 들어갈 알맞은 정치 참여방법을 순서대로 올바르게 나열한 것은 어느 것인가?

	㉠	온라인상 의견 피력하기	정부나 언론에 의견제시	㉡	탄원서·진정서·청원서 제출하기	㉢	공무원·정치인에 민원전달	㉣
2014	53.9	15.0	9.5	21.2	8.8	9.2	10.3	12.8
2015	58.8	14.7	8.8	17.5	7.9	7.6	9.1	9.2
2016	69.3	13.3	6.7	14.9	5.6	6.9	6.1	10.3
2017	74.1	12.2	6.4	14.5	5.8	14.4	5.6	8.5

〈보기〉

1. 주변인과 대화를 하거나 시위 등에 참여하는 방법은 2014년보다 2017년에 그 비중이 더 증가하였다.
2. 2017년에 서명운동에 참여하거나 주변인과 대화를 하는 방법으로 정치에 참여하는 사람의 비중은 모두 온라인상 의견을 피력하는 방법으로 정치에 참여하는 사람의 비중보다 더 많다.
3. 2014~2016년 기간 동안은 시위에 참여하거나 불매운동을 하는 방법으로 정치에 참여한 사람의 비중이 온라인상 의견을 피력하는 방법으로 정치에 참여한 사람의 비중보다 항상 적었다.

① 서명운동 참여하기 – 주변인과 대화하기 – 시위·집회 참여하기 – 불매운동 참여하기
② 주변인과 대화하기 – 서명운동 참여하기 – 시위·집회 참여하기 – 불매운동 참여하기
③ 주변인과 대화하기 – 서명운동 참여하기 – 불매운동 참여하기 – 시위·집회 참여하기
④ 주변인과 대화하기 – 시위·집회 참여하기 – 서명운동 참여하기 – 불매운동 참여하기
⑤ 불매운동 참여하기 – 주변인과 대화하기 – 서명운동 참여하기 – 시위·집회 참여하기

Tip

보기1에 의하면 ㉠과 ㉢이 주변인과 대화하기 또는 시위·집회 참여하기 중 하나임을 알 수 있다. 또한 보기2에 의하면 ㉠, ㉡, ㉢ 중 서명운동 참여하기와 주변인과 대화하기가 해당됨을 알 수 있다. 따라서 ㉡이 서명운동 참여하기임을 확인할 수 있다.
보기3에서는 ㉢과 ㉣이 시위·집회 참여하기 또는 불매운동 참여하기 중 하나임을 의미하고 있으므로 보기1과 함께 판단했을 때, ㉢이 시위·집회 참여하기, ㉣이 불매운동 참여하기가 되며 이에 따라 ㉠은 주변인과 대화하기가 된다.

Answer → 28.② 29.②

30 100명의 근로자를 고용하고 있는 ○○기관 인사팀에 근무하는 S는 고용노동법에 따라 기간제 근로자를 채용하였다. 제시된 법령의 내용을 참고할 때, 기간제 근로자로 볼 수 없는 경우는?

제10조

① 이 법은 상시 5인 이상의 근로자를 사용하는 모든 사업 또는 사업장에 적용한다. 다만 동거의 친족만을 사용하는 사업 또는 사업장과 가사사용인에 대하여는 적용하지 아니한다.

② 국가 및 지방자치단체의 기관에 대하여는 상시 사용하는 근로자의 수에 관계없이 이 법을 적용한다.

제11조

① 사용자는 2년을 초과하지 아니하는 범위 안에서(기간제 근로계약의 반복갱신 등의 경우에는 계속 근로한 총 기간이 2년을 초과하지 아니하는 범위 안에서) 기간제 근로자*를 사용할 수 있다. 다만 다음 각 호의 어느 하나에 해당하는 경우에는 2년을 초과하여 기간제 근로자로 사용할 수 있다.

  1. 사업의 완료 또는 특정한 업무의 완성에 필요한 기간을 정한 경우

  2. 휴직·파견 등으로 결원이 발생하여 당해 근로자가 복귀할 때까지 그 업무를 대신할 필요가 있는 경우

  3. 전문적 지식·기술의 활용이 필요한 경우와 박사 학위를 소지하고 해당 분야에 종사하는 경우

② 사용자가 제1항 단서의 사유가 없거나 소멸되었음에도 불구하고 2년을 초과하여 기간제 근로자로 사용하는 경우에는 그 기간제 근로자는 기간의 정함이 없는 근로계약을 체결한 근로자로 본다.

* 기간제 근로자라 함은 기간의 정함이 있는 근로계약을 체결한 근로자를 말한다.

---

① 수습기간 3개월을 포함하여 1년 6개월간 A를 고용하기로 근로계약을 체결한 경우

② 근로자 E의 휴직으로 결원이 발생하여 2년간 B를 계약직으로 고용하였는데, E의 복직 후에도 B가 계속해서 현재 3년 이상 근무하고 있는 경우

③ 사업 관련 분야 박사학위를 취득한 C를 계약직(기간제) 연구원으로 고용하여 C가 현재 3년간 근무하고 있는 경우

④ 국가로부터 도급받은 3년간의 건설공사를 완성하기 위해 D를 그 기간 동안 고용하기로 근로계약을 체결한 경우

⑤ 근로자 F가 해외 파견으로 결원이 발생하여 돌아오기 전까지 3년간 G를 고용하기로 근로계약을 체결한 경우

제11조 제2항에 따르면 사용자가 제1항 단서의 사유가 없거나 소멸되었음에도 불구하고 2년을 초과하여 기간제 근로자로 사용하는 경우에는 그 기간제 근로자는 기간의 정함이 없는 근로계약을 체결한 근로자로 본다. 따라서 ②의 경우 기간제 근로자로 볼 수 없다.

① 2년을 초과하지 않는 범위이므로 기간제 근로자로 볼 수 있다.
③ 제11조 제1항 제3호에 따른 기간제 근로자로 볼 수 있다.
④ 제11조 제1항 제1호에 따른 기간제 근로자로 볼 수 있다.
⑤ 제11조 제1항 제2호에 따른 기간제 근로자로 볼 수 있다.

Answer 30.②

04 정보능력

정보화사회와 정보능력

(1) 정보와 정보화사회

① 자료·정보·지식

구분	특징
자료 (Data)	객관적 실제의 반영이며, 그것을 전달할 수 있도록 기호화한 것
정보 (Information)	자료를 특정한 목적과 문제해결에 도움이 되도록 가공한 것
지식 (Knowledge)	정보를 집적하고 체계화하여 장래의 일반적인 사항에 대비해 보편성을 갖도록 한 것

② 정보화사회 : 필요로 하는 정보가 사회의 중심이 되는 사회

(2) 업무수행과 정보능력

① 컴퓨터의 활용 분야

  ㉠ 기업 경영 분야에서의 활용 : 판매, 회계, 재무, 인사 및 조직관리, 금융 업무 등

  ㉡ 행정 분야에서의 활용 : 민원처리, 각종 행정 통계 등

  ㉢ 산업 분야에서의 활용 : 공장 자동화, 산업용 로봇, 판매시점관리시스템(POS) 등

  ㉣ 기타 분야에서의 활용 : 교육, 연구소, 출판, 가정, 도서관, 예술 분야 등

② 정보처리과정

  ㉠ 정보 활용 절차 : 기획 → 수집 → 관리 → 활용

  ㉡ 5W2H : 정보 활용의 전략적 기획

    • WHAT(무엇을?) : 정보의 입수대상을 명확히 한다.

    • WHERE(어디에서?) : 정보의 소스(정보원)를 파악한다.

    • WHEN(언제까지) : 정보의 요구(수집)시점을 고려한다.

    • WHY(왜?) : 정보의 필요목적을 염두에 둔다.

    • WHO(누가?) : 정보활동의 주체를 확정한다.

    • HOW(어떻게) : 정보의 수집방법을 검토한다.

    • HOW MUCH(얼마나?) : 정보수집의 비용성(효용성)을 중시한다.

5W2H는 정보를 전략적으로 수집·활용할 때 주로 사용하는 방법이다. 5W2H에 대한 설명으로 옳지 않은 것은?

① WHAT : 정보의 수집방법을 검토한다.
② WHERE : 정보의 소스(정보원)를 파악한다.
③ WHEN : 정보의 요구(수집)시점을 고려한다.
④ HOW : 정보의 수집방법을 검토한다.

[출제의도]
방대한 정보들 중 꼭 필요한 정보와 수집 방법 등을 전략적으로 기획하고 정보수집이 이루어질 때 효과적인 정보 수집이 가능해진다. 5W2H는 이러한 전략적 정보 활용 기획의 방법으로 그 개념을 이해하고 있는지를 묻는 질문이다.
[해설]
5W2H의 'WHAT'은 정보의 입수대상을 명확히 하는 것이다. 정보의 수집방법을 검토하는 것은 HOW(어떻게)에 해당되는 내용이다.

답 ①

(3) 사이버공간에서 지켜야 할 예절

① 인터넷의 역기능

    ㉠ 불건전 정보의 유통

    ㉡ 개인 정보 유출

    ㉢ 사이버 성폭력

    ㉣ 사이버 언어폭력

    ㉤ 언어 훼손

    ㉥ 인터넷 중독

    ㉦ 불건전한 교제

    ㉧ 저작권 침해

② 네티켓(netiquette) : 네트워크(network) + 에티켓(etiquette)

(4) 정보의 유출에 따른 피해사례

① 개인정보의 종류

　　㉠ 일반 정보 : 이름, 주민등록번호, 운전면허정보, 주소, 전화번호, 생년월일, 출생지, 본적지, 성별, 국적 등

　　㉡ 가족 정보 : 가족의 이름, 직업, 생년월일, 주민등록번호, 출생지 등

　　㉢ 교육 및 훈련 정보 : 최종학력, 성적, 기술자격증/전문면허증, 이수훈련 프로그램, 서클활동, 상벌사항, 성격/행태보고 등

　　㉣ 병역 정보 : 군번 및 계급, 제대유형, 주특기, 근무부대 등

　　㉤ 부동산 및 동산 정보 : 소유주택 및 토지, 자동차, 저축현황, 현금카드, 주식 및 채권, 수집품, 고가의 예술품 등

　　㉥ 소득 정보 : 연봉, 소득의 원천, 소득세 지불 현황 등

　　㉦ 기타 수익 정보 : 보험가입현황, 수익자, 회사의 판공비 등

　　㉧ 신용 정보 : 대부상황, 저당, 신용카드, 담보설정 여부 등

　　㉨ 고용 정보 : 고용주, 회사주소, 상관의 이름, 직무수행 평가 기록, 훈련기록, 상벌기록 등

　　㉩ 법적 정보 : 전과기록, 구속기록, 이혼기록 등

　　㉪ 의료 정보 : 가족병력기록, 과거 의료기록, 신체장애, 혈액형 등

　　㉫ 조직 정보 : 노조가입, 정당가입, 클럽회원, 종교단체 활동 등

　　㉬ 습관 및 취미 정보 : 흡연/음주량, 여가활동, 도박성향, 비디오 대여기록 등

② 개인정보 유출방지 방법

　　㉠ 회원 가입 시 이용 약관을 읽는다.

　　㉡ 이용 목적에 부합하는 정보를 요구하는지 확인한다.

　　㉢ 비밀번호는 정기적으로 교체한다.

　　㉣ 정체불명의 사이트는 멀리한다.

　　㉤ 가입 해지 시 정보 파기 여부를 확인한다.

　　㉥ 남들이 쉽게 유추할 수 있는 비밀번호는 자제한다.

(1) 컴퓨터활용능력

① 인터넷 서비스 활용

    ㉠ 전자우편(E-mail) 서비스 : 정보 통신망을 이용하여 다른 사용자들과 편지나 여러 정보를 주고받는 통신 방법

    ㉡ 인터넷 디스크/웹 하드 : 웹 서버에 대용량의 저장 기능을 갖추고 사용자가 개인용 컴퓨터의 하드디스크와 같은 기능을 인터넷을 통하여 이용할 수 있게 하는 서비스

    ㉢ 메신저 : 인터넷에서 실시간으로 메시지와 데이터를 주고받을 수 있는 소프트웨어

    ㉣ 전자상거래 : 인터넷을 통해 상품을 사고팔거나 재화나 용역을 거래하는 사이버 비즈니스

② 정보검색 : 여러 곳에 분산되어 있는 수많은 정보 중에서 특정 목적에 적합한 정보만을 신속하고 정확하게 찾아내어 수집, 분류, 축적하는 과정

    ㉠ 검색엔진의 유형

    • 키워드 검색 방식 : 찾고자 하는 정보와 관련된 핵심적인 언어인 키워드를 직접 입력하여 이를 검색 엔진에 보내어 검색 엔진이 키워드와 관련된 정보를 찾는 방식

    • 주제별 검색 방식 : 인터넷상에 존재하는 웹 문서들을 주제별, 계층별로 정리하여 데이터베이스를 구축한 후 이용하는 방식

    • 통합형 검색방식 : 사용자가 입력하는 검색어들이 연계된 다른 검색 엔진에게 보내고 이를 통하여 얻어진 검색 결과를 사용자에게 보여주는 방식

    ㉡ 정보 검색 연산자

기호	연산자	검색조건
*, &	AND	두 단어가 모두 포함된 문서를 검색
|	OR	두 단어가 모두 포함되거나 두 단어 중에서 하나만 포함된 문서를 검색
-, !	NOT	'–' 기호나 '!' 기호 다음에 오는 단어는 포함하지 않는 문서를 검색
~, near	인접검색	앞/뒤의 단어가 가깝게 있는 문서를 검색

③ 소프트웨어의 활용

    ㉠ 워드프로세서

    • 특징 : 문서의 내용을 화면으로 확인하면서 쉽게 수정 가능, 문서 작성 후 인쇄 및 저장 가능, 글이나 그림의 입력 및 편집 가능

    • 기능 : 입력기능, 표시기능, 저장기능, 편집기능, 인쇄기능 등

ⓛ 스프레드시트
- 특징 : 쉽게 계산 수행, 계산 결과를 차트로 표시, 문서를 작성하고 편집 가능
- 기능 : 계산, 수식, 차트, 저장, 편집, 인쇄기능 등

예제 2

귀하는 커피 전문점을 운영하고 있다. 아래와 같이 엑셀 워크시트로 4개 지점의 원두 구매 수량과 단가를 이용하여 금액을 산출하고 있다. 귀하가 다음 중 D3셀에서 사용하고 있는 함수식으로 옳은 것은? (단, 금액 = 수량 × 단가)

	A	B	C	D	E
1	지점	원두	수량(100g)	금액	
2	A	케냐	15	150000	
3	B	콜롬비아	25	175000	
4	C	케냐	30	300000	
5	D	브라질	35	210000	
6					
7		원두	100g당 단가		
8		케냐	10,000		
9		콜롬비아	7,000		
10		브라질	6,000		
11					

① =C3*VLOOKUP(B3, $B$8:$C$10, 1, 1)
② =B3*HLOOKUP(C3, $B$8:$C$10, 2, 0)
③ =C3*VLOOKUP(B3, $B$8:$C$10, 2, 0)
④ =C3*HLOOKUP($B$8:$C$10, 2, B3)

[출제의도]
본 문항은 엑셀 워크시트 함수의 활용도를 확인하는 문제이다.
[해설]
"VLOOKUP(B3,$B$8:$C$10, 2, 0)"의 함수를 해설해보면 B3의 값(콜롬비아)을 B8:C10에서 찾은 후 그 영역의 2번째 열(C열, 100g당 단가)에 있는 값을 나타내는 함수이다. 금액은 "수량 × 단가"으로 나타내므로 D3셀에 사용되는 함수식은 "=C3*VLOOKUP(B3, $B$8:$C$10, 2, 0)"이다.
※ HLOOKUP과 VLOOKUP
  ⓣ HLOOKUP : 배열의 첫 행에서 값을 검색하여, 지정한 행의 같은 열에서 데이터를 추출
  ⓛ VLOOKUP : 배열의 첫 열에서 값을 검색하여, 지정한 열의 같은 행에서 데이터를 추출

답 ③

ⓒ 프레젠테이션
- 특징 : 각종 정보를 사용자 또는 대상자에게 쉽게 전달
- 기능 : 저장, 편집, 인쇄, 슬라이드 쇼 기능 등
ⓡ 유틸리티 프로그램 : 파일 압축 유틸리티, 바이러스 백신 프로그램

④ 데이터베이스의 필요성
  ㉠ 데이터의 중복을 줄인다.
  ㉡ 데이터의 무결성을 높인다.
  ㉢ 검색을 쉽게 해준다.
  ㉣ 데이터의 안정성을 높인다.
  ㉤ 개발기간을 단축한다.

(2) 정보처리능력

① **정보원** : 1차 자료는 원래의 연구성과가 기록된 자료이며, 2차 자료는 1차 자료를 효과적으로 찾아보기 위한 자료 또는 1차 자료에 포함되어 있는 정보를 압축 · 정리한 형태로 제공하는 자료이다.

　　㉠ **1차 자료** : 단행본, 학술지와 논문, 학술회의자료, 연구보고서, 학위논문, 특허정보, 표준 및 규격자료, 레터, 출판 전 배포자료, 신문, 잡지, 웹 정보자원 등

　　㉡ **2차 자료** : 사전, 백과사전, 편람, 연감, 서지데이터베이스 등

② **정보분석 및 가공**

　　㉠ **정보분석의 절차** : 분석과제의 발생 → 과제(요구)의 분석 → 조사항목의 선정 → 관련정보의 수집(기존자료 조사/신규자료 조사) → 수집정보의 분류 → 항목별 분석 → 종합 · 결론 → 활용 · 정리

　　㉡ **가공** : 서열화 및 구조화

③ **정보관리**

　　㉠ 목록을 이용한 정보관리

　　㉡ 색인을 이용한 정보관리

　　㉢ 분류를 이용한 정보관리

예제 3

인사팀에서 근무하는 J씨는 회사가 성장함에 따라 직원 수가 급증하기 시작하면서 직원들의 정보관리 방법을 모색하던 중 다음과 같은 A사의 직원 정보관리 방법을 보게 되었다. J씨는 A사가 하고 있는 이 방법을 회사에도 도입하고자 한다. 이 방법은 무엇인가?

> A사의 인사부서에 근무하는 H씨는 직원들의 개인정보를 관리하는 업무를 담당하고 있다. A사에서 근무하는 직원은 수천 명에 달하기 때문에 H씨는 주요 키워드나 주제어를 가지고 직원들의 정보를 구분하여 관리하여, 찾을 때도 쉽고 내용을 수정할 때도 이전보다 훨씬 간편할 수 있도록 했다.

① 목록을 활용한 정보관리
② 색인을 활용한 정보관리
③ 분류를 활용한 정보관리
④ 1 : 1 매칭을 활용한 정보관리

[출제의도]
본 문항은 정보관리 방법의 개념을 이해하고 있는가를 묻는 문제이다.
[해설]
주어진 자료의 A사에서 사용하는 정보관리는 주요 키워드나 주제어를 가지고 정보를 관리하는 방식인 색인을 활용한 정보관리이다. 디지털 파일에 색인을 저장할 경우 추가, 삭제, 변경 등이 쉽다는 점에서 정보관리에 효율적이다.

답 ②

1   다음 자료는 '발전량' 필드를 기준으로 발전량과 발전량이 많은 순위를 엑셀로 나타낸 표이다. 태양광의 발전량 순위를 구하기 위한 함수식으로 'C3'셀에 들어가야 할 알맞은 것은 어느 것인가?

	A	B	C
1	<에너지원별 발전량(단위: Mwh)>		
2	에너지원	발전량	순위
3	태양광	88	2
4	풍력	100	1
5	수력	70	4
6	바이오	75	3
7	양수	65	5

① =ROUND(B3,$B$3:$B$7,0)

② =ROUND(B3,$B$3:$B$7,1)

③ =RANK(B3,$B$3:$B$7,1)

④ =RANK(B3,$B$2:$B$7,0)

⑤ =RANK(B3,$B$3:$B$7,0)

 지정 범위에서 인수의 순위를 구하는 경우 'RANK' 함수를 사용한다. 이 경우, 수식은 '=RANK (인수, 범위, 결정 방법)'이 된다. 결정 방법은 0 또는 생략하면 내림차순, 0 이외의 값은 오름차순으로 표시하게 된다.

2 다음 중 컴퓨터 보안 위협의 형태와 그 내용에 대한 설명이 올바르게 연결되지 않은 것은 어느 것인가?

① 피싱(Phishing) – 유명 기업이나 금융기관을 사칭한 가짜 웹 사이트나 이메일 등으로 개인의 금융정보와 비밀번호를 입력하도록 유도하여 예금 인출 및 다른 범죄에 이용하는 수법

② 스푸핑(Spoofing) – 악의적인 목적으로 임의로 웹 사이트를 구축해 일반 사용자의 방문을 유도한 후 시스템 권한을 획득하여 정보를 빼가거나 암호와 기타 정보를 입력하도록 속이는 해킹 수법

③ 디도스(DDoS) – 시스템에 불법적인 행위를 수행하기 위하여 다른 프로그램으로 위장하여 특정 프로그램을 침투시키는 행위

④ 스니핑(Sniffing) – 네트워크 주변을 지나다니는 패킷을 엿보면서 아이디와 패스워드를 알아내는 행위

⑤ 백 도어(Back Door) – 시스템의 보안 예방책을 침입하여 무단 접근하기 위해 사용되는 일종의 비상구

> 디도스(DDoS)는 분산 서비스 거부 공격으로, 특정 사이트에 오버플로우를 일으켜서 시스템이 서비스를 거부하도록 만드는 것이다.
> 한편, 보기에 제시된 설명은 '트로이 목마'를 의미하는 내용이다.

3 다음 중 아래 워크시트에서 참고표를 참고하여 55,000원에 해당하는 할인율을 [C6]셀에 구하고자 할 때의 적절한 함수식은?

	A	B	C	D	E	F
1		<참고표>				
2		금액	30,000	50,000	80,000	150,000
3		할인율	3%	7%	10%	15%
4						
5		금액	55,000			
6		할인율	7%			

① =LOOKUP(C5,C2:F2,C3:F3) ② =HLOOKUP(C5,B2:F3,1)

③ =VLOOKUP(C5,C2:F3,1) ④ =VLOOKUP(C5,B2:F3,2)

⑤ =VLOOKUP(C5,B1,F2,1)

> LOOKUP은 LOOKUP(찾는 값, 범위 1, 범위 2)로 작성하여 구한다.
> VLOOKUP은 범위에서 찾을 값에 해당하는 열을 찾은 후 열 번호에 해당하는 셀의 값을 구하며,
> HLOOKUP은 범위에서 찾을 값에 해당하는 행을 찾은 후 행 번호에 해당하는 셀의 값을 구한다.

Answer⤳ 1.⑤ 2.③ 3.①

4 다음 중 아래의 〈수정 전〉 차트를 〈수정 후〉 차트와 같이 변경하려고 할 때 사용해야 할 서식은?

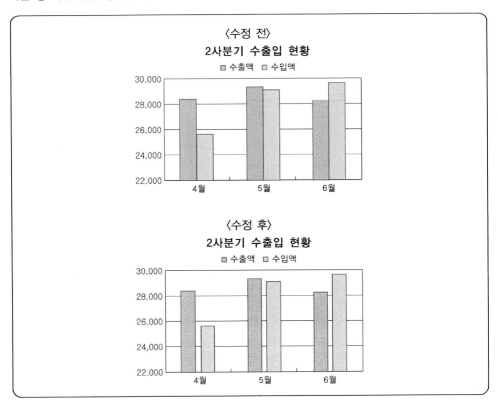

① 차트 영역 서식　　　　　② 그림 영역 서식

③ 데이터 계열 서식　　　　④ 축 서식

⑤ 결과값 서식

 [계열 옵션] 탭에서 '계열 겹치기' 값을 입력하거나 막대 바를 이동시키면 된다.

5 엑셀 사용 시 발견할 수 있는 다음과 같은 오류 메시지 중 설명이 올바르지 않은 것은 어느 것인가?

① #DIV/0! – 수식에서 어떤 값을 0으로 나누었을 때 표시되는 오류 메시지

② #N/A – 함수나 수식에 사용할 수 없는 데이터를 사용했을 경우 발생하는 오류 메시지

③ #NULL! – 잘못된 인수나 피연산자를 사용했을 경우 발생하는 오류 메시지

④ #NUM! – 수식이나 함수에 잘못된 숫자 값이 포함되어 있을 경우 발생하는 오류 메시지

⑤ #REF! – 셀 참조가 유효하지 않을 경우 발생하는 오류 메시지

> **Tip** '#NULL!'은 교차하지 않은 두 영역의 교차점을 참조 영역으로 지정하였을 경우 발생하는 오류 메시지이며, 잘못된 인수나 피연산자를 사용했을 경우 발생하는 오류 메시지는 #VALUE! 이다.

6 다음은 컴퓨터 활용분야 중 어디에 해당하는 것인가?

> - 경영정보시스템
> - 의사결정지원시스템
> - 사무자동화
> - 전자상거래

① 기업 경영 분야   ② 행정 사무 분야

③ 산업 기술 분야   ④ 교육 지원 분야

⑤ 회계 수치 분야

> **Tip** 기업경영에 필요한 정보를 효과적으로 활용할 수 있도록 하는 경영정보시스템, 의사결정지원시스템, 문서 작성과 보존 및 전자결제시스템이 도입되어 업무 처리의 효율을 높여주는 사무자동화, 물류비용의 감소를 가져오는 전자상거래는 모두 기업 경영 분야에서 활용되는 내용이다.

Answer 4.③ 5.③ 6.①

7 인터넷의 활성화로 인하여 많은 사람들이 인터넷을 사용하고 있다. 그러나 인터넷은 정보의 활용 및 전자상거래 등의 편리함이라는 이점도 있지만 문제점도 많이 나타나고 있다. 다음 중 인터넷의 문제점으로 볼 수 없는 것은?

① 개인정보의 유출 ② 언어 폭력
③ 인터넷 중독 ④ 건전 정보의 유통
⑤ 저작권 침해

 인터넷의 문제점
㉠ 불건전 정보의 유통
㉡ 개인 정보의 유출
㉢ 사이버 성폭력
㉣ 사이버 언어폭력
㉤ 언어의 훼손
㉥ 인터넷 중독
㉦ 불건전한 교제
㉧ 저작권 침해

8 직장 생활에서 필요한 정보를 수집하고, 분석하여 의미 있는 정보를 찾아내며, 찾아낸 정보를 업무 수행에 적절하도록 조직, 관리하고 활용하는 능력을 정보처리능력이라고 한다. 이 때 필요한 정보를 수집할 수 있는 원천을 '정보원'이라고 하며 정보원은 1차 자료와 2차 자료로 나누어지는데 다음 중 2차 자료가 아닌 것은?

① 학술회의자료 ② 백과사전
③ 편람 ④ 서지
⑤ 통계자료

 1차 자료는 원래의 연구 성과가 기록된 자료를 말하며 단행본, 학술지와 학술지 논문, 학술회의자료, 신문 등이 해당되며, 2차 자료는 1차 자료에 포함되어 있는 정보를 압축, 정리하여 읽기 쉬운 형태로 제공하는 자료로서 사전, 백과사전, 편람, 서지 등이 해당된다.

9 다음 〈보기〉의 내용은 렌트카 회사 자료에 있는 내용이다. ㈎, ㈏, ㈐에 해당하는 것을 바르게 설명한 것은?

〈보기〉

㈎ 고객의 주소, 성별, 이름, 나이, 렌트 차종

㈏ 4~50대의 렌트 차종, 4~50대의 렌트 횟수

㈐ 렌트카에 대한 4~50대의 취향, 4~50대를 주 타깃으로 하는 렌트차종 증차

	㈎	㈏	㈐
①	자료	정보	지식
②	정보	자료	지식
③	지식	정보	자료
④	정보	지식	정보
⑤	자료	지식	자료

> **Tip** ㈎ 자료는 객관적 실제의 반영이며, 기호화한 것이다.
>
> ㈏ 정보는 자료를 특정한 목적과 문제 해결에 도움이 되도록 가공한 것으로 차종과 횟수 등이 해당된다.
>
> ㈐ 지식은 정보를 집적하고 체계화하여 장래의 일반적인 사항에 대비해 보편성을 갖도록 한 것이며 4~50대의 취향과 4~50대를 타깃으로 한 마케팅이 이에 해당된다.

10 홈페이지나 카페 등의 인터넷 게시판을 이용할 때의 네티켓으로 옳지 않은 것은?

① 제목에는 글의 내용을 파악할 수 있는 함축적인 단어를 사용한다.

② 글을 쓰기 전 이미 동일한 내용의 글이 없는지 확인한다.

③ 글의 내용 중 잘못된 부분이 있으면 정정내용을 올린다.

④ 게시판의 주제와 관련 없는 내용은 올리지 않는다.

⑤ 지나친 약어 및 속어 등은 지양해야 한다.

> **Tip** 인터넷 게시판을 사용할 경우 글의 내용 중 잘못된 부분을 발견했을 때에는 빨리 수정을 하거나 삭제를 하여야 한다.

Answer → 7.④ 8.① 9.① 10.③

11 개인정보 유출방지 방법으로 적절하지 못한 것은?

① 사이트 회원 가입시 이용약관 반드시 읽기
② 이용목적에 부합하는 정보를 요구하는지 확인하기
③ 정체가 불분명한 사이트에는 가입을 하지 않기
④ 비밀번호는 생년월일로 외우기 쉬운 것 사용하기
⑤ 사이트 가입해지 시 정보의 파기 여부를 확인하기

 개인정보 유출방지 방법
　⊙ 회원가입 시 이용약관을 반드시 읽어야 한다.
　⊙ 이용 목적에 부합하는 정보를 요구하는 확인하여야 한다.
　© 비밀번호는 정기적으로 자주 교체하여야 한다.
　② 정체가 불분명한 사이트는 가입을 절제하여야 한다.
　⑩ 가입 해지시 정보의 파기 여부를 확인하여야 한다.
　⑭ 생년월일, 전화번호 등 쉽게 유추할 수 있는 비밀번호는 사용하지 말아야 한다.

12 웹 서버에 대용량의 저장 기능을 갖추고 사용자가 개인용 컴퓨터의 하드디스크와 같은 기능을
인터넷을 통하여 이용할 수 있게 하는 서비스를 무엇이라고 하는가?

① 메신저　　　　　　　　　　② 카카오톡
③ 웹하드　　　　　　　　　　④ 전자메일
⑤ 주기억 장치

 인터넷 디스크는 웹 서버에 대용량의 저장 기능을 갖추고 사용자가 개인용 PC의 하드디스크와
같은 기능을 인터넷을 통하여 이용할 수 있게 하는 서비스이다. 초기에는 대용량의 파일 작업을
하는 사람들을 위하여 웹 디스크가 구축되었는데 추후 일반인들도 이용이 가능하게 된 것이다.
그러면서 인터넷 디스크, 웹 디스크, 웹하드, 파일박스 등 다양한 용어가 생겨나기 시작하였고
현재 가장 많이 사용하는 용어가 웹하드이다.

13 다음 중 개인정보의 분류가 다른 것은?

① 주민등록번호　　　　　　　② 본적지
③ 회사주소　　　　　　　　　④ 성명
⑤ 국적

 일반정보 … 성명, 주민등록번호, 운전면허정보, 주소, 전화번호, 생년월일, 출생지, 본적지, 성별,
국적 등
※ 고용정보 … 고용주, 회사주소, 상관의 이름, 직무수행평가 기록, 훈련기록, 상벌기록 등

14 메신저를 사용하면 얻을 수 있는 장점으로 옳지 않은 것은?

① 인터넷에 접속해 있는지 확인이 가능하므로 응답이 즉시 이루어질 수 있다.

② 컴퓨터로 작업을 하다 중단하고 바로 메시지를 주고받을 수 있다.

③ 여러 사람과 대화가 가능하며 대용량의 동영상 파일의 전송이 가능하다.

④ 뉴스나 증권, 음악 정보 등의 서비스도 제공받을 수 있다.

⑤ 글자뿐 아니라 상황에 맞는 그림 및 이모티콘을 활용할 수 있다.

(Tip) 메신저의 장점으로는 컴퓨터로 작업을 하면서 메시지를 주고받을 수 있다.

15 다음 중 컴퓨터의 기능에 관한 설명으로 옳지 않은 것은?

① 제어기능 : 주기억장치에 저장되어 있는 명령을 해독하여 필요한 장치에 신호를 보내어 자료처리가 이루어지도록 하는 기능이다.

② 기억기능 : 처리 대상으로 입력된 자료와 처리결과로 출력된 정보를 기억하는 기능이다.

③ 연산기능 : 주기억장치에 저장되어 있는 자료들에 대하여 산술 및 논리연산을 행하는 기능이다.

④ 입력기능 : 자료를 처리하기 위해서 필요한 논리연산을 행하는 기능이다.

⑤ 출력기능 : 정보를 활용할 수 있도록 나타내 주는 기능이다.

(Tip) 입력기능은 자료를 처리하기 위해서 필요한 자료를 받아들이는 기능이다.

16 개인정보보호법에 의하여 영상정보처리기기를 설치·운영할 수 없는 경우는?

① 범죄의 수사 및 예방

② 시설안전 및 화재의 예방

③ 불특정다수가 이용하는 시설의 감시

④ 교통정보의 수집·분석 및 제공

⑤ 교통단속을 위해 필요한 경우

(Tip) 개인정보보호법에 따르면 누구든지 불특정 다수가 이용하는 목욕실, 화장실, 발한실, 탈의실 등 개인의 사생활을 현저히 침해할 우려가 있는 장소의 내부를 볼 수 있도록 영상정보처리기기를 설치·운영하여서는 아니 된다고 규정하고 있다.

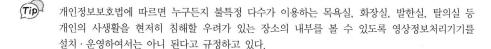

Answer⌐→ 11.④ 12.③ 13.③ 14.② 15.④ 16.③

17 인터넷 익스플로러의 바로가기 키에 대한 설명으로 옳지 않은 것은?

① F11 – 전체화면 표시와 브라우저 창의 기본보기 간의 전환

② F4 – 인쇄할 첫 페이지 미리보기

③ Ctrl + D – 즐겨찾기에 현재 페이지 추가하기

④ Ctrl + Shift + P – InPrivate 브라우징 창 열기

⑤ Ctrl + P – 현재 페이지 인쇄

(Tip) F4 – 주소 입력줄, 히스토리 창 열기

18 검색엔진의 검색 방식으로 볼 수 없는 것은?

① 키워드 검색 방식   ② 주제별 검색 방식

③ 통합형 검색 방식   ④ 문자열 검색 방식

⑤ 메타 검색 방식

(Tip) 검색엔진의 검색 방식으로는 키워드, 주제별, 통합형 검색, 메타 검색 방식이 있다.

19 다음에서 설명하고 있는 웹브라우저는?

> 2014년 11월 출시 10주년을 맞이한 이 웹브라우저는 개인정보보호의 중요성을 강조하며 검색업체나 광고업체가 웹사이트 추적을 중지하도록 요청하는 DNT 기능 및 개인정보를 손쉽게 지울 수 있는 FORGET이란 기능을 제공하고 있다.

① 크롬   ② 구글

③ 파이어폭스   ④ 사파리

⑤ 오페라

 파이어폭스는 미국의 모질라 재단이 출시한 오픈소스 기반의 인터넷 브라우저로, 탭을 이용한 브라우징과 커스팀이 가능한 내장 검색바, 내장 RSS 리더 등의 여러 기술적 진보를 보여주며, 빠르고 안정적이다. 그러나 많은 국내 인터넷 사이트들이 인터넷익스플로러(IE)의 액티브 X를 기반으로 운영되고 있어, 파이어폭스 등의 웹브라우저로는 정상적으로 인터넷 서비스를 이용하기 어려운 경우가 많고, 액티브 X 지원이 부족하다는 단점이 있다.

20 다음에서 설명하는 검색 옵션은 무엇인가?

> 와일드 카드 문자를 키워드로 입력한 단어에 붙여 사용하는 검색으로 어미나 어두를 확장시켜 검색한다.

① 필드 검색
② 절단 검색
③ 구문 검색
④ 자연어 검색
⑤ 음절 검색

 Tip 절단검색은 지정한 검색어를 포함한 문자열을 가진 자료를 모두 검색하는 것으로, 단어의 어미 변화 다양성을 간단하게 축약한다. 일반적으로 *나 %를 많이 사용하며, 특정한 문자열로 시작하는 정보를 찾는지, 특정한 문자열로 끝나는 정보를 찾는지에 따라 후방절단, 전방절단으로 분류한다.

21 우리가 원하는 정보를 검색하고자 할 경우 갖추어야 할 검색기술에 대한 설명으로 옳지 않은 것은?

① 키워드는 구체적이고 자세하게 만드는 것이 좋다.
② 검색엔진별 연산자를 숙지하는 것이 좋다.
③ 원하는 정보를 찾을 수 있도록 적절한 검색엔진을 사용하는 것이 좋다.
④ 검색엔진이 제공하는 결과물에 가중치를 크게 부여하여야 한다.
⑤ 페이지 URL에는 가급적 페이지와 연관된 단어가 들어있는 것이 ID나 또는 이상한 이름의 매개변수가 들어있는 경우보다 좋다.

 Tip 검색엔진이 제시하는 결과물의 가중치를 너무 신뢰하여서는 안된다. 검색엔진 나름대로의 정확성이 높다고 판단되는 데이터를 화면의 상단에 표시하지만 실제 그렇지 않은 경우가 많기 때문에 사용자가 직접 보면서 검색한 자료를 판단하여야 한다.

Answer → 17.② 18.④ 19.③ 20.② 21.④

22 다음은 정보검색 연산자에 대해 정리한 표인데 (   )에 들어갈 기호는 어느 것인가?

기호	연산자	검색 조건
*, &	AND	두 단어가 모두 포함된 문서를 검색
( )	OR	두 단어가 모두 포함되거나, 두 단어 중에서 하나만 포함된 문서를 검색
—, !	NOT	'—'나 '!' 기호 다음에 오는 단어를 포함하지 않는 문서 검색
~, near	인접검색	앞뒤의 단어가 가깝게 인접해 있는 문서를 검색

① @   ② |

③ /   ④ $

⑤ #

 연산자 OR에 해당하는 기호는 '|'이며 두 단어 중에서 하나만 포함되어 있어도 검색해서 결과값으로 보여주게 된다.

23 다음에서 설명하는 소프트웨어는 무엇인가?

> • 쉽게 계산을 수행하는 프로그램이다.
> • 계산 결과를 차트로 표시하여 준다.
> • 문서를 작성하고 편집이 가능하다.
> • 계산, 수식, 차트, 저장, 편집, 인쇄가 가능하다.

① 워드프로세서   ② 프레젠테이션

③ 일러스트레이터   ④ 스프레드시트

⑤ 윈도우 미디어 플레이어

 스프레드시트는 전자계산표 또는 표 계산 프로그램으로 워드프로세서와 같이 문서를 작성하고 편집하는 기능 이외에 수치나 공식을 입력하여 그 값을 계산하고 계산결과를 차트로 표시할 수 있는 프로그램이다.

24 데이터베이스에 대한 설명으로 옳지 않은 것은?

① 정보를 효과적으로 조작하고 효율적인 검색을 할 수 있도록 이용하기 시작한 것이 데이터베이스이다.

② 여러 개의 서로 연관된 파일을 데이터베이스라고 한다.

③ 데이터베이스 관리시스템은 데이터와 파일, 그들의 관계 등을 생성하고 유지하고 검색할 수 있게 해주는 소프트웨어를 말한다.

④ 데이터베이스 파일시스템은 한 번에 한 개의 파일에 대하여 생성, 유지, 검색할 수 있는 소프트웨어이다.

⑤ 한 조직에서 가지는 데이터베이스는 그 조직내의 모든 사람들이 소유하고 유지하며 이용하는 공동 자료로써 각 사용자는 같은 데이터라 할지라도 각자의 응용목적에 따라 다르게 사용할 수 있다.

 파일관리시스템은 한 번에 한 개의 파일에 대해서 생성, 유지, 검색을 할 수 있는 소프트웨어이다.

25 다음 중 Windows 7의 [작업 표시줄 및 시작 메뉴 속성] 창에서 설정할 수 있는 항목으로 옳지 않은 것은?

① 작업 표시줄 항상 위 표시

② 화면에서의 작업 표시줄 위치

③ 시작 메뉴의 사용자 지정

④ 알림 영역의 사용자 지정

⑤ 작업표시줄 단추

 작업 표시줄 및 시작 메뉴 속성
㉠ 작업표시줄의 모양
㉡ 화면에서의 작업 표시줄 위치
㉢ 작업 표시줄 단추
㉣ 알림 영역 사용자 지정
㉤ 시작 메뉴 사용자 지정
㉥ 도구 모음

26 다음 중 차트에 관한 설명으로 옳지 않은 것은?

① 차트를 작성하려면 반드시 원본 데이터가 있어야 하며, 작성된 차트는 원본 데이터가 변경되면 차트의 내용이 함께 변경된다.

② 특정 차트 서식 파일을 자주 사용하는 경우에는 이 서식 파일을 기본 차트로 설정할 수 있다.

③ 차트에 사용될 데이터를 범위로 지정한 후 〈Alt〉+〈F11〉키를 누르면 데이터가 있는 워크시트에 기본 차트인 묶은 세로 막대형 차트가 작성된다.

④ 차트에 두 개 이상의 차트 종류를 사용하여 혼합형 차트를 만들 수 있다.

⑤ 세로 막대형 차트는 시간의 경과에 따른 데이터 변동을 표시하거나 항목별 비교를 나타내는데 유용하다.

> **Tip** F11을 누르는 것은 별도의 차트시트에 기본 차트가 작성되는 것이므로 [ALT +F1]을 눌러야 데이터가 있는 워크시트에 기본 차트가 작성된다.

27 다음과 같은 시트에서 이름에 '철'이라는 글자가 포함된 셀의 서식을 채우기 색 '노랑', 글꼴 스타일 '굵은 기울임꼴'로 변경하고자 한다. 이를 위해 [A2:A7] 영역에 설정한 조건부 서식의 수식 규칙으로 옳은 것은?

	A	B	C	D
1	이름	편집부	영업부	관리부
2	박초롱	89	65	92
3	강원철	69	75	85
4	김수현	75	86	35
5	민수진	87	82	80
6	신해철	55	89	45
7	안진철	98	65	95

① =COUNT(A2, "*철*")   ② =COUNT(A2:A7, "*철*")

③ =COUNTIF(A2, "*철*")   ④ =COUNTIF(A2:A7, "*철*")

⑤ =COUNTIF(B3, "*철*")

> **Tip** =COUNTIF를 입력 후 범위를 지정하면 지정한 범위 내에서 중복값을 찾는다.
> ㉠ COUNT함수 : 숫자가 입력된 셀의 개수를 구하는 함수
> ㉡ COUNTIF함수 : 조건에 맞는 셀의 개수를 구하는 함수
> '철'을 포함한 셀을 구해야 하므로 조건을 구하는 COUNTIF함수를 사용하여야 한다.
> A2행으로부터 한 칸씩 내려가며 '철'을 포함한 셀을 찾아야 하므로 A2만 사용한다.

28 다음 중 컴퓨터 사용 도중 발생하는 문제들을 해결하는 방법으로 옳지 않은 것은?

① 시스템 속도가 느린 경우 : [제어판]-[프로그램 추가/제거]-[Windows 구성 요소 추가/제거]-[인덱스 서비스]를 선택하여 설치한다.

② 네트워크 통신이 되지 않을 경우 : 케이블 연결과 프로토콜 설정을 확인하여 수정한다.

③ 메모리가 부족한 경우 : 메모리를 추가 또는 불필요한 프로그램을 종료한다.

④ 제대로 동작하지 않는 하드웨어가 있을 경우 : 올바른 장치 드라이버를 재 설치한다.

⑤ 컴퓨터 종료 후 재부팅되는 경우 : [제어판]-[시스템 및 보안]-[전원단추 동작변경]-[빠른시작켜기 해제]를 선택한다.

 [인덱스 서비스]는 빠른 속도로 전체 텍스트를 검색할 수 있도록 문서를 찾고, 색인화 하는 서비스로 시스템의 속도는 오히려 조금 줄어들게 되지만 검색 속도는 빨라지는 장점이 있다. [인덱스 서비스]를 설치한다고 하여 시스템 속도가 빨라진다라고 표현하기는 어렵다.

29 다음 중 Windows 7의 [그림판]에서 실행할 수 있는 기능으로 옳지 않은 것은?

① 선택한 영역을 대칭으로 이동시킬 수 있다.

② 그림판에서 그림을 그린 다음 다른 문서에 붙여 넣거나 바탕 화면 배경으로 사용할 수 있다.

③ 선택한 영역의 색을 [색 채우기] 도구를 이용하여 다른 색으로 변경할 수 있다.

④ JPG, GIF, BMP와 같은 그림 파일도 그림판에서 작업할 수 있다.

⑤ 오피스에서 사용하던 다양한 기본 도형들도 사용가능해서 그림을 그릴 때 더욱 풍부한 표현이 가능하다.

 그림판의 기능으로 삽입한 도형은 [색 채우기] 도구로 다른 색으로 변경할 수 있지만 선택한 영역의 색은 [색 채우기] 도구가 비활성화 된다.

30 다음 중 컴퓨터에서 데이터를 표현하기 위한 코드에 관한 설명으로 옳지 않은 것은?

① EBCDIC 코드는 4개의 Zone 비트와 4개의 Digit 비트로 구성되며, 256개의 문자를 표현할 수 있다.

② 표준 BCD 코드는 2개의 Zone 비트와 4개의 Digit 비트로 구성되며, 영문 대문자와 소문자를 포함하여 64개의 문자를 표현할 수 있다.

③ 해밍 코드(Hamming Code)는 잘못된 정보를 체크하고 오류를 검출하여 다시 교정할 수 있는 코드이다.

④ 유니코드는(Unicode)는 전 세계의 모든 문자를 2바이트로 표현하는 국제 표준 코드이다.

⑤ ASCII코드는 7비트의 이진수 조합으로 만들어져 총 128개의 부호를 표현한다.

 표준 BCD 코드는 영문 소문자를 표현할 수 없다.

31 다음에서 설명하고 있는 것은 무엇인가?

> 1945년 폰노이만(Von Neumann, J)에 의해 개발되었다. 프로그램 데이터를 기억장치 안에 기억시켜 놓은 후 기억된 프로그램에 명령을 순서대로 해독하면서 실행하는 방식으로, 오늘날의 컴퓨터 모두에 적용되고 있는 방식이다.

① IC칩 내장방식   ② 송팩 방식
③ 적외선 방식   ④ 프로그램 내장방식
⑤ 네트워크 방식

 제시된 내용은 폰노이만에 의해 소개된 '프로그램 내장방식'이다. 이 개념은 데이터뿐만 아니라 컴퓨터의 명령을 컴퓨터의 내부 기억 장치 내에 기억하는 것으로, 이 명령은 더 빠르게 접근되고, 더 쉽게 변경된다.

32 T회사에서 근무하고 있는 N씨는 엑셀을 이용하여 작업을 하고자 한다. 엑셀에서 바로 가기 키에 대한 설명이 다음과 같을 때 괄호 안에 들어갈 내용으로 알맞은 것은?

> 통합 문서 내에서 (㉠) 키는 다음 워크시트로 이동하고 (㉡) 키는 이전 워크시트로 이동한다.

	㉠	㉡
①	〈Ctrl〉+〈Page Down〉	〈Ctrl〉+〈Page Up〉
②	〈Shift〉+〈Page Down〉	〈Shift〉+〈Page Up〉
③	〈Tab〉+←	〈Tab〉+→
④	〈Alt〉+〈Shift〉+↑	〈Alt〉+〈Shift〉+↓
⑤	〈Ctrl〉+〈Shift〉+〈Page Down〉	〈Ctrl〉+〈Shift〉+〈Page Up〉

Tip 엑셀 통합 문서 내에서 다음 워크시트로 이동하려면 〈Ctrl〉+〈Page Down〉을 눌러야 하며, 이전 워크시트로 이동하려면 〈Ctrl〉+〈Page Up〉을 눌러야 한다.

Answer ⤳ 30.② 31.④ 32.①

33 다음 표에 제시된 통계함수와 함수의 기능이 서로 잘못 짝지어진 것은 어느 것인가?

함수명	기능
㉠ AVERAGEA	텍스트로 나타낸 숫자, 논리 값 등을 포함, 인수의 평균을 구함
㉡ COUNT	인수 목록에서 공백이 아닌 셀과 값의 개수를 구함
㉢ COUNTIFS	범위에서 여러 조건을 만족하는 셀의 개수를 구함
㉣ LARGE(범위, k번째)	범위에서 k번째로 큰 값을 구함
㉤ RANK	지정 범위에서 인수의 순위를 구함

① ㉠   ② ㉡

③ ㉢   ④ ㉣

⑤ ㉤

 'COUNT' 함수는 인수 목록에서 숫자가 들어 있는 셀의 개수를 구할 때 사용되는 함수이며, 인수 목록에서 공백이 아닌 셀과 값의 개수를 구할 때 사용되는 함수는 'COUNTA' 함수이다.

34 다음에서 설명하는 것은?

> 웹사이트의 정보를 그대로 복사하여 관리하는 사이트를 말한다. 방문자가 많은 웹사이트의 경우 네트워크상의 트래픽이 빈번해지기 때문에 접속이 힘들고 속도가 떨어지므로 이런 상황을 방지하기 위해 자신이 가진 정보와 같은 정보를 세계 여러 곳에 복사해 두는 것이다.

① 미러(Mirror) 사이트

② 패밀리(Family) 사이트

③ 페어(Pair) 사이트

④ 서브(Sub) 사이트

⑤ 메인(Main) 사이트

 Mirror site … 다른 사이트의 정보를 거울처럼 그대로 복사하는 사이트를 말한다. 유명한 정보 사이트들은 네트워크에서의 빈번한 트래픽으로 인하여 접속이 안되고 속도가 저하되는데 이를 방지하고 네트워크의 이용효율을 향상시키기 위해 미러 사이트를 사용한다.

35 다음은 업무에 필요한 소프트웨어에 대해 설명한 자료이다. 그런데 빨리 정리하다보니 잘못된 내용이 정리되어 있는 것이 발견되었다. 잘못 설명된 내용은 어느 것인가?

프로그램명	설명
워드프로세서	문서를 작성하고 편집하거나 저장, 인쇄할 수 있는 프로그램 **예** Word, HWP
스프레드시트	대량의 자료를 관리하고 검색하거나 자료 관리를 효과적으로 하게 하는 프로그램 **예** 오라클, Access
프레젠테이션	각종 정보를 사용자 또는 다수의 대상에게 시각적으로 전달하는데 적합한 프로그램 **예** Power Point, 프리랜스 그래픽스
그래픽 소프트웨어	새로운 그림을 그리거나 그림 또는 사진 파일을 불러와 편집하는 프로그램 **예** 포토샵, 일러스트레이터, 3DS MAX
유틸리티	사용자가 컴퓨터를 효과적으로 사용하는데 도움이 되는 프로그램 **예** 파일 압축 유틸리티, 바이러스 백신, 동영상 재생 프로그램

① 워드프로세서　　　　　　　② 스프레드시트
③ 프레젠테이션　　　　　　　④ 그래픽 소프트웨어
⑤ 유틸리티

 스프레드시트는 계산프로그램으로 워드프로세서 기능 이외에도 수치나 공식을 입력하여 그 값을 계산하고 계산 결과를 표나 차트로 나타낼 수 있는 프로그램으로 대표적으로 Excel이 해당된다.

05 조직이해능력

1 조직과 개인

(1) 조직

① 조직과 기업
  ㉠ 조직 : 두 사람 이상이 공동의 목표를 달성하기 위해 의식적으로 구성된 상호작용과 조정을 행하는 행동의 집합체
  ㉡ 기업 : 노동, 자본, 물자, 기술 등을 투입하여 제품이나 서비스를 산출하는 기관

② 조직의 유형

기준	구분	예
공식성	공식조직	조직의 규모, 기능, 규정이 조직화된 조직
	비공식조직	인간관계에 따라 형성된 자발적 조직
영리성	영리조직	사기업
	비영리조직	정부조직, 병원, 대학, 시민단체
조직규모	소규모 조직	가족 소유의 상점
	대규모 조직	대기업

(2) 경영

① 경영의 의미 : 경영은 조직의 목적을 달성하기 위한 전략, 관리, 운영활동이다.

② 경영의 구성요소
  ㉠ 경영목적 : 조직의 목적을 달성하기 위한 방법이나 과정
  ㉡ 인적자원 : 조직의 구성원·인적자원의 배치와 활용
  ㉢ 자금 : 경영활동에 요구되는 돈·경영의 방향과 범위 한정
  ㉣ 경영전략 : 변화하는 환경에 적응하기 위한 경영활동 체계화

③ 경영자의 역할

대인적 역할	정보적 역할	의사결정적 역할
• 조직의 대표자 • 조직의 리더 • 상징자, 지도자	• 외부환경 모니터 • 변화전달 • 정보전달자	• 문제 조정 • 대외적 협상 주도 • 분쟁조정자, 자원배분자, 협상가

(3) 조직체제 구성요소

① **조직목표** : 전체 조직의 성과, 자원, 시장, 인력개발, 혁신과 변화, 생산성에 대한 목표

② **조직구조** : 조직 내의 부문 사이에 형성된 관계

③ **조직문화** : 조직구성원들 간에 공유하는 생활양식이나 가치

④ **규칙 및 규정** : 조직의 목표나 전략에 따라 수립되어 조직구성원들이 활동범위를 제약하고 일관성을 부여하는 기능

예제 1

주어진 글의 빈칸에 들어갈 말로 가장 적절한 것은?

조직이 지속되게 되면 조직구성원들 간 생활양식이나 가치를 공유하게 되는데 이를 조직의 (㉠)라고 한다. 이는 조직구성원들의 사고와 행동에 영향을 미치며 일체감과 정체성을 부여하고 조직이 (㉡)으로 유지되게 한다. 최근 이에 대한 중요성이 부각되면서 긍정적인 방향으로 조성하기 위한 경영층의 노력이 이루어지고 있다.

① ㉠ : 목표, ㉡ : 혁신적   ② ㉠ : 구조, ㉡ : 단계적

③ ㉠ : 문화, ㉡ : 안정적   ④ ㉠ : 규칙, ㉡ : 체계적

[출제의도]
본 문항은 조직체계의 구성요소들의 개념을 묻는 문제이다.
[해설]
조직문화란 조직구성원들 간에 공유하게 되는 생활양식이나 가치를 말한다. 이는 조직구성원들의 사고와 행동에 영향을 미치며 일체감과 정체성을 부여하고 조직이 안정적으로 유지되게 한다.

답 ③

---

(4) 조직변화의 과정

환경변화 인지 → 조직변화 방향 수립 → 조직변화 실행 → 변화결과 평가

(5) 조직과 개인

개인	지식, 기술, 경험 → ← 연봉, 성과급, 인정, 칭찬, 만족감	조직

(1) 경영이해능력

① 경영 : 경영은 조직의 목적을 달성하기 위한 전략, 관리, 운영활동이다.

　㉠ 경영의 구성요소 : 경영목적, 인적자원, 자금, 전략

　㉡ 경영의 과정

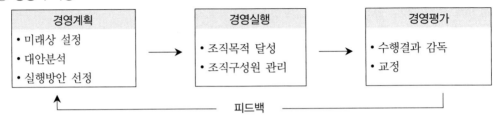

　㉢ 경영활동 유형

　　• 외부경영활동 : 조직외부에서 조직의 효과성을 높이기 위해 이루어지는 활동이다.

　　• 내부경영활동 : 조직내부에서 인적, 물적 자원 및 생산기술을 관리하는 것이다.

② 의사결정과정

　㉠ 의사결정의 과정

　　• 확인 단계 : 의사결정이 필요한 문제를 인식한다.

　　• 개발 단계 : 확인된 문제에 대하여 해결방안을 모색하는 단계이다.

　　• 선택 단계 : 해결방안을 마련하며 실행가능한 해결안을 선택한다.

　㉡ 집단의사결정의 특징

　　• 지식과 정보가 더 많아 효과적인 결정을 할 수 있다.

　　• 다양한 견해를 가지고 접근할 수 있다.

　　• 결정된 사항에 대하여 의사결정에 참여한 사람들이 해결책을 수월하게 수용하고, 의사소통의 기회도 향상된다.

　　• 의견이 불일치하는 경우 의사결정을 내리는데 시간이 많이 소요된다.

　　• 특정 구성원에 의해 의사결정이 독점될 가능성이 있다.

③ 경영전략

　㉠ 경영전략 추진과정

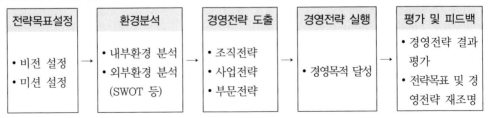

ⓛ 마이클 포터의 본원적 경쟁전략

<table>
<tr><td colspan="2" rowspan="2"></td><td colspan="2">전략적 우위 요소</td></tr>
<tr><td>고객들이 인식하는 제품의 특성</td><td>원가우위</td></tr>
<tr><td rowspan="3">전략적
목표</td><td>산업전체</td><td>차별화</td><td>원가우위</td></tr>
<tr><td rowspan="2">산업의
특정부문</td><td colspan="2">집중화</td></tr>
<tr><td>(차별화 + 집중화)</td><td>(원가우위 + 집중화)</td></tr>
</table>

예제 2

다음은 경영전략을 세우는 방법 중 하나인 SWOT에 따른 어느 기업의 분석 결과이다. 다음 중 주어진 기업 분석 결과에 대응하는 전략은?

강점(Strength)	• 차별화된 맛과 메뉴 • 폭넓은 네트워크
약점(Weakness)	• 매출의 계절적 변동폭이 큼 • 딱딱한 기업 이미지
기회(Opportunity)	• 소비자의 수요 트렌드 변화 • 가계의 외식 횟수 증가 • 경기회복 가능성
위협(Threat)	• 새로운 경쟁자의 진입 가능성 • 과도한 가계부채

내부환경 외부환경	강점(Strength)	약점(Weakness)
기회 (Opportunity)	① 계절 메뉴 개발을 통한 분기 매출 확보	② 고객의 소비패턴을 반영한 광고를 통한 이미지 쇄신
위협 (Threat)	③ 소비 트렌드 변화를 반영한 시장 세분화 정책	④ 고급화 전략을 통한 매출 확대

[출제의도]
본 문항은 조직이해능력의 하위 능력인 경영관리능력을 측정하는 문제이다. 기업에서 경영전략을 세우는데 많이 사용되는 SWOT분석에 대해 이해하고 주어진 분석표를 통해 가장 적절한 경영전략을 도출할 수 있는지를 확인할 수 있다.
[해설]
② 딱딱한 이미지를 현재 소비자의 수요 트렌드라는 환경 변화에 대응하여 바꿀 수 있다.

답 ②

---

④ 경영참가제도

㉠ 목적

• 경영의 민주성을 제고할 수 있다.
• 공동으로 문제를 해결하고 노사 간의 세력 균형을 이룰 수 있다.
• 경영의 효율성을 제고할 수 있다.
• 노사 간 상호 신뢰를 증진시킬 수 있다.

ⓛ 유형
- 경영참가 : 경영자의 권한인 의사결정과정에 근로자 또는 노동조합이 참여하는 것
- 이윤참가 : 조직의 경영성과에 대하여 근로자에게 배분하는 것
- 자본참가 : 근로자가 조직 재산의 소유에 참여하는 것

예제 3

다음은 중국의 H사에서 시행하는 경영참가제도에 대한 기사이다. 밑줄 친 이 제도는 무엇인가?

> H사는 '사람' 중심의 수평적 기업문화가 발달했다. H사는 <u>이 제도</u>의 시행을 통해 직원들이 경영에 간접적으로 참여할 수 있게 하였는데 이에 따라 자연스레 기업에 대한 직원들의 책임 의식도 강화됐다. 참여주주는 8만2471명이다. 모두 H사의 임직원이며, 이 중 창립자인 CEO R은 개인 주주로 총 주식의 1.18%의 지분과 퇴직연금으로 주식총액의 0.21%만을 보유하고 있다.

① 노사협의회제도   ② 이윤분배제도
③ 종업원지주제도   ④ 노동주제도

---

(2) 조직체제이해능력

① **조직목표** : 조직이 달성하려는 장래의 상태
  ㉠ 조직목표의 기능
- 조직이 존재하는 정당성과 합법성 제공
- 조직이 나아갈 방향 제시
- 조직구성원 의사결정의 기준
- 조직구성원 행동수행의 동기유발
- 수행평가 기준
- 조직설계의 기준

  ㉡ 조직목표의 특징
- 공식적 목표와 실제적 목표가 다를 수 있음
- 다수의 조직목표 추구 가능
- 조직목표 간 위계적 상호관계가 있음
- 가변적 속성
- 조직의 구성요소와 상호관계를 가짐

② 조직구조

　　㉠ 조직구조의 결정요인 : 전략, 규모, 기술, 환경

　　㉡ 조직구조의 유형과 특징

유형	특징
기계적 조직	• 구성원들의 업무가 분명하게 규정 • 엄격한 상하 간 위계질서 • 다수의 규칙과 규정 존재
유기적 조직	• 비공식적인 상호의사소통 • 급변하는 환경에 적합한 조직

③ 조직문화 : 한 조직체의 구성원들이 공유하고 있는 가치관과 신념, 관습, 규범과 전통 및 지식과 기술 등을 모두 포함한 종합적인 상태를 말한다.

　　㉠ 조직문화 기능

　　• 조직구성원들에게 일체감, 정체성 부여

　　• 조직몰입 향상

　　• 조직구성원들의 행동지침 : 사회화 및 일탈행동 통제

　　• 조직의 안정성 유지

　　㉡ 조직문화 구성요소(7S) : 공유가치(Shared Value), 리더십 스타일(Style), 구성원(Staff), 제도 · 절차(System), 구조(Structure), 전략(Strategy), 스킬(Skill)

④ 조직 내 집단

　　㉠ 공식적 집단 : 조직에서 의식적으로 만든 집단으로 집단의 목표, 임무가 명확하게 규정되어 있다.

　　　예 임시위원회, 작업팀 등

　　㉡ 비공식적 집단 : 조직구성원들의 요구에 따라 자발적으로 형성된 집단이다.

　　　예 스터디모임, 봉사활동 동아리, 각종 친목회 등

(3) 업무이해능력

① 업무 : 업무는 상품이나 서비스를 창출하기 위한 생산적인 활동이다.

⊙ 업무의 종류

부서	업무(예)
총무부	주주총회 및 이사회개최 관련 업무, 의전 및 비서업무, 집기비품 및 소모품의 구입과 관리, 사무실 임차 및 관리, 차량 및 통신시설의 운영, 국내외 출장 업무 협조, 복리후생 업무, 법률자문과 소송관리, 사내외 홍보 광고업무
인사부	조직기구의 개편 및 조정, 업무분장 및 조정, 인력수급계획 및 관리, 직무 및 정원의 조정 종합, 노사관리, 평가관리, 상벌관리, 인사발령, 교육체계 수립 및 관리, 임금제도, 복리후생제도 및 지원업무, 복무관리, 퇴직관리
기획부	경영계획 및 전략 수립, 전사기획업무 종합 및 조정, 중장기 사업계획의 종합 및 조정, 경영정보 조사 및 기획보고, 경영진단업무, 종합예산수립 및 실적관리, 단기사업계획 종합 및 조정, 사업계획, 손익추정, 실적관리 및 분석
회계부	회계제도의 유지 및 관리, 재무상태 및 경영실적 보고, 결산 관련 업무, 재무제표분석 및 보고, 법인세, 부가가치세, 국세 지방세 업무자문 및 지원, 보험가입 및 보상업무, 고정자산 관련 업무
영업부	판매 계획, 판매예산의 편성, 시장조사, 광고 선전, 견적 및 계약, 제조지시서의 발행, 외상매출금의 청구 및 회수, 제품의 재고 조절, 거래처로부터의 불만처리, 제품의 애프터서비스, 판매원가 및 판매가격의 조사 검토

예제 4

다음은 I기업의 조직도와 팀장님의 지시사항이다. H씨가 팀장님의 심부름을 수행하기 위해 연락해야 할 부서로 옳은 것은?

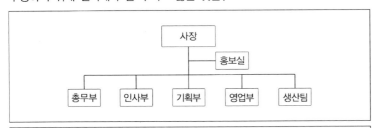

H씨! 내가 지금 너무 바빠서 그러는데 부탁 좀 들어줄래요? 다음 주 중에 사장님 모시고 클라이언트와 만나야 할 일이 있으니까 사장님 일정을 확인해주시구요. 이번 달에 신입사원 교육·훈련계획이 있었던 것 같은데 정확한 시간이랑 날짜를 확인해주세요.

① 총무부, 인사부

② 총무부, 홍보실

③ 기획부, 총무부

④ 영업부, 기획부

[출제의도]
조직도와 부서의 명칭을 보고 개략적인 부서의 소관 업무를 분별할 수 있는지를 묻는 문항이다.
[해설]
사장의 일정에 관한 사항은 비서실에서 관리하나 비서실이 없는 회사의 경우 총무부(또는 팀)에서 비서업무를 담당하기도 한다. 또한 신입사원 관리 및 교육은 인사부에서 관리한다.

답 ①

ⓒ 업무의 특성

- 공통된 조직의 목적 지향
- 요구되는 지식, 기술, 도구의 다양성
- 다른 업무와의 관계, 독립성
- 업무수행의 자율성, 재량권

② 업무수행 계획

ⓐ 업무지침 확인 : 조직의 업무지침과 나의 업무지침을 확인한다.

ⓑ 활용 자원 확인 : 시간, 예산, 기술, 인간관계

ⓒ 업무수행 시트 작성

- 간트 차트 : 단계별로 업무의 시작과 끝 시간을 바 형식으로 표현
- 워크 플로 시트 : 일의 흐름을 동적으로 보여줌
- 체크리스트 : 수행수준 달성을 자가점검

  Point 》 간트 차트와 플로 차트

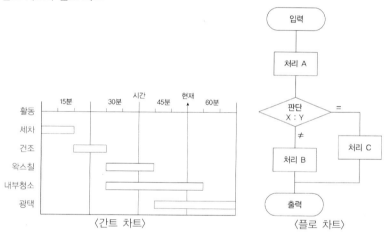

〈간트 차트〉　　　　　〈플로 차트〉

다음 중 업무수행 시 단계별로 업무를 시작해서 끝나는 데까지 걸리는 시간을 바 형식으로 표시하여 전체 일정 및 단계별로 소요되는 시간과 각 업무활동 사이의 관계를 볼 수 있는 업무수행 시트는?

① 간트 차트
② 워크 플로 차트
③ 체크리스트
④ 퍼트 차트

[출제의도]
업무수행 계획을 수립할 때 간트 차트, 워크 플로 시트, 체크리스트 등의 수단을 이용하면 효과적으로 계획하고 마지막에 급하게 일을 처리하지 않고 주어진 시간 내에 끝마칠 수 있다. 본 문항은 그러한 수단이 되는 차트들의 이해도를 묻는 문항이다.

[해설]
② 일의 절차 처리의 흐름을 표현하기 위해 기호를 써서 도식화한 것
③ 업무를 세부적으로 나누고 각 활동별로 수행수준을 달성했는지를 확인하는 데 효과적
④ 하나의 사업을 수행하는 데 필요한 다수의 세부사업을 단계와 활동으로 세분하여 관련된 계획 공정으로 묶고, 각 활동의 소요시간을 낙관시간, 최가능시간, 비관시간 등 세 가지로 추정하고 이를 평균하여 기대시간을 추정

답 ①

③ 업무 방해요소
　㉠ 다른 사람의 방문, 인터넷, 전화, 메신저 등
　㉡ 갈등관리
　㉢ 스트레스

(4) 국제감각능력

① 세계화와 국제경영
　㉠ 세계화 : 3Bs(국경 ; Border, 경계 ; Boundary, 장벽 ; Barrier)가 완화되면서 활동범위가 세계로 확대되는 현상이다.
　㉡ 국제경영 : 다국적 내지 초국적 기업이 등장하여 범지구적 시스템과 네트워크 안에서 기업 활동이 이루어지는 것이다.

② 이문화 커뮤니케이션 : 서로 상이한 문화 간 커뮤니케이션으로 직업인이 자신의 일을 수행하는 가운데 문화배경을 달리하는 사람과 커뮤니케이션을 하는 것이 이에 해당한다. 이문화 커뮤니케이션은 언어적 커뮤니케이션과 비언어적 커뮤니케이션으로 구분된다.

③ 국제 동향 파악 방법

    ㉠ 관련 분야 해외사이트를 방문해 최신 이슈를 확인한다.

    ㉡ 매일 신문의 국제면을 읽는다.

    ㉢ 업무와 관련된 국제잡지를 정기구독 한다.

    ㉣ 고용노동부, 한국산업인력공단, 산업통상자원부, 중소기업청, 상공회의소, 산업별인적자
원개발협의체 등의 사이트를 방문해 국제동향을 확인한다.

    ㉤ 국제학술대회에 참석한다.

    ㉥ 업무와 관련된 주요 용어의 외국어를 알아둔다.

    ㉦ 해외서점 사이트를 방문해 최신 서적 목록과 주요 내용을 파악한다.

    ㉧ 외국인 친구를 사귀고 대화를 자주 나눈다.

④ 대표적인 국제매너

    ㉠ 미국인과 인사할 때에는 눈이나 얼굴을 보는 것이 좋으며 오른손으로 상대방의 오른손
을 힘주어 잡았다가 놓아야 한다.

    ㉡ 러시아와 라틴아메리카 사람들은 인사할 때에 포옹을 하는 경우가 있는데 이는 친밀함
의 표현이므로 자연스럽게 받아주는 것이 좋다.

    ㉢ 명함은 받으면 꾸기거나 계속 만지지 않고 한 번 보고나서 탁자 위에 보이는 채로 대화
하거나 명함집에 넣는다.

    ㉣ 미국인들은 시간 엄수를 중요하게 생각하므로 약속시간에 늦지 않도록 주의한다.

    ㉤ 스프를 먹을 때에는 몸쪽에서 바깥쪽으로 숟가락을 사용한다.

    ㉥ 생선요리는 뒤집어 먹지 않는다.

    ㉦ 빵은 스프를 먹고 난 후부터 디저트를 먹을 때까지 먹는다.

05 출제예상문제

1 전기안전관리 대행업체의 인사팀 직원 K는 다음의 기준에 의거하여 직원들의 자격증 취득 전후 경력을 산정하려고 한다. 다음 중 K가 산정한 경력 중 옳은 것을 모두 고르면?

〈전기안전관리자 경력 조건 인정 범위〉

조건	인정 범위
1. 자격 취득 후 경력 기간 100% 인정	• 전력시설물의 설계 · 공사 · 감리 · 유지보수 · 관리 · 진단 · 점검 · 검사에 관한 기술업무 • 전력기술 관련 단체 · 업체 등에서 근무한 자의 전력기술에 관한 업무
2. 자격 취득 후 경력 기간 80% 인정	• 「전기용품안전관리법」에 따른 전기용품의 설계 · 제조 · 검사 등의 기술업무 • 「산업안전보건법」에 따른 전기분야 산업안전 기술업무 • 건설관련법에 의한 전기 관련 기술업무 • 전자 · 통신관계법에 의한 전기 · 전자통신기술에 관한 업무
3. 자격 취득 전 경력 기간 50% 인정	1.의 각목 규정에 의한 경력
사원 甲	• 2001.1.1~2005.12.31 전기 안전기술 업무 • 2015.10.31 전기산업기사 자격 취득
사원 乙	• 2010.1.1~2012.6.30 전기부품제조 업무 • 2009.10.31 전기기사 자격 취득
사원 丙	• 2011.5.1~2012.7.31 전자통신기술 업무 • 2011.3.31 전기기능장 자격 취득
사원 丁	• 2013.1.1~2014.12.31 전기검사 업무 • 2015.7.31 전기기사 자격 취득

㉠ 甲 : 전기산업기사로서 경력 5년
㉡ 乙 : 전기기사로서 경력 1년
㉢ 丙 : 전기기능장으로서 경력 1년
㉣ 丁 : 전기기사로서 경력 1년

① ㉠, ㉡　　　　　　　　　　　　② ㉠, ㉢

③ ㉡, ㉢　　　　　　　　　　　　④ ㉢, ㉣

⑤ ㉡, ㉣

 ㉢ 2의 '전자·통신관계법에 의한 전기·전자통신기술에 관한 업무'에 해당하므로 丙은 자격 취득 후 경력 기간 15개월 중 80%인 12개월을 인정받는다.

㉣ 1의 '전력시설물의 설계·공사·감리·유지보수·관리·진단·점검·검사에 관한 기술업무'에 해당하므로 丁은 자격 취득 전 경력 기간 2년의 50%인 1년을 인정받는다.

2　다음은 기술보증기금의 조직현황이다. 기술보증기금에 대한 설명으로 가장 옳지 않은 것은?

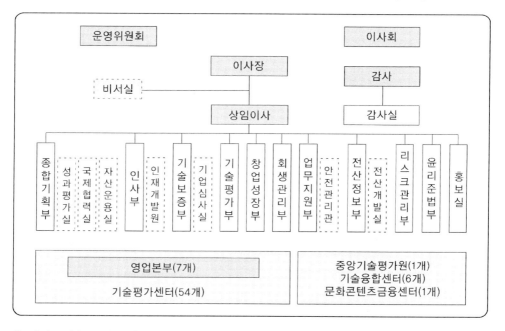

① 본점조직은 10부 2실(6부속실 1원)로 구성되어 있다.

② 자산운용실은 종합기획부에 속한다.

③ 감사실은 이사장 소속이다.

④ 기술보증기금의 영업본부는 7개이다.

⑤ 인재개발원은 인사부에 속한다.

 ③ 감사실은 독립되어 있다.

3 다음의 사례는 장례식장에서의 조문에 관한 것이다. 각 밑줄 친 부분에 관련한 내용을 고친 것으로 바르지 않은 것을 고르면?

　　얼마 전 지인의 어머님이 돌아가셔서 장례식장을 찾은 A씨. 그는 유독 장례식장만 들어서면 긴장을 한다. 장례식장을 찾는 것도 조심스러운데 그곳에서 어떻게 행동하고 말을 해야 할 지에 대해서도 별다른 지식이 없기 때문이다. 그렇다고 부의금만 내고 휑하니 돌아갈 수도 없는 일. 어설프게나마 상주와 고인에게 예를 표하고 돌아서지만 '혹시나 실수를 하지 않았나' 하는 찜찜한 마음이 생기는 것은 어쩔 수 없다.

① 올바른 조문복장
　　조문을 할 때 남자는 검정색 양복에 흰 와이셔츠, 검정넥타이를 매는 것이 일반적이다.
② 장례식장 인사 예절
　　장례식장 복도 등에서 동료, 지인 등을 만났을 때는 가볍게 목례를 하는 것이 좋다.
③ 헌화 꽃의 올바른 방향
　　꽃은 받는 사람이 향기를 맡을 수 있도록 봉우리 방향으로 전달하는 것이 일반적이다.
④ 상복을 입지 않은 상주
　　부고 소식을 접하고 첫째 날 장례식장에 조문을 갔다가 상주가 상복을 입고 있지 않은 경우를 목격하곤 한다.
⑤ 술자리 예절
　　장례식장에서 배부르게 먹을 일은 없지만 자리를 지키며 반주를 먹게 되는 경우가 있다.

---

① 검정색 양복이 준비되지 않았을 경우 어두운 톤의 옷을 입어도 실례가 되지 않는다.
② 상주와 대면을 할 때는 '얼마나 상심이 크십니까', '뭐라 위로해 드릴 말씀이 없습니다.'와 같이 예의 바른 표현이 좋다.
③ 장례식장에서도 꽃의 봉우리가 고인의 영정으로 향하도록 하는 것이 맞다.
④ 이러한 경우는 상주가 조문예절을 모르는 것이 아니라 아직 고인을 입관하지 않았다는 뜻으로 보면 된다.
⑤ 분위기를 밝히기 위해 주변에 앉은 사람과 술잔을 부딪치는 것이 좋다.

> (Tip) 잔을 부딪치는 것은 무엇인가를 축하하거나 기뻐할 때 행하는 의식이다. 때문에 장례식장에서는 잔을 부딪치거나 구호를 외치는 일 없이 고인과 상주를 위로하는 마음으로 마시는 것이 좋다. 즉, 빈소에서는 술잔을 부딪치는 행위를 해서는 안 되는데, 빈소 조문 시는 엄숙한 자리이기 때문에 술잔을 부딪치는 행위를 해서는 안 된다.

4 아래 제시된 두 개의 조직도에 해당하는 조직의 특성을 올바르게 설명하지 못한 것은 어느 것인가?

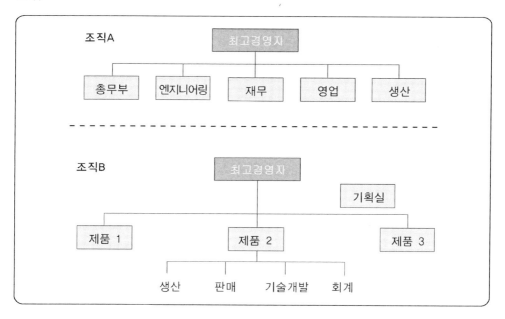

① 조직의 내부 효율성을 중요시하는 작은 규모 조직에서는 조직 A와 같은 조직도가 적합하다.

② 조직 A와 같은 조직도를 가진 조직은 결재 라인이 짧아 보다 신속한 의사결정이 가능하다.

③ 주요 프로젝트나 생산 제품 등에 의하여 구분되는 업무가 많은 조직에서는 조직 B와 같은 조직도가 적합하다.

④ 조직 B와 같은 조직도를 가진 조직은 내부 경쟁보다는 유사 조직 간의 협력과 단결된 업무 능력을 발휘하기에 더 적합하다.

⑤ 조직 A는 기능적 조직구조를 가진 조직이며, 조직 B는 사업별 조직구조를 가진 조직이다.

 조직 B와 같은 조직도를 가진 조직은 사업이나 제품별로 단위 조직화되는 경우가 많아 사업조직별 내부 경쟁을 통해 긍정적인 발전을 도모할 수 있다. 환경이 안정적이거나 일상적인 기술, 조직의 내부 효율성을 중요시하며 기업의 규모가 작을 때에는 업무의 내용이 유사하고 관련성이 있는 것들을 결합해서 조직 A와 같은 조직도를 갖게 된다. 반대로, 급변하는 환경변화에 효과적으로 대응하고 제품, 지역, 고객별 차이에 신속하게 적응하기 위해서는 분권화된 의사결정이 가능한 사업별 조직구조 형태를 이룰 필요가 있다. 사업별 조직구조는 개별 제품, 서비스, 제품그룹, 주요 프로젝트나 프로그램 등에 따라 조직화된다. 즉, 조직 B와 같이 제품에 따라 조직이 구성되고 각 사업별 구조 아래 생산, 판매, 회계 등의 역할이 이루어진다.

Answer 3.⑤ 4.④

5 다음은 국제적 매너 중 하나인 악수에 대한 내용이다. 악수의 사례를 읽고 이를 분석한 내용으로 바르지 않은 것을 고르면?

국내에서도 번역 출간된 초오신타의 '세계의 인사법'이란 책에는 여러 나라 여러 민족의 다양한 인사법이 나온다. 포옹, 가벼운 키스, 서로 코를 맞대는 뉴질랜드 마오리족의 인사에서부터 반가움의 표시로 상대방의 발에 침을 뱉는 아프리카 키유크족의 인사까지 우리 관점에서 보면 기상천외한 인사법이 참으로 많다. 인사는 반가움을 표시하는 형식화되고 관습화된 행위다.

나라마다 문화마다 독특한 형식의 인사가 많지만 전 세계적으로 통용되는 가장 보편적인 인사법을 꼽으라면 역시 악수일 것이다. 악수는 원래 신(神)이 지상의 통치자에게 권력을 넘겨주는 의식에서 유래했다고 한다. 이것은 이집트어의 '주다'라는 동사에 잘 나타나 있는데, 상형문자로 쓰면 손을 내민 모양이 된다고 한다.

먼저 악수할 때는 반갑게 인사말을 건네며 적극적인 자세로 서로 손을 잡고 흔든다. 이 악수는 신체적 접촉으로 이루어지는 적극적이고 활달한 인사이므로 만약 지나치게 손을 흔든다거나, 힘없이 손끝만 살짝 쥐고 흔드는 시늉만 한다면 상대방은 몹시 불쾌해질 수 있다. 서양에서는 이런 행동을 "죽은 물고기 꼬리를 잡고 흔든다"고 말하며 모욕적인 행동으로 간주한다. 군대 내에서는 상관과 악수할 때 손에 힘을 빼라는 예법이 있다. 그것은 군대 내에서만 적용되는 악수법이니 외부인과 악수할 때에는 연하자라도 약간의 에너지를 주고 흔들면 된다. 다만, 연장자보다 힘을 덜 주면 되는 것이다.

원래 악수는 허리를 펴고 한 손으로 당당하게 나누는 인사다. 서양에서는 대통령이나 왕족을 대하는 경우에만 머리를 살짝 숙여 충성을 표시하는 데 반해, 우리나라에서는 지나치게 허리를 굽혀 악수를 하는 장면이 많이 보이는데 이는 세계적으로 통용되는 정통 악수법의 관점에서는 옳지 않다. 우리나라의 악수는 서양과 달리 절과 악수의 혼합형처럼 쓰이고 있으므로 웃어른이나 상사와 악수를 나눌 때는 왼손으로 오른쪽 팔을 받치고 고개를 약간 숙인 채 악수를 하는 것이 좋다. 그렇더라도 지나치게 허리까지 굽힌다면, 보기에도 좋지 않을뿐더러 마치 아부하는 것처럼 보일 수도 있으므로 이런 모습은 보이지 않도록 한다.

악수는 여성이 남성에게 먼저 청하는 것이 에티켓이며, 같은 맥락으로 연장자가 연소자에게, 상급자가 하급자에게 청하는 것이 옳은 방법이다. 때론 장난기 많은 사람들 중에 악수를 나누며 손가락으로 장난을 치는 사람들도 있는데, 세계화의 시대에 이런 모습은 사라져야겠다.

① 악수할 때에는 허리를 꼿꼿이 세워 대등하게 악수를 해야 한다.
② 웃어른의 뜻에 의해 악수, 또는 황송하다고 생각해서 허리를 많이 굽히거나 또는 두 손으로 감싸는 것은 상당히 매너 있는 행위이다.
③ 악수 시에는 손윗사람 (연장자)이 손아랫사람에게 손을 내민다.
④ 여성이 남성에게 손을 내민다.
⑤ 악수를 하면서 상대의 눈을 바라보아야 한다.

웃어른의 뜻에 의해 악수, 또는 황송하다고 생각해서 두 손으로 감싸는 것은 좋지 않다. 악수는 대등하게 서로를 존중하는 것인데, 이는 오히려 상대에 대해서 비굴해 보일 수 있기 때문이다.

6 다음 사례에서와 같은 조직 문화의 긍정적인 기능이라고 보기 어려운 것은 어느 것인가?

> 영업3팀은 팀원 모두가 야구광이다. 신 부장은 아들이 고교 야구선수라서 프로 선수를 꿈꾸는 아들을 위해 야구광이 되었다. 남 차장은 큰 딸이 프로야구 D팀의 한 선수를 너무 좋아하여 주말에 딸과 야구장을 가려면 자신부터 야구팬이 되지 않을 수 없다. 이 대리는 고등학교 때까지 야구 선수 생활을 했었고, 요즘 젊은 친구답지 않게 승현 씨는 야구를 게임보다 좋아한다. 영업3팀 직원들의 취향이 이렇다 보니 팀 여기저기엔 야구 관련 장식품들이 쉽게 눈에 띄고, 점심시간과 티타임에 나누는 대화는 온통 야구 이야기이다. 다른 부서에서는 우스갯소리로 야구를 좋아하지 않으면 아예 영업3팀 근처에 얼씬거릴 생각도 말라고 할 정도다.
>
> 부서 회식이나 단합대회를 야구장에서 하는 것은 물론이고 주말에도 식사 내기, 입장권 내기 등으로 직원들은 거의 매일 야구에 묻혀 산다. 영업3팀은 현재 인사처 자료에 의하면 사내에서 부서 이동률이 가장 낮은 조직이다.

① 구성원들에게 일체감과 정체성을 부여한다.
② 조직이 변해야 할 시기에 일치단결된 모습을 보여준다.
③ 조직의 몰입도를 높여준다.
④ 조직의 안정성을 가져온다.
⑤ 조직원들 간의 협동심을 높이고 갈등을 해소시킬 수 있다.

 조직문화는 조직의 방향을 결정하고 존속하게 하는데 중요한 요인이지만, 개성 있고 강한 조직문화는 다양한 조직구성원들의 의견을 받아들일 수 없거나, 조직이 변화해야 할 시기에 장애요인으로 작용하기도 한다.

7 다음은 관리조직의 일반적인 업무내용을 나타내는 표이다. 다음 표를 참고할 때, C대리가 〈보기〉와 같은 업무를 처리하기 위하여 연관되어 있는 팀만으로 나열된 것은 어느 것인가?

부서명	업무내용
총무팀	집기비품 및 소모품의 구입과 관리, 사무실 임차 및 관리, 차량 및 통신시설의 운영, 국내외 출장 업무 협조, 사내외 홍보 광고업무, 회의실 및 사무 공간 관리, 사내·외 행사 주관
인사팀	조직기구의 개편 및 조정, 업무분장 및 조정, 인력수급계획 및 관리, 노사관리, 평가관리, 상벌관리, 인사발령, 교육체계 수립 및 관리, 임금제도, 복리후생제도 및 지원업무, 복무관리, 퇴직관리
기획팀	경영계획 및 전략 수립, 전사기획업무 종합 및 조정, 경영정보 조사 및 기획보고, 경영진단업무, 종합예산수립 및 실적관리, 단기사업계획 종합 및 조정, 사업계획, 손익추정, 실적관리 및 분석
외환팀	수출입 외화자금 회수, 외환 자산 관리 및 투자, 수출 물량 해상 보험 업무, 직원 외환업무 관련 교육 프로그램 시행, 영업활동에 따른 환차손익 관리 및 손실 최소화 방안 강구
회계팀	회계제도의 유지 및 관리, 재무상태 및 경영실적 보고, 결산 관련 업무, 재무제표 분석 및 보고, 법인세, 부가가치세, 국세 지방세 업무자문 및 지원, 보험가입 및 보상업무, 고정자산 관련 업무

〈보기〉

C대리는 오늘 매우 바쁜 하루를 보내야 한다. 항공사의 파업으로 비행 일정이 아직 정해지지 않아 이틀 후로 예정된 출장이 확정되지 않고 있다. 일정 확정 통보를 받는 즉시 지사와 연락을 취해 현지 거래처와의 미팅 일정을 논의해야 한다. 또한, 지난 주 퇴직한 선배사원의 퇴직금 정산 내역을 확인하여 이메일로 자료를 전해주기로 하였다. 오후에는 3/4분기 사업계획 관련 전산입력 담당자 회의에 참석하여야 하며, 이를 위해 회의 전 전년도 실적 관련 자료를 입수해 확인해 두어야 한다.

① 인사팀, 기획팀, 외환팀

② 총무팀, 기획팀, 회계팀

③ 총무팀, 인사팀, 외환팀, 회계팀

④ 총무팀, 인사팀, 기획팀, 회계팀

⑤ 총무팀, 인사팀, 기획팀, 외환팀

 출장을 위한 항공 일정 확인 및 확정 업무는 총무팀의 협조가 필요하며, 퇴직자의 퇴직금 정산 내역은 인사팀의 협조가 필요하다. 사업계획 관련 회의는 기획팀에서 주관하는 회의가 될 것이며, 전년도 실적 자료를 입수하는 것은 회계팀에 요청하거나 회계팀의 확인 작업을 거쳐야 공식적인 자료로 간주될 수 있을 것이다. 따라서 총무팀, 인사팀, 기획팀, 회계팀과의 업무 협조가 예상되는 상황이며, 외환팀과의 업무 협조는 '오늘' 예정되어 있다고 볼 수 없다.

8   직장 내에서는 업무 상 이메일 (E-mail)을 많이 활용하게 된다. 다음 중 이메일 예절에 관한 내용으로 가장 거리가 먼 것을 고르시오

① 받는 사람이 개괄적인 내용을 가늠할 수 있도록 핵심적이고 구체적인 내용을 써야 한다.

② 비즈니스적인 부분이므로 인사말을 하는 것보다는 구체적인 업무에 대한 내용으로 들어가는 것이 원칙이다.

③ 내용 및 단락 등에 의해 한 행의 여백을 삽입하게 되면 메일을 받는 이가 읽기 훨씬 편하다.

④ 그림이나 사진 등의 이미지가 포함되는 경우 파일첨부 형식이 아닌 메일 내용에 바로 삽입해 한 화면 내에서 볼 수 있게끔 한다.

⑤ 메일을 보내는 사람을 표현할 수 있는 문구, 소속, 직함 및 연락처 등이 있는 서명을 추가하는 것이 좋다.

 설령 비즈니스 내용이라 하더라도 날씨 등의 이야기로 짧은 인사말을 건네서 메일을 받는 상대방에 대한 배려 및 관심을 표현하는 것이 좋다. 더불어서 메일에 쓰게 되는 내용에서 하나의 문장을 지나치게 길게 하는 것보다는 행을 일일이 나눠 받는 사람이 읽기 편하게 쓰는 것도 하나의 예절이다.

|9~13| 다음 결재규정을 보고 주어진 상황에 알맞게 작성된 양식을 고르시오.

〈결재규정〉

- 결재를 받으려면 업무에 대해서는 최고결재권자(대표이사)를 포함한 이하 직책자의 결재를 받아야 한다.
- '전결'이라 함은 회사의 경영활동이나 관리활동을 수행함에 있어 의사결정이나 판단을 요하는 일에 대하여 최고결재권자의 결재를 생략하고, 자신의 책임 하에 최종적으로 의사결정이나 판단을 하는 행위를 말한다.
- 전결사항에 대해서도 위임 받은 자를 포함한 이하 직책자의 결재를 받아야 한다.
- 표시내용 : 결재를 올리는 자는 최고결재권자로부터 전결사항을 위임 받은 자가 있는 경우 결재란에 전결이라고 표시하고 최종 결재권자에 위임 받은 자를 표시한다. 다만, 결재가 불필요한 직책자의 결재란은 상황대각선으로 표시한다.
- 최고결재권자의 결재사항 및 최고결재권자로부터 위임된 전결사항은 다음의 표에 따른다.

구분	내용	금액기준	결재서류	팀장	본부장	대표이사
접대비	거래처 식대, 경조사비 등	20만 원 이하	접대비지출품의서 지출결의서	● ■		
		30만 원 이하			● ■	
		30만 원 초과				● ■
교통비	국내 출장비	30만 원 이하	출장계획서 출장비신청서	● ■		
		50만 원 이하		●	■	
		50만 원 초과		●		■
	해외 출장비			●		■
소모품비	사무용품		지출결의서	■		
	문서, 전산소모품					■
	기타 소모품	20만 원 이하		■		
		30만 원 이하			■	
		30만 원 초과				■
교육 훈련비	사내외 교육		기안서 지출결의서	●		■
법인카드	법인카드 사용	50만 원 이하	법인카드신청서	■		
		100만 원 이하			■	
		100만 원 초과				■

● : 기안서, 출장계획서, 접대비지출품의서
■ : 지출결의서, 세금계산서, 발행요청서, 각종 신청서

9 영업부 사원 L씨는 편집부 K씨의 부친상에 부조금 50만 원을 회사 명의로 지급하기로 하였다. L씨가 작성한 결재 방식은?

①
접대비지출품의서			
결재	담당	팀장	본부장	최종 결재
	L			팀장

②
접대비지출품의서			
결재	담당	팀장	본부장	최종 결재
	L		전결	본부장

③
지출결의서			
결재	담당	팀장	본부장	최종 결재
	L	전결		대표이사

④
지출결의서			
결재	담당	팀장	본부장	최종 결재
	L			대표이사

⑤
지출결의서			
결재	담당	팀장	본부장	최종 결재
			L	전결

Tip 경조사비는 접대비에 해당하므로 접대비지출품의서나 지출결의서를 작성하고 30만 원을 초과하였으므로 결재권자는 대표이사에게 있다. 또한 누구에게도 전결되지 않았다.

10 영업부 사원 I씨는 거래업체 직원들과 저녁 식사를 위해 270,000원을 지불하였다. I씨가 작성해야 하는 결재 방식으로 옳은 것은?

①

접대비지출품의서			
결재	담당	팀장	본부장	최종 결재
	I			전결

②

접대비지출품의서			
결재	담당	팀장	본부장	최종 결재
	I	전결		본부장

③

지출결의서			
결재	담당	팀장	본부장	최종 결재
	I	전결		본부장

④

접대비지출품의서			
결재	담당	팀장	본부장	최종 결재
	I		전결	본부장

⑤

지출결의서			
결재	담당	팀장	본부장	최종 결재
	I		전결	

Tip 거래처 식대이므로 접대비지출품의서나 지출결의서를 작성하고 30만 원 이하이므로 최종 결재는 본부장이 한다. 본부장이 최종 결재를 하고 본부장 란에는 전결을 표시한다.

11 영상 촬영팀 사원 Q씨는 외부 교육업체로부터 1회에 20만 원씩 총 5회에 걸쳐 진행하는 〈디지털 영상 복원 기술〉 강의를 수강하기로 하였다. Q씨가 작성해야 할 결재 방식으로 옳은 것은?

①

기안서			
결재	담당	팀장	본부장	최종 결재
	Q	／	／	전결

②

지출결의서			
결재	담당	팀장	본부장	최종 결재
	Q	전결	／	대표이사

③

기안서			
결재	담당	팀장	본부장	최종 결재
	Q	전결	／	팀장

④

지출결의서			
결재	담당	팀장	본부장	최종 결재
	Q		／	전결

⑤

지출결의서			
결재	담당	팀장	본부장	최종 결재
	Q	／	／	팀장

Tip 사내외 교육은 교육훈련비 명목으로 기안서나 지출결의서를 작성해야 하며 기안서는 팀장이, 지출결의서는 대표이사가 결재를 한다.

12 편집부 직원 R씨는 해외 시장 모색을 위해 영국행 비행기 티켓 500,000원과 호주행 비행기 티켓 500,000원을 지불하였다. R씨가 작성해야 할 결재 방식으로 옳은 것은?

①

출장계획서				
결재	담당	팀장	본부장	최종 결재
	R			전결

②

출장계획서				
결재	담당	팀장	본부장	최종 결재
	R		전결	본부장

③

출장비신청서				
결재	담당	팀장	본부장	최종 결재
	R	전결		본부장

④

출장비신청서				
결재	담당	팀장	본부장	최종 결재
	R			대표이사

⑤

출장비신청서				
결재	담당	팀장	본부장	최종 결재
	R			본부장

Tip 해외출장비는 교통비에 해당하며, 출장계획서의 경우 팀장, 출장비신청서의 경우 대표이사에게 결재권이 있다.

13 편집부 사원 S는 회의에 사용될 인쇄물을 준비하던 도중 잉크 카트리지가 떨어진 것을 확인하였다. 그래서 급하게 개당 가격이 150,000원인 토너 2개를 법인카드로 구매하려고 한다. 이때 S가 작성할 결재 방식으로 옳은 것은?

①

지출결의서			
결재	담당	팀장	본부장	최종 결재
	S			전결

②

법인카드신청서			
결재	담당	팀장	본부장	최종 결재
	S	전결		팀장

③

지출결의서			
결재	담당	팀장	본부장	최종 결재
	S	전결	전결	본부장

④

법인카드신청서			
결재	담당	팀장	본부장	최종 결재
	S			대표이사

⑤

지출결의서			
결재	담당	팀장	본부장	최종 결재
	S			본부장

(Tip) 법인카드를 사용하려고 하므로 법인카드신청서를 작성하고 그 금액이 300,000원이므로 50만 원 이하는 팀장에게 결재권이 있다.

Answer ✏ 12.④ 13.②

14 다음 중 양식 식사 예절에 관한 사항으로 가장 부적절한 것을 고르면?

① 음식서브에 있어서 요리, 수프는 좌측에, 마실 것은 오른쪽에서 서브한다.

② 포크 및 나이프가 바닥에 떨어졌을 시에는 종업원에게 다른 것으로 요청한다.

③ 식사 시에 하위자 또는 남성 등은 상위자나 여성보다 먼저 식사를 끝내야 한다.

④ 포크 및 나이프는 바깥쪽에서 안쪽 순서로 사용하고 조미료가 필요할 시에는 옆 손님에게 정중히 부탁한다.

⑤ 포크 및 나이프를 활용할 시에 포크는 왼손으로, 나이프는 오른손으로 사용하고 식사가 끝났을 때는 이를 접시 위에 나란히 놓는다.

> (Tip) 식사 시에 하위자 또는 남성 등은 상위자나 여성보다 먼저 식사를 끝내서는 안 된다. 또한, 식사가 끝나게 되면 냅킨은 접어서 식탁의 왼쪽 위에 올려놓는다.

15 다음 경조사 매너에 관한 내용 중 결혼축하 예절로 가장 옳지 않은 것은?

① 결혼식 초대장은 2~3주 전에 미리 발송한다.

② 결혼 후에 감사장은 결혼 후 2주 안에 보내는 것이 좋다.

③ 결혼식 선물은 혼례 당일에 전달하는 것이 좋다.

④ 결혼식장에 축하객으로 참석하는 경우에는 신부 및 신랑보다 화려한 옷은 피한다.

⑤ 부조금 봉투는 축 혼인 (祝 婚姻)이라고 쓰고 부조하는 사람의 이름 뒤에는 하배 (賀拜)라고 쓴다.

> (Tip) 결혼식 선물은 보내는 사람의 마음이 담긴 선물로 준비해야 하며 전날 전달하는 것이 좋다.

16 조문예절에 대한 내용 중 가장 바르지 않은 것을 고르면?

① 상가에 도착 시 문 밖에서 외투 또는 모자 등을 사전에 벗어두어야 한다.

② 상제에게 가벼운 목례를 한 후 영정 앞에 무릎 꿇고 앉아서 분향을 한다.

③ 향의 경우에는 오른손으로 향을 집어서 향로 불 위에 놓으며, 이 때 왼손으로는 오른손 목을 받치고 한다.

④ 평소 안면이 있는 경우에는 상제에게 조문 인사말을 건네고, 낮은 목소리로 짧게 위로의 말을 전한다.

⑤ 조의금은 상주에게 직접적으로 건네주는 것이 예의이다.

> (Tip) 조의금의 경우에 상주에게 직접 주는 것은 큰 결례가 되므로 조의금은 문상 후에 부의함에 넣어야 한다.

17 다음 중 조직변화에 관련한 설명으로 옳지 않은 것은?

① 조직변화는 서비스, 제품, 전략, 구조, 기술, 문화 등에서 이루어질 수 있다.

② 기존 제품이나 서비스의 문제점을 인식하고 고객의 요구에 부응하기 위한 변화를 제품·서비스 변화라 한다.

③ 새로운 기술이 도입되는 것으로 신기술이 발명되었을 때나 생산성을 높이기 위해 이루어지는 것을 전략변화라 한다.

④ 문화변화는 구성원들의 사고방식이나 가치체계를 변화시키는 것을 말한다.

⑤ 조직문화는 조직구성원들로 하여금 여러 상황에 대한 해석과 행위를 불러일으키는 조직 내에 공유된 정신적 가치이다.

(Tip) 전략변화는 조직의 경영과 관계되며 조직의 목적을 달성하고 효율성을 높이기 위해 조직구조, 경영방식, 각종 시스템 등을 개선하는 것을 말한다.

18 다음 ( ) 안에 들어갈 알맞은 말이 바르게 짝지어진 것은?

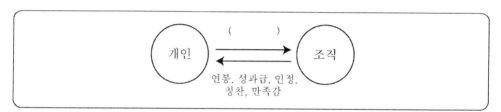

① 지식, 경험, 세금   ② 지식, 경험, 기술

③ 경영, 체제, 업무   ④ 성과, 수행, 선발

⑤ 자료, 시스템, 결과

(Tip)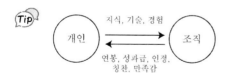

19 조직구성원으로서 가져야 할 상식으로 볼 수 없는 것은?

① 협동   ② 존중과 이해
③ 공동체의식   ④ 빡빡한 업무분장
⑤ 조직 가치관의 공유

　조직구성원으로서 가져야 할 상식
　　㉠ 공동의 목표에 대한 인식
　　㉡ 조직의 가치관을 공유
　　㉢ 구성원 서로에 대한 배려와 존중
　　㉣ 넉넉한 업무분장의 자세

20 다음 중 경영의 구성요소로 보기 어려운 것은?

① 자금   ② 경영목적
③ 전략   ④ 평가
⑤ 인적자원

　경영의 구성요소로는 자금, 경영목적, 전략, 인적자원이 해당된다.

21 집단의사결정과정의 하나인 브레인스토밍에 대한 설명으로 옳지 않은 것은?

① 다른 사람이 아이디어를 제시할 때에는 비판을 하지 않아야 한다.
② 문제에 대한 제안은 자유롭게 이루어질 수 있다.
③ 아이디어는 적을수록 결정이 빨라져 좋다.
④ 모든 아이디어들이 제안되고 나면 이를 결합하여 해결책을 마련한다.
⑤ 다른 말로 자유연상법이라고도 한다.

　브레인스토밍이란 여러 사람이 한 가지의 문제를 놓고 아이디어를 비판 없이 제시하여 그 중에
　서 최선책을 찾는 방법으로 아이디어는 많이 나올수록 좋다.

22 조직문화는 흔히 관계지향 문화, 혁신지향 문화, 위계지향 문화, 과업지향 문화의 네 가지로 분류된다. 다음 글에서 제시된 (가)~(마)와 같은 특징 중 과업지향 문화에 해당하는 것은 어느 것인가?

> (가) A팀은 무엇보다 엄격한 통제를 통한 결속과 안정성을 추구하는 분위기이다. 분명한 명령계통으로 조직의 통합을 이루는 일을 제일의 가치로 삼는다.
> (나) B팀은 업무 수행의 효율성을 강조하며 목표 달성과 생산성 향상을 위해 전 조직원이 산출물 극대화를 위해 노력하는 문화가 조성되어 있다.
> (다) C팀은 자율성과 개인의 책임을 강조한다. 고유 업무 뿐 아니라 근태, 잔업, 퇴근 후 시간활용 등에 있어서도 정해진 흐름을 배제하고 개인의 자율과 그에 따른 책임을 강조한다.
> (라) D팀은 직원들 간의 응집력과 사기 진작을 위한 방안을 모색 중이다. 인적자원의 가치를 개발하기 위해 직원들 간의 관계에 초점을 둔 조직문화가 D팀의 특징이다.
> (마) E팀은 직원들에게 창의성과 기업가 정신을 강조한다. 또한, 조직의 유연성을 통해 외부 환경에의 적응력에 비중을 둔 조직문화를 가지고 있다.

① (가) ② (나)

③ (다) ④ (라)

⑤ (마)

 Tip 조직 문화의 분류와 그 특징은 다음과 같은 표로 정리될 수 있다. (다)와 같이 개인의 자율성을 추구하는 경우는 조직문화의 고유 기능과 거리가 멀다고 보아야 한다.

관계지향 문화	– 조직 내 가족적인 분위기의 창출과 유지에 가장 큰 역점을 둠 – 조직 구성원들의 소속감, 상호 신뢰, 인화/단결 및 팀워크, 참여 등이 이 문화 유형의 핵심가치로 자리 잡음
혁신지향 문화	– 조직의 유연성을 강조하는 동시에 외부 환경에의 적응성에 초점을 둠 – 따라서 이러한 적응과 조직성장을 뒷받침할 수 있는 적절한 자원획득이 중요하고, 구성원들의 창의성 및 기업가정신이 핵심 가치로 강조됨
위계지향 문화	– 조직 내부의 안정적이고 지속적인 통합/조정을 바탕으로 조직효율성을 추구함 – 이를 위해 분명한 위계질서와 명령계통, 그리고 공식적인 절차와 규칙을 중시하는 문화임
과업지향 문화	– 조직의 성과 달성과 과업 수행에 있어서의 효율성을 강조함 – 따라서 명확한 조직목표의 설정을 강조하며, 합리적 목표 달성을 위한 수단으로서 구성원들의 전문능력을 중시하며, 구성원들 간의 경쟁을 주요 자극제로 활용함

Answer 19.④ 20.④ 21.③ 22.②

23 조직 내 의사결정의 단점으로 볼 수 있는 것은?

① 여러 사람이 모여 자유롭게 논의가 이루어진다.

② 다양한 시각에서 문제를 바라볼 수 있다.

③ 상하간의 의사소통이 활발해진다.

④ 의사결정을 내리는 데 시간이 오래 소요된다.

⑤ 수용도 및 응집성이 높아진다.

 의사결정의 단점
ㄱ 경영자층 위주로 의사결정이 이루어질 수 있다.
ㄴ 내 의견이 반영될 수 있는 기회가 적다.
ㄷ 의견이 불일치하는 경우 의사결정을 내리는 시간이 오래 소요된다.

24 조직문화의 중요성에 대한 내용으로 옳지 않은 것은?

① 조직문화는 기업의 전략수행에 영향을 미친다.

② 조직구성원을 사회화하는 데 영향을 미친다.

③ 신기술을 도입하거나 통합하는 경우에 영향을 미친다.

④ 조직 내 집단 간 갈등에 영향을 미치지 않는다.

⑤ 조직구성원들이 공유하고 있는 '세상에 대한 관점'을 제공한다.

 조직문화는 조직 내 집단 간 갈등에 영향을 미친다.

25 기업의 환경분석을 통해 강점, 약점, 기회, 위협을 규정하고 이를 토대로 마케팅 전략을 수립하는 방법을 무엇이라고 하는가?

① 조직분석   ② 사업분석

③ 부문분석   ④ SWOT분석

⑤ BCG매트릭스 분석

 기업의 내부환경을 분석하여 강점과 약점을 발견하고, 외부환경을 분석하여 기회와 위협을 찾아내어 이를 토대로 강점은 살리고 약점은 죽이고, 기회는 활용하고 위협은 제거하는 마케팅 전략을 수립하는 것을 SWOT분석이라 한다.

26 경영전략에 대한 설명으로 적절하지 못한 것은?

① 원가우위 전략은 원가절감을 위해 해당 산업에서 우위를 차지하는 전략으로 대량생산을 통해 단위 원가를 낮추거나 새로운 생산기술을 개발하여야 한다.

② 차별화 전략은 우리나라 70년대의 섬유, 의류, 신발업체가 미국에 진출할 때 사용했던 전략이다.

③ 집중화 전략은 특정 시장이나 고객에게 한정된 전략으로 원가우위나 차별화 전략과는 달리 특정 산업을 대상으로 이루어진다.

④ 경쟁조직들이 소홀히 하고 있는 한정된 시장을 원가우위나 차별화전략을 사용하여 집중적으로 공략하는 것을 집중화 전략이라 한다.

⑤ 경영전략은 경영목적을 달성하기 위한 포괄적 수단으로 환경적응의 기능을 가지며 기업이 장차 당면할 전략적문제, 전략적기회를 발견하는 기능을 지닌다.

 차별화 전략은 조직의 생산품이나 서비스를 차별화하여 고객에게 가치 있고 독특하게 인식되도록 하는 전략으로 이를 활용하기 위해서는 연구개발, 광고를 통하여 기술, 품질, 서비스, 브랜드 이미지를 개선할 필요가 있다.

27 조직목표에 대한 설명으로 옳지 않은 것은?

① 조직목표는 조직이 존재하는 이유와 관련된 조직의 사명과 사명을 달성하기 위한 세부목표를 가진다.

② 조직구성원들의 수행을 평가할 수 있는 기준이 된다.

③ 조직목표는 조직의 구조, 조직의 전략, 조직의 문화 등과 같은 조직체계의 다양한 구성요소들과 상호관계를 가진다.

④ 조직목표에 영향을 미치는 외적요인으로는 조직리더의 태도변화, 조직 내 권력구조 변화, 목표형성 과정 변화 등이 있다.

⑤ 조직목표와 개인목표의 통합에 관한 모형으로는 교환모형, 교화모형, 수용모형 등이 있다.

 조직목표에 영향을 미치는 내적요인으로는 조직리더의 결단이나 태도변화, 조직 내 권력구조 변화, 목표형성 과정 변화 등이 있으며, 외적요인으로는 경쟁업체의 변화, 조직차원의 변화, 경제정책의 변화 등이 있다.

Answer▸ 23.④ 24.④ 25.④ 26.② 27.④

28 다음은 SWOT분석에 대한 설명이다. 빈칸에 들어갈 용어를 순서대로 나열한 것은?

> SWOT분석이란 기업의 환경 분석을 통해 마케팅 전략을 수립하는 기법이다. 조직 내부 환경으로는 조직이 우위를 점할 수 있는 ___(가)___, 조직의 효과적인 성과를 방해하는 자원·기술·능력 면에서의 ___(나)___, 조직 외부 환경으로는 조직 활동에 이점을 주는 ___(다)___, 조직 활동에 불이익을 미치는 ___(라)___(으)로 구분된다.

① (가): 기회, (나): 약점, (다): 강점, (라): 위협

② (가): 강점, (나): 약점, (다): 기회, (라): 위협

③ (가): 기회, (나): 위협, (다): 강점, (라): 약점

④ (가): 강점, (나): 위협, (다): 기회, (라): 약점

⑤ (가): 약점, (나): 위협, (다): 강점, (라): 기회

 SWOT분석 … 기업의 환경 분석을 통해 마케팅 전략을 수립하는 기법이다. 조직 내부 환경으로는 조직이 우위를 점할 수 있는 강점(Strength), 조직의 효과적인 성과를 방해하는 자원·기술·능력 면에서의 약점(Weakness), 조직 외부 환경으로는 조직 활동에 이점을 주는 기회(Opportunity), 조직 활동에 불이익을 미치는 위협(Threat)으로 구분된다.

※ SWOT분석에 의한 마케팅 전략
ⓐ SO전략(강점-기회전략) : 시장의 기회를 활용하기 위해 강점을 사용하는 전략
ⓑ ST전략(강점-위협전략) : 시장의 위협을 회피하기 위해 강점을 사용하는 전략
ⓒ WO전략(약점-기회전략) : 약점을 극복함으로 시장의 기회를 활용하려는 전략
ⓓ WT전략(약점-위협전략) : 시장의 위협을 회피하고 약점을 최소화하는

29 조직구조의 유형과 그 특징에 대한 설명으로 옳지 않은 것은?

① 조직구조는 의사결정 권한의 집중 정도, 명령계통, 최고경영자의 통제, 규칙과 규제의 정도 등에 따라 기계적 조직과 유기적 조직으로 구분할 수 있다.

② 기계적 조직은 구성원들의 업무가 분명하게 정의되고 많은 규칙과 규제들이 있으며, 상하간 의사소통이 공식적인 경로를 통해 이루어진다.

③ 유기적 조직은 의사결정권한이 조직의 하부구성원들에게 많이 위임되어 있으며 업무 또한 고정되지 않고 공유 가능한 조직이다.

④ 유기적 조직은 비공식적인 상호의사소통이 원활히 이루어지며, 규제나 통제의 정도가 높아 엄격한 위계질서가 존재한다.

⑤ 기계적조직의 과업은 세밀하게 분업화되어 있으므로 구성원들은 직무기술서에 따라 전문화된 업무를 수행한다.

 유기적 조직은 비공식적인 상호의사소통이 원활히 이루어지며, 규제나 통제의 정도가 낮아 변화에 따라 쉽게 변할 수 있는 특징을 가진다. 엄격한 위계질서가 존재하는 조직은 기계적 조직에 해당한다.

30 다음 중 조직구조에 영향을 미치는 요인으로 볼 수 없는 것은?

① 전략   ② 규모

③ 만족   ④ 환경

⑤ 기술

 조직구조에 영향을 미치는 요인으로는 전략, 규모, 기술, 환경이 해당된다.

31 업무에 대한 설명으로 옳지 않은 것은?

① 상품이나 서비스를 창출하기 위한 생산적인 활동을 업무라 한다.
② 자신이 속한 조직의 다양한 업무를 통해 조직의 체제를 이해할 수 있다.
③ 개별적인 업무에는 지식, 기술, 도구의 종류가 다르고 이들 간 다양성도 차이가 있다.
④ 모든 업무는 구매에서 출고와 같이 일련의 과정을 거치게 된다.
⑤ 업무는 사회생활에서 계속성을 가지는 사무여야 한다.

 어떤 업무는 구매에서 출고와 같이 일련의 과정을 거치는 반면, 어떤 업무는 상대적으로 독립되어 이루어지기도 한다. 연구, 개발 등과 같은 업무는 자율적이고 재량권이 많은 반면, 조립, 생산 등과 같은 업무는 주어진 절차에 따라 이루어지는 경우도 있다.

32 다음 중 팀에 대한 설명으로 옳지 않은 것은?

① 구성원들이 공동의 목표를 성취하기 위하여 서로 기술을 공유하고 공동으로 책임을 지는 집단을 말한다.
② 다른 집단에 비해 구성원들의 개인적 기여를 강조하고, 개인적 책임뿐 아니라 상호 공동책임을 중요시한다.
③ 다른 집단에 비해 위계질서가 강하며, 목표 추구를 위해 헌신한다는 자세를 가지고 있다.
④ 생산성을 높이고 의사결정을 신속하게 내리며 구성원들의 다양한 창의성 향상을 도모하기 위하여 조직된다.
⑤ 팀은 구성원들이 서로의 부족한 점을 보완해주면서 상승작용을 일으키고 시너지창출을 위해 구성된다.

 팀은 다른 집단과 비교하면 자율성을 가지고 스스로 관리하는 경향이 강하다.

Answer 28.② 29.④ 30.③ 31.④ 32.③

33 조직 내에서 조직기구의 개편 및 조정, 업무분장 및 조정, 인력수급계획 및 관리, 직무 및 정원의 조정, 노사관리, 평가관리, 상벌관리, 인사발령, 교육체계 수립 및 관리, 임금제도, 복리후생제도, 퇴직관리 등의 업무를 하는 부서는?

① 총무부   ② 기획부

③ 인사부   ④ 영업부

⑤ 물류부

   ① 주주총회 및 이사회 개최 관련 업무, 의전 및 비서업무, 소모품의 구입과 관리, 사무실 임차 및 관리, 차량 및 통신시설의 운영, 출장 업무 협조, 복리후생 업무, 법률자문과 소송관리, 사내 홍보 광고 등
   ② 경영계획 및 전략 수립, 전사기획업무 조정, 중장기 사업계획의 종합 및 조정, 경영정보 조사, 경영진단업무, 종합예산수립 및 실적관리, 사업계획, 손익추정, 실적관리 및 분석 등
   ④ 판매계획, 판매예산 편성, 시장조사, 광고 선전, 견적 및 계약, 제품의 재고 조절, 거래처 관리, 제품의 A/S, 판매원가 및 판매가격의 조사 등
   ⑤ 제품이나 재화의 하역, 보관, 유통, 가공, 포장, 정보 등의 물류기능 등

34 중국인 성룡, 주윤발, 이연걸씨는 배우의 길을 접고 그 동안 모아온 재산으로 5년째 아시아 여러 국가와 왕성한 국제 비즈니스를 진행하고 있다. 다음 내용은 이들 중국의 비즈니스 매너에 관한 사항이다. 이 중 가장 바르지 않은 내용을 고르면?

① 묻지 않은 이야기는 함부로 하면 소인취급을 한다.

② 현실적이면서 체면을 소중히 생각한다.

③ 분쟁의 경우에는 협상이 아닌 법으로 해결하고자 한다.

④ 현금을 중요시하며 병문안 시에도 현금을 전달한다.

⑤ 보통 사람을 믿거나 또는 돈 버는 단위를 10년으로 한다.

   Tip   중국은 분쟁이 발생하였을 경우 법이 아닌 협상으로 해결하고자 하는 경향을 띠고 있다. 중국의 경우 행동을 중시하고 믿는 상대방에게는 손해를 보더라도 우정을 가지고 계속 거래한다. 그러므로 중국인들과의 비즈니스는 많은 인내 및 신뢰 등이 바탕이 되어야 한다.

35 다음의 그림은 글로벌 시대를 살아가는 세계 각 국의 국기를 나타낸 것이다. 이 중 국기와 그 내용에 대해 잘못 말하고 있는 사람은?

① 형일 : 이 국가의 경우에는 빨간색이 복의 의미를 가지고 있기 때문에 선물 포장은 빨간색으로 하는 것이 좋아

② 원모 : 이 국가의 경우에 칼은 죽음을 상징하기 때문에 선물로써 피하는 것이 좋아

③ 규호 : 이 국가는 꽃을 선물할 때 꽃다발을 싼 포장지를 벗겨주는 것이 매너야

④ 우진 : 이 국가의 경우에는 손수건이나 또는 브로치 등은 장례식에서 착용하므로 이는 불길한 의미를 가지고 있어 선물로써 적합하지 않아

⑤ 연철 : 이 국가의 경우 소가죽으로 된 제품을 선물하는 것이 가장 좋아

 Tip ①번은 중국, ②번은 일본, ③번은 독일, ④번은 이탈리아, ⑤번 인도를 각각 나타내고 있다. 인도는 힌두교의 영향으로 인해 소가죽으로 된 제품을 금기시 하고 있으므로 하루 5번씩 메카를 향해서 기도하는 의식에 도움이 되는 나침반을 선물하는 것이 좋다.

Answer 33.③ 34.③ 35.⑤

PART

Ⅲ

직업성격검사

01 인성검사의 개요

1 인성(성격)검사의 개념과 목적

인성(성격)이란 개인을 특징짓는 평범하고 일상적인 사회적 이미지, 즉 지속적이고 일관된 공적 성격(Public – personality)이며, 환경에 대응함으로써 선천적·후천적 요소의 상호작용으로 결정화된 심리적·사회적 특성 및 경향을 의미한다.

인성검사는 직무적성검사를 실시하는 대부분의 기업체에서 병행하여 실시하고 있으며, 인성검사만 독자적으로 실시하는 기업도 있다.

기업체에서는 인성검사를 통하여 각 개인이 어떠한 성격 특성이 발달되어 있고, 어떤 특성이 얼마나 부족한지, 그것이 해당 직무의 특성 및 조직문화와 얼마나 맞는지를 알아보고 이에 적합한 인재를 선발하고자 한다. 또한 개인에게 적합한 직무 배분과 부족한 부분을 교육을 통해 보완하도록 할 수 있다.

인성검사의 측정요소는 검사방법에 따라 차이가 있다. 또한 각 기업체들이 사용하고 있는 인성검사는 기존에 개발된 인성검사방법에 각 기업체의 인재상을 적용하여 자신들에게 적합하게 재개발하여 사용하는 경우가 많다. 그러므로 기업체에서 요구하는 인재상을 파악하여 그에 따른 대비책을 준비하는 것이 바람직하다. 본서에서 제시된 인성검사는 크게 '특성'과 '유형'의 측면에서 측정하게 된다.

2 성격의 특성

(1) 정서적 측면

정서적 측면은 평소 마음의 당연시하는 자세나 정신상태가 얼마나 안정하고 있는지 또는 불안정한지를 측정한다.

정서의 상태는 직무수행이나 대인관계와 관련하여 태도나 행동으로 드러난다. 그러므로 정서적 측면을 측정하는 것에 의해, 장래 조직 내의 인간관계에 어느 정도 잘 적응할 수 있을까(또는 적응하지 못할까)를 예측하는 것이 가능하다.

그렇기 때문에, 정서적 측면의 결과는 채용 시에 상당히 중시된다. 아무리 능력이 좋아도 장기적으로 조직 내의 인간관계에 잘 적응할 수 없다고 판단되는 인재는 기본적으로는 채용되지 않는다.

일반적으로 인성(성격)검사는 채용과는 관계없다고 생각하나 정서적으로 조직에 적응하지 못하는 인재는 채용단계에서 가려내지는 것을 유의하여야 한다.

① 민감성(신경도) ··· 꼼꼼함, 섬세함, 성실함 등의 요소를 통해 일반적으로 신경질적인지 또는 자신의 존재를 위협받는다는 불안을 갖기 쉬운지를 측정한다.

질문	그렇다	약간 그렇다	그저 그렇다	별로 그렇지 않다	그렇지 않다
• 배려적이라고 생각한다. • 어지러진 방에 있으면 불안하다. • 실패 후에는 불안하다. • 세세한 것까지 신경쓴다. • 이유 없이 불안할 때가 있다.					

▶측정결과

㉠ '그렇다'가 많은 경우(상처받기 쉬운 유형) : 사소한 일에 신경 쓰고 다른 사람의 사소한 한마디 말에 상처를 받기 쉽다.
• 면접관의 심리 : '동료들과 잘 지낼 수 있을까?', '실패할 때마다 위축되지 않을까?'
• 면접대책 : 다소 신경질적이라도 능력을 발휘할 수 있다는 평가를 얻도록 한다. 주변과 충분한 의사소통이 가능하고, 결정한 것을 실행할 수 있다는 것을 보여주어야 한다.
㉡ '그렇지 않다'가 많은 경우(정신적으로 안정적인 유형) : 사소한 일에 신경 쓰지 않고 금방 해결하며, 주위 사람의 말에 과민하게 반응하지 않는다.
• 면접관의 심리 : '계약할 때 필요한 유형이고, 사고 발생에도 유연하게 대처할 수 있다.'
• 면접대책 : 일반적으로 '민감성'의 측정치가 낮으면 플러스 평가를 받으므로 더욱 자신감 있는 모습을 보여준다.

② 자책성(과민도) ··· 자신을 비난하거나 책망하는 정도를 측정한다.

질문	그렇다	약간 그렇다	그저 그렇다	별로 그렇지 않다	그렇지 않다
• 후회하는 일이 많다. • 자신이 하찮은 존재라 생각된다. • 문제가 발생하면 자기의 탓이라고 생각한다. • 무슨 일이든지 끙끙대며 진행하는 경향이 있다. • 온순한 편이다.					

▶측정결과

㉠ '그렇다'가 많은 경우(자책하는 유형) : 비관적이고 후회하는 유형이다.
• 면접관의 심리 : '끙끙대며 괴로워하고, 일을 진행하지 못할 것 같다.'
• 면접대책 : 기분이 저조해도 항상 의욕을 가지고 생활하는 것과 책임감이 강하다는 것을 보여준다.
㉡ '그렇지 않다'가 많은 경우(낙천적인 유형) : 기분이 항상 밝은 편이다.
• 면접관의 심리 : '안정된 대인관계를 맺을 수 있고, 외부의 압력에도 흔들리지 않는다.'
• 면접대책 : 일반적으로 '자책성'의 측정치가 낮아야 좋은 평가를 받는다.

③ 기분성(불안도) … 기분의 굴곡이나 감정적인 면의 미숙함이 어느 정도인지를 측정하는 것이다.

질문	그렇다	약간 그렇다	그저 그렇다	별로 그렇지 않다	그렇지 않다
• 다른 사람의 의견에 자신의 결정이 흔들리는 경우가 많다. • 기분이 쉽게 변한다. • 종종 후회한다. • 다른 사람보다 의지가 약한 편이라고 생각한다. • 금방 싫증을 내는 성격이라는 말을 자주 듣는다.					

▶측정결과

㉠ '그렇다'가 많은 경우(감정의 기복이 많은 유형) : 의지력보다 기분에 따라 행동하기 쉽다.
  • 면접관의 심리 : '감정적인 것에 약하며, 상황에 따라 생산성이 떨어지지 않을까?'
  • 면접대책 : 주변 사람들과 항상 협조한다는 것을 강조하고 한결같은 상태로 일할 수 있다는 평가를 받도록 한다.
㉡ '그렇지 않다'가 많은 경우(감정의 기복이 적은 유형) : 감정의 기복이 없고, 안정적이다.
  • 면접관의 심리 : '안정적으로 업무에 임할 수 있다.'
  • 면접대책 : 기분성의 측정치가 낮으면 플러스 평가를 받으므로 자신감을 가지고 면접에 임한다.

④ 독자성(개인도) … 주변에 대한 견해나 관심, 자신의 견해나 생각에 어느 정도의 속박감을 가지고 있는지를 측정한다.

질문	그렇다	약간 그렇다	그저 그렇다	별로 그렇지 않다	그렇지 않다
• 창의적 사고방식을 가지고 있다. • 융통성이 있는 편이다. • 혼자 있는 편이 많은 사람과 있는 것보다 편하다. • 개성적이라는 말을 듣는다. • 교제는 번거로운 것이라고 생각하는 경우가 많다.					

▶측정결과

㉠ '그렇다'가 많은 경우 : 자기의 관점을 중요하게 생각하는 유형으로, 주위의 상황보다 자신의 느낌과 생각을 중시한다.
- 면접관의 심리 : '제멋대로 행동하지 않을까?'
- 면접대책 : 주위 사람과 협조하여 일을 진행할 수 있다는 것과 상식에 얽매이지 않는다는 인상을 심어준다.

㉡ '그렇지 않다'가 많은 경우 : 상식적으로 행동하고 주변 사람의 시선에 신경을 쓴다.
- 면접관의 심리 : '다른 직원들과 협조하여 업무를 진행할 수 있겠다.'
- 면접대책 : 협조성이 요구되는 기업체에서는 플러스 평가를 받을 수 있다.

⑤ 자신감(자존심도) … 자기 자신에 대해 얼마나 긍정적으로 평가하는지를 측정한다.

질문	그렇다	약간 그렇다	그저 그렇다	별로 그렇지 않다	그렇지 않다
• 다른 사람보다 능력이 뛰어나다고 생각한다. • 다소 반대의견이 있어도 나만의 생각으로 행동할 수 있다. • 나는 다른 사람보다 기가 센 편이다. • 동료가 나를 모욕해도 무시할 수 있다. • 대개의 일을 목적한 대로 헤쳐나갈 수 있다고 생각한다.					

▶측정결과

㉠ '그렇다'가 많은 경우 : 자기 능력이나 외모 등에 자신감이 있고, 비판당하는 것을 좋아하지 않는다.
- 면접관의 심리 : '자만하여 지시에 잘 따를 수 있을까?'
- 면접대책 : 다른 사람의 조언을 잘 받아들이고, 겸허하게 반성하는 면이 있다는 것을 보여주고, 동료들과 잘 지내며 리더의 자질이 있다는 것을 강조한다.

㉡ '그렇지 않다'가 많은 경우 : 자신감이 없고 다른 사람의 비판에 약하다.
- 면접관의 심리 : '패기가 부족하지 않을까?', '쉽게 좌절하지 않을까?'
- 면접대책 : 극도의 자신감 부족으로 평가되지는 않는다. 그러나 마음이 약한 면은 있지만 의욕적으로 일을 하겠다는 마음가짐을 보여준다.

⑥ **고양성**(분위기에 들뜨는 정도) … 자유분방함, 명랑함과 같이 감정(기분)의 높고 낮음의 정도를 측정한다.

질문	그렇다	약간 그렇다	그저 그렇다	별로 그렇지 않다	그렇지 않다
• 침착하지 못한 편이다. • 다른 사람보다 쉽게 우쭐해진다. • 모든 사람이 아는 유명인사가 되고 싶다. • 모임이나 집단에서 분위기를 이끄는 편이다. • 취미 등이 오랫동안 지속되지 않는 편이다.					

▶측정결과

㉠ **'그렇다'가 많은 경우** : 자극이나 변화가 있는 일상을 원하고 기분을 들뜨게 하는 사람과 친밀하게 지내는 경향이 강하다.

• 면접관의 심리 : '일을 진행하는 데 변덕스럽지 않을까?'

• 면접대책 : 밝은 태도는 플러스 평가를 받을 수 있지만, 착실한 업무능력이 요구되는 직종에서는 마이너스 평가가 될 수 있다. 따라서 자기조절이 가능하다는 것을 보여준다.

㉡ **'그렇지 않다'가 많은 경우** : 감정이 항상 일정하고, 속을 드러내 보이지 않는다.

• 면접관의 심리 : '안정적인 업무 태도를 기대할 수 있겠다.'

• 면접대책 : '고양성'의 낮음은 대체로 플러스 평가를 받을 수 있다. 그러나 '무엇을 생각하고 있는지 모르겠다' 등의 평을 듣지 않도록 주의한다.

⑦ 허위성(진위성) … 필요 이상으로 자기를 좋게 보이려 하거나 기업체가 원하는 '이상형'에 맞춘 대답을 하고 있는지, 없는지를 측정한다.

질문	그렇다	약간 그렇다	그저 그렇다	별로 그렇지 않다	그렇지 않다
• 약속을 깨뜨린 적이 한 번도 없다. • 다른 사람을 부럽다고 생각해 본 적이 없다. • 꾸지람을 들은 적이 없다. • 사람을 미워한 적이 없다. • 화를 낸 적이 한 번도 없다.					

▶측정결과

㉠ '그렇다'가 많은 경우 : 실제의 자기와는 다른, 말하자면 원칙으로 해답할 가능성이 있다.

• **면접관의 심리** : '거짓을 말하고 있다.'

• **면접대책** : 조금이라도 좋게 보이려고 하는 '거짓말쟁이'로 평가될 수 있다. '거짓을 말하고 있다.'는 마음 따위가 전혀 없다 해도 결과적으로는 정직하게 답하지 않는다는 것이 되어 버린다. '허위성'의 측정 질문은 구분되지 않고 다른 질문 중에 섞여 있다. 그러므로 모든 질문에 솔직하게 답하여야 한다. 또한 자기 자신과 너무 동떨어진 이미지로 답하면 좋은 결과를 얻지 못한다. 그리고 면접에서 '허위성'을 기본으로 한 질문을 받게 되므로 당황하거나 또다른 모순된 답변을 하게 된다. 겉치레를 하거나 무리한 욕심을 부리지 말고 '이런 사회인이 되고 싶다.'는 현재의 자신보다, 조금 성장한 자신을 표현하는 정도가 적당하다.

㉡ '그렇지 않다'가 많은 경우 : 냉정하고 정직하며, 외부의 압력과 스트레스에 강한 유형이다. '대쪽 같음'의 이미지가 굳어지지 않도록 주의한다.

(2) 행동적인 측면

행동적 측면은 인격 중에 특히 행동으로 드러나기 쉬운 측면을 측정한다. 사람의 행동 특징 자체에는 선도 악도 없으나, 일반적으로는 일의 내용에 의해 원하는 행동이 있다. 때문에 행동적 측면은 주로 직종과 깊은 관계가 있는데 자신의 행동 특성을 살려 적합한 직종을 선택한다면 플러스가 될 수 있다.

행동 특성에서 보여지는 특징은 면접장면에서도 드러나기 쉬운데 본서의 모의 TEST의 결과를 참고하여 자신의 태도, 행동이 면접관의 시선에 어떻게 비치는지를 점검하도록 한다.

① **사회적 내향성** … 대인관계에서 나타나는 행동경향으로 '낯가림'을 측정한다.

질문	선택
A : 파티에서는 사람을 소개받은 편이다. B : 파티에서는 사람을 소개하는 편이다.	
A : 처음 보는 사람과는 즐거운 시간을 보내는 편이다. B : 처음 보는 사람과는 어색하게 시간을 보내는 편이다.	
A : 친구가 적은 편이다. B : 친구가 많은 편이다.	
A : 자신의 의견을 말하는 경우가 적다. B : 자신의 의견을 말하는 경우가 많다.	
A : 사교적인 모임에 참석하는 것을 좋아하지 않는다. B : 사교적인 모임에 항상 참석한다.	

▶측정결과

㉠ 'A'가 많은 경우 : 내성적이고 사람들과 접하는 것에 소극적이다. 자신의 의견을 말하지 않고 조심스러운 편이다.
- **면접관의 심리** : '소극적인데 동료와 잘 지낼 수 있을까?'
- **면접대책** : 대인관계를 맺는 것을 싫어하지 않고 의욕적으로 일을 할 수 있다는 것을 보여준다.

㉡ 'B'가 많은 경우 : 사교적이고 자기의 생각을 명확하게 전달할 수 있다.
- **면접관의 심리** : '사교적이고 활동적인 것은 좋지만, 자기주장이 너무 강하지 않을까?'
- **면접대책** : 협조성을 보여주고, 자기주장이 너무 강하다는 인상을 주지 않도록 주의한다.

② 내성성(침착도) … 자신의 행동과 일에 대해 침착하게 생각하는 정도를 측정한다.

질문	선택
A : 시간이 걸려도 침착하게 생각하는 경우가 많다. B : 짧은 시간에 결정을 하는 경우가 많다.	
A : 실패의 원인을 찾고 반성하는 편이다. B : 실패를 해도 그다지(별로) 개의치 않는다.	
A : 결론이 도출되어도 몇 번 정도 생각을 바꾼다. B : 결론이 도출되면 신속하게 행동으로 옮긴다.	
A : 여러 가지 생각하는 것이 능숙하다. B : 여러 가지 일을 재빨리 능숙하게 처리하는 데 익숙하다.	
A : 여러 가지 측면에서 사물을 검토한다. B : 행동한 후 생각을 한다.	

▶측정결과

㉠ 'A'가 많은 경우 : 행동하기 보다는 생각하는 것을 좋아하고 신중하게 계획을 세워 실행한다.
 • 면접관의 심리 : '행동으로 실천하지 못하고, 대응이 늦은 경향이 있지 않을까?'
 • 면접대책 : 발로 뛰는 것을 좋아하고, 일을 더디게 한다는 인상을 주지 않도록 한다.

㉡ 'B'가 많은 경우 : 차분하게 생각하는 것보다 우선 행동하는 유형이다.
 • 면접관의 심리 : '생각하는 것을 싫어하고 경솔한 행동을 하지 않을까?'
 • 면접대책 : 계획을 세우고 행동할 수 있는 것을 보여주고 '사려깊다'라는 인상을 남기도록 한다.

③ 신체활동성 … 몸을 움직이는 것을 좋아하는가를 측정한다.

질문	선택
A : 민첩하게 활동하는 편이다. B : 준비행동이 없는 편이다.	
A : 일을 척척 해치우는 편이다. B : 일을 더디게 처리하는 편이다.	
A : 활발하다는 말을 듣는다. B : 얌전하다는 말을 듣는다.	
A : 몸을 움직이는 것을 좋아한다. B : 가만히 있는 것을 좋아한다.	
A : 스포츠를 하는 것을 즐긴다. B : 스포츠를 보는 것을 좋아한다.	

▶측정결과
㉠ 'A'가 많은 경우 : 활동적이고, 몸을 움직이게 하는 것이 컨디션이 좋다.
• 면접관의 심리 : '활동적으로 활동력이 좋아 보인다.'
• 면접대책 : 활동하고 얻은 성과 등과 주어진 상황의 대응능력을 보여준다.
㉡ 'B'가 많은 경우 : 침착한 인상으로, 차분하게 있는 타입이다.
• 면접관의 심리 : '좀처럼 행동하려 하지 않아 보이고, 일을 빠르게 처리할 수 있을까?'

④ 지속성(노력성) … 무슨 일이든 포기하지 않고 끈기 있게 하려는 정도를 측정한다.

질문	선택
A : 일단 시작한 일은 시간이 걸려도 끝까지 마무리한다. B : 일을 하다 어려움에 부딪히면 단념한다.	
A : 끈질긴 편이다. B : 바로 단념하는 편이다.	
A : 인내가 강하다는 말을 듣는다. B : 금방 싫증을 낸다는 말을 듣는다.	
A : 집념이 깊은 편이다. B : 담백한 편이다.	
A : 한 가지 일에 구애되는 것이 좋다고 생각한다. B : 간단하게 체념하는 것이 좋다고 생각한다.	

▶측정결과

㉠ 'A'가 많은 경우 : 시작한 것은 어려움이 있어도 포기하지 않고 인내심이 높다.
- **면접관의 심리** : '한 가지의 일에 너무 구애되고, 업무의 진행이 원활할까?'
- **면접대책** : 인내력이 있는 것은 플러스 평가를 받을 수 있지만 집착이 강해 보이기도 한다.

㉡ 'B'가 많은 경우 : 뒤끝이 없고 조그만 실패로 일을 포기하기 쉽다.
- **면접관의 심리** : '질리는 경향이 있고, 일을 정확히 끝낼 수 있을까?'
- **면접대책** : 지속적인 노력으로 성공했던 사례를 준비하도록 한다.

⑤ 신중성(주의성) … 자신이 처한 주변상황을 즉시 파악하고 자신의 행동이 어떤 영향을 미치는지를 측정한다.

질문	선택
A : 여러 가지로 생각하면서 완벽하게 준비하는 편이다. B : 행동할 때부터 임기응변적인 대응을 하는 편이다.	
A : 신중해서 타이밍을 놓치는 편이다. B : 준비 부족으로 실패하는 편이다.	
A : 자신은 어떤 일에도 신중히 대응하는 편이다. B : 순간적인 충동으로 활동하는 편이다.	
A : 시험을 볼 때 끝날 때까지 재검토하는 편이다. B : 시험을 볼 때 한 번에 모든 것을 마치는 편이다.	
A : 일에 대해 계획표를 만들어 실행한다. B : 일에 대한 계획표 없이 진행한다.	

▶측정결과

㉠ 'A'가 많은 경우 : 주변 상황에 민감하고, 예측하여 계획 있게 일을 진행한다.
- **면접관의 심리** : '너무 신중해서 적절한 판단을 할 수 있을까?', '앞으로의 상황에 불안을 느끼지 않을까?'
- **면접대책** : 예측을 하고 실행을 하는 것은 플러스 평가가 되지만, 너무 신중하면 일의 진행이 정체될 가능성을 보이므로 추진력이 있다는 강한 의욕을 보여준다.

㉡ 'B'가 많은 경우 : 주변 상황을 살펴보지 않고 착실한 계획 없이 일을 진행시킨다.
- **면접관의 심리** : '사려 깊지 않고, 실패하는 일이 많지 않을까?', '판단이 빠르고 유연한 사고를 할 수 있을까?'
- **면접대책** : 사전준비를 중요하게 생각하고 있다는 것 등을 보여주고, 경솔한 인상을 주지 않도록 한다. 또한 판단력이 빠르거나 유연한 사고 덕분에 일 처리를 잘 할 수 있다는 것을 강조한다.

(3) 의욕적인 측면

의욕적인 측면은 의욕의 정도, 활동력의 유무 등을 측정한다. 여기서의 의욕이란 우리들이 보통 말하고 사용하는 '하려는 의지'와는 조금 뉘앙스가 다르다. '하려는 의지'란 그 때의 환경이나 기분에 따라 변화하는 것이지만, 여기에서는 조금 더 변화하기 어려운 특징, 말하자면 정신적 에너지의 양으로 측정하는 것이다.

의욕적 측면은 행동적 측면과는 다르고, 전반적으로 어느 정도 점수가 높은 쪽을 선호한다. 모의검사의 의욕적 측면의 결과가 낮다면, 평소 일에 몰두할 때 조금 의욕 있는 자세를 가지고 서서히 개선하도록 노력해야 한다.

① 달성의욕 … 목적의식을 가지고 높은 이상을 가지고 있는지를 측정한다.

질문	선택
A : 경쟁심이 강한 편이다. B : 경쟁심이 약한 편이다.	
A : 어떤 한 분야에서 제1인자가 되고 싶다고 생각한다. B : 어느 분야에서든 성실하게 임무를 진행하고 싶다고 생각한다.	
A : 규모가 큰일을 해보고 싶다. B : 맡은 일에 충실히 임하고 싶다.	
A : 아무리 노력해도 실패한 것은 아무런 도움이 되지 않는다. B : 가령 실패했을 지라도 나름대로의 노력이 있었으므로 괜찮다.	
A : 높은 목표를 설정하여 수행하는 것이 의욕적이다. B : 실현 가능한 정도의 목표를 설정하는 것이 의욕적이다.	

▶측정결과

㉠ 'A'가 많은 경우 : 큰 목표와 높은 이상을 가지고 승부욕이 강한 편이다.
• 면접관의 심리 : '열심히 일을 해줄 것 같은 유형이다.'
• 면접대책 : 달성의욕이 높다는 것은 어떤 직종이라도 플러스 평가가 된다.

㉡ 'B'가 많은 경우 : 현재의 생활을 소중하게 여기고 비약적인 발전을 위하여 기를 쓰지 않는다.
• 면접관의 심리 : '외부의 압력에 약하고, 기획입안 등을 하기 어려울 것이다.'
• 면접대책 : 일을 통하여 하고 싶은 것들을 구체적으로 어필한다.

② **활동의욕** … 자신에게 잠재된 에너지의 크기로, 정신적인 측면의 활동력이라 할 수 있다.

질문	선택
A : 하고 싶은 일을 실행으로 옮기는 편이다. B : 하고 싶은 일을 좀처럼 실행할 수 없는 편이다.	
A : 어려운 문제를 해결해 가는 것이 좋다. B : 어려운 문제를 해결하는 것을 잘하지 못한다.	
A : 일반적으로 결단이 빠른 편이다. B : 일반적으로 결단이 느린 편이다.	
A : 곤란한 상황에도 도전하는 편이다. B : 사물의 본질을 깊게 관찰하는 편이다.	
A : 시원시원하다는 말을 잘 듣는다. B : 꼼꼼하다는 말을 잘 듣는다.	

▶측정결과

㉠ 'A'가 많은 경우 : 꾸물거리는 것을 싫어하고 재빠르게 결단해서 행동하는 타입이다.
  • 면접관의 심리 : '일을 처리하는 솜씨가 좋고, 일을 척척 진행할 수 있을 것 같다.'
  • 면접대책 : 활동의욕이 높은 것은 플러스 평가가 된다. 사교성이나 활동성이 강하다는 인상을 준다.
㉡ 'B'가 많은 경우 : 안전하고 확실한 방법을 모색하고 차분하게 시간을 아껴서 일에 임하는 타입이다.
  • 면접관의 심리 : '재빨리 행동을 못하고, 일의 처리속도가 느린 것이 아닐까?'
  • 면접대책 : 활동성이 있는 것을 좋아하고 움직임이 더디다는 인상을 주지 않도록 한다.

3 성격의 유형

(1) 인성검사유형의 4가지 척도

  정서적인 측면, 행동적인 측면, 의욕적인 측면의 요소들은 성격 특성이라는 관점에서 제시된 것들로 각 개인의 장·단점을 파악하는 데 유용하다. 그러나 전체적인 개인의 인성을 이해하는 데는 한계가 있다.

  성격의 유형은 개인의 '성격적인 특색'을 가리키는 것으로, 사회인으로서 적합한지, 아닌지를 말하는 관점과는 관계가 없다. 따라서 채용의 합격 여부에는 사용되지 않는 경우가 많으며, 입사 후의 적정 부서 배치의 자료가 되는 편이라 생각하면 된다. 그러나 채용과 관계가 없다고 해서 아무런 준비도 필요없는 것은 아니다. 자신을 아는 것은 면접 대책의 밑거름이 되므로 모의검사 결과를 충분히 활용하도록 하여야 한다.

본서에서는 4개의 척도를 사용하여 기본적으로 16개의 패턴으로 성격의 유형을 분류하고 있다. 각 개인의 성격이 어떤 유형인지 재빨리 파악하기 위해 사용되며, '직성'에 맞는지, 맞지 않는지의 관점에 활용된다.

- 흥미·관심의 방향 : 내향형 ←————→ 외향형
- 사물에 대한 견해 : 직관형 ←————→ 감각형
- 판단하는 방법 : 감정형 ←————→ 사고형
- 환경에 대한 접근방법 : 지각형 ←————→ 판단형

(2) 성격유형

① 흥미·관심의 방향(내향⇆외향) … 흥미·관심의 방향이 자신의 내면에 있는지, 주위환경 등 외면에 향하는지를 가리키는 척도이다.

질문	선택
A : 내성적인 성격인 편이다. B : 개방적인 성격인 편이다.	
A : 항상 신중하게 생각을 하는 편이다. B : 바로 행동에 착수하는 편이다.	
A : 수수하고 조심스러운 편이다. B : 자기 표현력이 강한 편이다.	
A : 다른 사람과 함께 있으면 침착하지 않다. B : 혼자서 있으면 침착하지 않다.	

▶측정결과

㉠ 'A'가 많은 경우(내향) : 관심의 방향이 자기 내면에 있으며, 조용하고 낯을 가리는 유형이다. 행동력은 부족하나 집중력이 뛰어나고 신중하고 꼼꼼하다.

㉡ 'B'가 많은 경우(외향) : 관심의 방향이 외부환경에 있으며, 사교적이고 활동적인 유형이다. 꼼꼼함이 부족하여 대충하는 경향이 있으나 행동력이 있다.

② 일(사물)을 보는 방법(직감⇆감각) ··· 일(사물)을 보는 법이 직감적으로 형식에 얽매이는지, 감각적으로 상식적인지를 가리키는 척도이다.

질문	선택
A : 현실주의적인 편이다. B : 상상력이 풍부한 편이다.	
A : 정형적인 방법으로 일을 처리하는 것을 좋아한다. B : 만들어진 방법에 변화가 있는 것을 좋아한다.	
A : 경험에서 가장 적합한 방법으로 선택한다. B : 지금까지 없었던 새로운 방법을 개척하는 것을 좋아한다.	
A : 성실하다는 말을 듣는다. B : 호기심이 강하다는 말을 듣는다.	

▶측정결과
㉠ 'A'가 많은 경우(감각) : 현실적이고 경험주의적이며 보수적인 유형이다.
㉡ 'B'가 많은 경우(직관) : 새로운 주제를 좋아하며, 독자적인 시각을 가진 유형이다.

③ 판단하는 방법(감정⇆사고) ··· 일을 감정적으로 판단하는지, 논리적으로 판단하는지를 가리키는 척도이다.

질문	선택
A : 인간관계를 중시하는 편이다. B : 일의 내용을 중시하는 편이다.	
A : 결론을 자기의 신념과 감정에서 이끌어내는 편이다. B : 결론을 논리적 사고에 의거하여 내리는 편이다.	
A : 다른 사람보다 동정적이고 눈물이 많은 편이다. B : 다른 사람보다 이성적이고 냉정하게 대응하는 편이다.	
A : 다른 사람보다 동정적이고 눈물이 많은 편이다. B : 다른 사람보다 이성적이고 냉정하게 대응하는 편이다.	

▶측정결과
㉠ 'A'가 많은 경우(감정) : 일을 판단할 때 마음감정을 중요하게 여기는 유형이다. 감정이 풍부하고 친절하나 엄격함이 부족하고 우유부단하며, 합리성이 부족하다.
㉡ 'B'가 많은 경우(사고) : 일을 판단할 때 논리성을 중요하게 여기는 유형이다. 이성적이고 합리적이나 타인에 대한 배려가 부족하다.

④ 환경에 대한 접근방법 … 주변상황에 어떻게 접근하는지, 그 판단기준을 어디에 두는지를 측정한다.

질문	선택
A : 사전에 계획을 세우지 않고 행동한다. B : 반드시 계획을 세우고 그것에 의거해서 행동한다.	
A : 자유롭게 행동하는 것을 좋아한다. B : 조직적으로 행동하는 것을 좋아한다.	
A : 조직성이나 관습에 속박당하지 않는다. B : 조직성이나 관습을 중요하게 여긴다.	
A : 계획 없이 낭비가 심한 편이다. B : 예산을 세워 물건을 구입하는 편이다.	

▶측정결과
㉠ 'A'가 많은 경우(지각) : 일의 변화에 융통성을 가지고 유연하게 대응하는 유형이다. 낙관적이며 질서보다는 자유를 좋아하나 임기응변식의 대응으로 무계획적인 인상을 줄 수 있다.
㉡ 'B'가 많은 경우(판단) : 일의 진행시 계획을 세워서 실행하는 유형이다. 순차적으로 진행하는 일을 좋아하고 끈기가 있으나 변화에 대해 적절하게 대응하지 못하는 경향이 있다.

(3) 성격유형의 판정

성격유형은 합격 여부의 판정보다는 배치를 위한 자료로써 이용된다. 즉, 기업은 입사시험단계에서 입사 후에도 사용할 수 있는 정보를 입수하고 있다는 것이다. 성격검사에서는 어느 척도가 얼마나 고득점이었는지에 주시하고 각각의 측면에서 반드시 하나씩 고르고 편성한다. 편성은 모두 16가지가 되나 각각의 측면을 더 세분하면 200가지 이상의 유형이 나온다.

여기에서는 16가지 편성을 제시한다. 성격검사에 어떤 정보가 게재되어 있는지를 이해하면서 자기의 성격유형을 파악하기 위한 실마리로 활용하도록 한다.

① 내향 – 직관 – 감정 – 지각(TYPE A)

관심이 내면에 향하고 조용하고 소극적이다. 사물에 대한 견해는 새로운 것에 대해 호기심이 강하고, 독창적이다. 감정은 좋아하는 것과 싫어하는 것의 판단이 확실하고, 감정이 풍부하고 따뜻한 느낌이 있는 반면, 합리성이 부족한 경향이 있다. 환경에 접근하는 방법은 순응적이고 상황의 변화에 대해 유연하게 대응하는 것을 잘한다.

② 내향 - 직관 - 감정 - 사고(TYPE B)

관심이 내면으로 향하고 조용하고 쑥쓰러움을 잘 타는 편이다. 사물을 보는 관점은 독창적이며, 자기나름대로 궁리하며 생각하는 일이 많다. 좋고 싫음으로 판단하는 경향이 강하고 타인에게는 친절한 반면, 우유부단하기 쉬운 편이다. 환경 변화에 대해 유연하게 대응하는 것을 잘한다.

③ 내향 - 직관 - 사고 - 지각(TYPE C)

관심이 내면으로 향하고 얌전하고 교제범위가 좁다. 사물을 보는 관점은 독창적이며, 현실에서 먼 추상적인 것을 생각하기를 좋아한다. 논리적으로 생각하고 판단하는 경향이 강하고 이성적이지만, 남의 감정에 대해서는 무반응인 경향이 있다. 환경의 변화에 순응적이고 융통성 있게 임기응변으로 대응할 수가 있다.

④ 내향 - 직관 - 사고 - 판단(TYPE D)

관심이 내면으로 향하고 주의깊고 신중하게 행동을 한다. 사물을 보는 관점은 독창적이며 논리를 좋아해서 이치를 따지는 경향이 있다. 논리적으로 생각하고 판단하는 경향이 강하고, 객관적이지만 상대방의 마음에 대한 배려가 부족한 경향이 있다. 환경에 대해서는 순응하는 것보다 대응하며, 한 번 정한 것은 끈질기게 행동하려 한다.

⑤ 내향 - 감각 - 감정 - 지각(TYPE E)

관심이 내면으로 향하고 조용하며 소극적이다. 사물을 보는 관점은 상식적이고 그대로의 것을 좋아하는 경향이 있다. 좋음과 싫음으로 판단하는 경향이 강하고 타인에 대해서 동정심이 많은 반면, 엄격한 면이 부족한 경향이 있다. 환경에 대해서는 순응적이고, 예측할 수 없다해도 태연하게 행동하는 경향이 있다.

⑥ 내향 - 감각 - 감정 - 판단(TYPE F)

관심이 내면으로 향하고 얌전하며 쑥쓰러움을 많이 탄다. 사물을 보는 관점은 상식적이고 논리적으로 생각하는 것보다도 경험을 중요시하는 경향이 있다. 좋고 싫음으로 판단하는 경향이 강하고 사람이 좋은 반면, 개인적 취향이나 소원에 영향을 받는 일이 많은 경향이 있다. 환경에 대해서는 영향을 받지 않고, 자기 페이스 대로 꾸준히 성취하는 일을 잘한다.

⑦ 내향 - 감각 - 사고 - 지각(TYPE G)

관심이 내면으로 향하고 얌전하고 교제범위가 좁다. 사물을 보는 관점은 상식적인 동시에 실천적이며, 틀에 박힌 형식을 좋아한다. 논리적으로 판단하는 경향이 강하고 침착하지만 사람에 대해서는 엄격하여 차가운 인상을 주는 일이 많다. 환경에 대해서 순응적이고, 계획적으로 행동하지 않으며 자유로운 행동을 좋아하는 경향이 있다.

⑧ 내향 – 감각 – 사고 – 판단(TYPE H)

관심이 내면으로 향하고 주의 깊고 신중하게 행동을 한다. 사물을 보는 관점이 상식적이고 새롭고 경험하지 못한 일에 대응을 잘 하지 못한다. 논리적으로 생각하고 판단하는 경향이 강하고, 공평하지만 상대방의 감정에 대해 배려가 부족할 때가 있다. 환경에 대해서는 작용하는 편이고, 질서 있게 행동하는 것을 좋아한다.

⑨ 외향 – 직관 – 감정 – 지각(TYPE I)

관심이 외향으로 향하고 밝고 활동적이며 교제범위가 넓다. 사물을 보는 관점은 독창적이고 호기심이 강하며 새로운 것을 생각하는 것을 좋아한다. 좋음 싫음으로 판단하는 경향이 강하다. 사람은 좋은 반면 개인적 취향이나 소원에 영향을 받는 일이 많은 편이다.

⑩ 외향 – 직관 – 감정 – 판단(TYPE J)

관심이 외향으로 향하고 개방적이며 누구와도 쉽게 친해질 수 있다. 사물을 보는 관점은 독창적이고 자기 나름대로 궁리하고 생각하는 면이 많다. 좋음과 싫음으로 판단하는 경향이 강하고, 타인에 대해 동정적이기 쉽고 엄격함이 부족한 경향이 있다. 환경에 대해서는 작용하는 편이고 질서 있는 행동을 하는 것을 좋아한다.

⑪ 외향 – 직관 – 사고 – 지각(TYPE K)

관심이 외향으로 향하고 태도가 분명하며 활동적이다. 사물을 보는 관점은 독창적이고 현실과 거리가 있는 추상적인 것을 생각하는 것을 좋아한다. 논리적으로 생각하고 판단하는 경향이 강하고, 공평하지만 상대에 대한 배려가 부족할 때가 있다.

⑫ 외향 – 직관 – 사고 – 판단(TYPE L)

관심이 외향으로 향하고 밝고 명랑한 성격이며 사교적인 것을 좋아한다. 사물을 보는 관점은 독창적이고 논리적인 것을 좋아하기 때문에 이치를 따지는 경향이 있다. 논리적으로 생각하고 판단하는 경향이 강하고 침착성이 뛰어나지만 사람에 대해서 엄격하고 차가운 인상을 주는 경우가 많다. 환경에 대해 작용하는 편이고 계획을 세우고 착실하게 실행하는 것을 좋아한다.

⑬ 외향 – 감각 – 감정 – 지각(TYPE M)

관심이 외향으로 향하고 밝고 활동적이고 교제범위가 넓다. 사물을 보는 관점은 상식적이고 종래대로 있는 것을 좋아한다. 보수적인 경향이 있고 좋아함과 싫어함으로 판단하는 경향이 강하며 타인에게는 친절한 반면, 우유부단한 경우가 많다. 환경에 대해 순응적이고, 융통성이 있고 임기응변으로 대응할 가능성이 높다.

⑭ 외향 – 감각 – 감정 – 판단(TYPE N)

관심이 외향으로 향하고 개방적이며 누구와도 쉽게 대면할 수 있다. 사물을 보는 관점은 상식적이고 논리적으로 생각하기보다는 경험을 중시하는 편이다. 좋아함과 싫어함으로 판단하는 경향이 강하고 감정이 풍부하며 따뜻한 느낌이 있는 반면에 합리성이 부족한 경우가 많다. 환경에 대해서 작용하는 편이고, 한 번 결정한 것은 끈질기게 실행하려고 한다.

⑮ 외향 – 감각 – 사고 – 지각(TYPE O)

관심이 외향으로 향하고 시원한 태도이며 활동적이다. 사물을 보는 관점이 상식적이며 동시에 실천적이고 명백한 형식을 좋아하는 경향이 있다. 논리적으로 생각하고 판단하는 경향이 강하고, 객관적이지만 상대 마음에 대해 배려가 부족한 경향이 있다.

⑯ 외향 – 감각 – 사고 – 판단(TYPE P)

관심이 외향으로 향하고 밝고 명랑하며 사교적인 것을 좋아한다. 사물을 보는 관점은 상식적이고 경험하지 못한 새로운 것에 대응을 잘 하지 못한다. 논리적으로 생각하고 판단하는 경향이 강하고 이성적이지만 사람의 감정에 무심한 경향이 있다. 환경에 대해서는 작용하는 편이고, 자기 페이스대로 꾸준히 성취하는 것을 잘한다.

4 인성검사의 대책

(1) 미리 알아두어야 할 점

① 출제 문항 수 … 인성검사의 출제 문항 수는 특별히 정해진 것이 아니며 각 기업체의 기준에 따라 달라질 수 있다. 보통 100문항 이상에서 500문항까지 출제된다고 예상하면 된다.

② 출제형식

　㉠ '예' 아니면 '아니오'의 형식

다음 문항을 읽고 자신에게 해당되는지 안 되는지를 판단하여 해당될 경우 '예'를, 해당되지 않을 경우 '아니오'를 고르시오.

질문	예	아니오
1. 자신의 생각이나 의견은 좀처럼 변하지 않는다.	○	
2. 구입한 후 끝까지 읽지 않은 책이 많다.		○

다음 문항에 대해서 평소에 자신이 생각하고 있는 것이나 행동하고 있는 것에 O표를 하시오.

질문	그렇다	약간 그렇다	그저 그렇다	별로 그렇지 않다	그렇지 않다
1. 시간에 쫓기는 것이 싫다.		○			
2. 여행가기 전에 계획을 세운다			○		

㉠ A와 B의 선택형식

A와 B에 주어진 문장을 읽고 자신에게 해당되는 것을 고르시오.

질문	선택
A : 걱정거리가 있어서 잠을 못 잘 때가 있다. B : 걱정거리가 있어도 잠을 잘 잔다.	(○) (　)

(2) 임하는 자세

① **솔직하게 있는 그대로 표현한다** … 인성검사는 평범한 일상생활 내용들을 다룬 짧은 문장과 어떤 대상이나 일에 대한 선로를 선택하는 문장으로 구성되었으므로 평소에 자신이 생각한 바를 너무 골똘히 생각하지 말고 문제를 보는 순간 떠오른 것을 표현한다.

② **모든 문제를 신속하게 대답한다** … 인성검사는 시간 제한이 없는 것이 원칙이지만 기업체들은 일정한 시간 제한을 두고 있다. 인성검사는 개인의 성격과 자질을 알아보기 위한 검사이기 때문에 정답이 없다. 다만, 기업체에서 바람직하게 생각하거나 기대되는 결과가 있을 뿐이다. 따라서 시간에 쫓겨서 대충 대답을 하는 것은 바람직하지 못하다.

02 실전 인성검사

▌1~250 ▌ 다음 제시된 문항이 당신에게 해당한다면 YES, 그렇지 않다면 NO를 선택하시오.

	YES	NO
1. 사람들이 붐비는 도시보다 한적한 시골이 좋다.	( )	( )
2. 전자기기를 잘 다루지 못하는 편이다.	( )	( )
3. 인생에 대해 깊이 생각해 본 적이 없다.	( )	( )
4. 혼자서 식당에 들어가는 것은 전혀 두려운 일이 아니다.	( )	( )
5. 남녀 사이의 연애에서 중요한 것은 돈이다.	( )	( )
6. 걸음걸이가 빠른 편이다.	( )	( )
7. 육류보다 채소류를 더 좋아한다.	( )	( )
8. 소곤소곤 이야기하는 것을 보면 자기에 대해 험담하고 있는 것으로 생각된다.	( )	( )
9. 여럿이 어울리는 자리에서 이야기를 주도하는 편이다.	( )	( )
10. 집에 머무는 시간보다 밖에서 활동하는 시간이 더 많은 편이다.	( )	( )
11. 무엇인가 창조해내는 작업을 좋아한다.	( )	( )
12. 자존심이 강하다고 생각한다.	( )	( )
13. 금방 흥분하는 성격이다.	( )	( )
14. 거짓말을 한 적이 많다.	( )	( )
15. 신경질적인 편이다.	( )	( )
16. 끙끙대며 고민하는 타입이다.	( )	( )
17. 자신이 맡은 일에 반드시 책임을 지는 편이다.	( )	( )
18. 누군가와 마주하는 것보다 통화로 이야기하는 것이 더 편하다.	( )	( )
19. 운동신경이 뛰어난 편이다.	( )	( )
20. 생각나는 대로 말해버리는 편이다.	( )	( )
21. 싫어하는 사람이 없다.	( )	( )
22. 학창시절 국·영·수보다는 예체능 과목을 더 좋아했다.	( )	( )
23. 쓸데없는 고생을 하는 일이 많다.	( )	( )

24. 자주 생각이 바뀌는 편이다. ································( )( )

25. 갈등은 대화로 해결한다. ································( )( )

26. 내 방식대로 일을 한다. ································( )( )

27. 영화를 보고 운 적이 많다. ································( )( )

28. 어떤 것에 대해서도 화낸 적이 없다. ·······················( )( )

29. 좀처럼 아픈 적이 없다. ································( )( )

30. 자신은 도움이 안 되는 사람이라고 생각한다. ·················( )( )

31. 어떤 일이든 쉽게 싫증을 내는 편이다. ····················( )( )

32. 개성적인 사람이라고 생각한다. ··························( )( )

33. 자기주장이 강한 편이다. ································( )( )

34. 뒤숭숭하다는 말을 들은 적이 있다. ······················( )( )

35. 인터넷 사용이 아주 능숙하다. ··························( )( )

36. 사람들과 관계 맺는 것을 보면 잘하지 못한다. ···············( )( )

37. 사고방식이 독특하다. ································( )( )

38. 대중교통보다는 걷는 것을 더 선호한다. ···················( )( )

39. 끈기가 있는 편이다. ································( )( )

40. 신중한 편이라고 생각한다. ································( )( )

41. 인생의 목표는 큰 것이 좋다. ··························( )( )

42. 어떤 일이라도 바로 시작하는 타입이다. ···················( )( )

43. 낯가림을 하는 편이다. ································( )( )

44. 생각하고 나서 행동하는 편이다. ··························( )( )

45. 쉬는 날은 밖으로 나가는 경우가 많다. ····················( )( )

46. 시작한 일은 반드시 완성시킨다. ··························( )( )

47. 면밀한 계획을 세운 여행을 좋아한다. ····················( )( )

48. 야망이 있는 편이라고 생각한다. ··························( )( )

49. 활동력이 있는 편이다. ································ ( )( )

50. 많은 사람들과 왁자지껄하게 식사하는 것을 좋아하지 않는다. ······ ( )( )

51. 장기적인 계획을 세우는 것을 꺼려한다. ···················( )( )

52. 자기 일이 아닌 이상 무심한 편이다. ·····················( )( )

53. 하나의 취미에 열중하는 타입이다. ……………………………………(　)(　)

54. 스스로 모임에서 회장에 어울린다고 생각한다. …………………(　)(　)

55. 입신출세의 성공이야기를 좋아한다. ………………………………(　)(　)

56. 어떠한 일도 의욕을 가지고 임하는 편이다. ……………………(　)(　)

57. 학급에서는 존재가 희미했다. ………………………………………(　)(　)

58. 항상 무언가를 생각하고 있다. ……………………………………(　)(　)

59. 스포츠는 보는 것보다 하는 게 좋다. ……………………………(　)(　)

60. 문제 상황을 바르게 인식하고 현실적이고 객관적으로 대처한다. ……(　)(　)

61. 흐린 날은 반드시 우산을 가지고 간다. …………………………(　)(　)

62. 여러 명보다 1 : 1로 대화하는 것을 선호한다. …………………(　)(　)

63. 공격하는 타입이라고 생각한다. ……………………………………(　)(　)

64. 리드를 받는 편이다. …………………………………………………(　)(　)

65. 너무 신중해서 기회를 놓친 적이 있다. …………………………(　)(　)

66. 시원시원하게 움직이는 타입이다. …………………………………(　)(　)

67. 야근을 해서라도 업무를 끝낸다. …………………………………(　)(　)

68. 누군가를 방문할 때는 반드시 사전에 확인한다. ………………(　)(　)

69. 아무리 노력해도 결과가 따르지 않는다면 의미가 없다. ……(　)(　)

70. 솔직하고 타인에 대해 개방적이다. ………………………………(　)(　)

71. 유행에 둔감하다고 생각한다. ………………………………………(　)(　)

72. 정해진 대로 움직이는 것은 시시하다. …………………………(　)(　)

73. 꿈을 계속 가지고 있고 싶다. ………………………………………(　)(　)

74. 질서보다 자유를 중요시하는 편이다. ……………………………(　)(　)

75. 혼자서 취미에 몰두하는 것을 좋아한다. ………………………(　)(　)

76. 직관적으로 판단하는 편이다. ………………………………………(　)(　)

77. 영화나 드라마를 보며 등장인물의 감정에 이입된다. …………(　)(　)

78. 시대의 흐름에 역행해서라도 자신을 관철하고 싶다. …………(　)(　)

79. 다른 사람의 소문에 관심이 없다. …………………………………(　)(　)

80. 창조적인 편이다. ……………………………………………………(　)(　)

81. 비교적 눈물이 많은 편이다. ………………………………………(　)(　)

82. 융통성이 있다고 생각한다. ···(   )(   )

83. 친구의 휴대전화 번호를 잘 모른다. ·····································(   )(   )

84. 스스로 고안하는 것을 좋아한다. ···(   )(   )

85. 정이 두터운 사람으로 남고 싶다. ···(   )(   )

86. 새로 나온 전자제품의 사용방법을 익히는 데 오래 걸린다. ·····(   )(   )

87. 세상의 일에 별로 관심이 없다. ··(   )(   )

88. 변화를 추구하는 편이다. ··(   )(   )

89. 업무는 인간관계로 선택한다. ···(   )(   )

90. 환경이 변하는 것에 구애되지 않는다. ·······························(   )(   )

91. 다른 사람들에게 첫인상이 좋다는 이야기를 자주 듣는다. ····(   )(   )

92. 인생은 살 가치가 없다고 생각한다. ····································(   )(   )

93. 의지가 약한 편이다. ··(   )(   )

94. 다른 사람이 하는 일에 별로 관심이 없다. ··························(   )(   )

95. 자주 넘어지거나 다치는 편이다. ···(   )(   )

96. 심심한 것을 못 참는다. ··(   )(   )

97. 다른 사람을 욕한 적이 한 번도 없다. ·······························(   )(   )

98. 몸이 아프더라도 병원에 잘 가지 않는 편이다. ····················(   )(   )

99. 금방 낙심하는 편이다. ···(   )(   )

100. 평소 말이 빠른 편이다. ···(   )(   )

101. 어려운 일은 되도록 피하는 게 좋다. ·································(   )(   )

102. 다른 사람이 내 의견에 간섭하는 것이 싫다. ·····················(   )(   )

103. 낙천적인 편이다. ··(   )(   )

104. 남을 돕다가 오해를 산 적이 있다. ····································(   )(   )

105. 모든 일에 준비성이 철저한 편이다. ···································(   )(   )

106. 상냥하다는 말을 들은 적이 있다. ······································(   )(   )

107. 맑은 날보다 흐린 날을 더 좋아한다. ·································(   )(   )

108. 많은 친구들을 만나는 것보다 단 둘이 만나는 것이 더 좋다. ···(   )(   )

109. 평소에 불평불만이 많은 편이다. ··(   )(   )

110. 가끔 나도 모르게 엉뚱한 행동을 하는 때가 있다. ·············(   )(   )

111. 생리현상을 잘 참지 못하는 편이다. ·····················( )( )

112. 다른 사람을 기다리는 경우가 많다. ·····················( )( )

113. 술자리나 모임에 억지로 참여하는 경우가 많다. ·····( )( )

114. 결혼과 연애는 별개라고 생각한다. ·····················( )( )

115. 노후에 대해 걱정이 될 때가 많다. ·····················( )( )

116. 잃어버린 물건은 쉽게 찾는 편이다. ·····················( )( )

117. 비교적 쉽게 감격하는 편이다. ·····························( )( )

118. 어떤 것에 대해서는 불만을 가진 적이 없다. ·········( )( )

119. 걱정으로 밤에 못 잘 때가 많다. ························( )( )

120. 자주 후회하는 편이다. ····································( )( )

121. 쉽게 학습하지만 쉽게 잊어버린다. ····················( )( )

122. 낮보다 밤에 일하는 것이 좋다. ························( )( )

123. 많은 사람 앞에서도 긴장하지 않는다. ···············( )( )

124. 상대방에게 감정 표현을 하기가 어렵게 느껴진다. ···( )( )

125. 인생을 포기하는 마음을 가진 적이 한 번도 없다. ···( )( )

126. 규칙에 대해 드러나게 반발하기보다 속으로 반발한다. ···( )( )

127. 자신의 언행에 대해 자주 반성한다. ··················( )( )

128. 활동범위가 좁아 늘 가던 곳만 고집한다. ···········( )( )

129. 나는 끈기가 다소 부족하다. ···························( )( )

130. 좋다고 생각하더라도 좀 더 검토하고 나서 실행한다. ···( )( )

131. 위대한 인물이 되고 싶다. ······························( )( )

132. 한 번에 많은 일을 떠맡아도 힘들지 않다. ···········( )( )

133. 사람과 약속은 부담스럽다. ····························( )( )

134. 질문을 받으면 충분히 생각하고 나서 대답하는 편이다. ···( )( )

135. 머리를 쓰는 것보다 땀을 흘리는 일이 좋다. ·········( )( )

136. 결정한 것에는 철저히 구속받는다. ··················( )( )

137. 아무리 바쁘더라도 자기관리를 위한 운동을 꼭 한다. ···( )( )

138. 이왕 할 거라면 일등이 되고 싶다. ···················( )( )

139. 과감하게 도전하는 타입이다. ·························( )( )

140. 자신은 사교적이 아니라고 생각한다. ·······························( )( )

141. 무심코 도리에 대해서 말하고 싶어진다. ···························( )( )

142. 목소리가 큰 편이다. ··( )( )

143. 단념하기보다 실패하는 것이 낫다고 생각한다. ···················( )( )

144. 예상하지 못한 일은 하고 싶지 않다. ·····························( )( )

145. 파란만장하더라도 성공하는 인생을 살고 싶다. ···················( )( )

146. 활기찬 편이라고 생각한다. ···( )( )

147. 자신의 성격으로 고민한 적이 있다. ·······························( )( )

148. 무심코 사람들을 평가 한다. ··( )( )

149. 때때로 성급하다고 생각한다. ··( )( )

150. 자신은 꾸준히 노력하는 타입이라고 생각한다. ···················( )( )

151. 터무니없는 생각이라도 메모한다. ····································( )( )

152. 리더십이 있는 사람이 되고 싶다. ···································( )( )

153. 열정적인 사람이라고 생각한다. ······································( )( )

154. 다른 사람 앞에서 이야기를 하는 것이 조심스럽다. ···············( )( )

155. 세심하기보다 통찰력이 있는 편이다. ·······························( )( )

156. 엉덩이가 가벼운 편이다. ···( )( )

157. 여러 가지로 구애받는 것을 견디지 못한다. ······················( )( )

158. 돌다리도 두들겨 보고 건너는 쪽이 좋다. ························( )( )

159. 자신에게는 권력욕이 있다. ···( )( )

160. 자신의 능력보다 과중한 업무를 할당받으면 기쁘다. ·············( )( )

161. 사색적인 사람이라고 생각한다. ······································( )( )

162. 비교적 개혁적이다. ···( )( )

163. 좋고 싫음으로 정할 때가 많다. ·····································( )( )

164. 전통에 얽매인 습관은 버리는 것이 적절하다. ···················( )( )

165. 교제 범위가 좁은 편이다. ···( )( )

166. 발상의 전환을 할 수 있는 타입이라고 생각한다. ················( )( )

167. 주관적인 판단으로 실수한 적이 있다. ·····························( )( )

168. 현실적이고 실용적인 면을 추구한다. ·······························( )( )

169. 타고난 능력에 의존하는 편이다. ·······························( )( )

170. 다른 사람을 의식하여 외모에 신경을 쓴다. ·················( )( )

171. 마음이 담겨 있으면 선물은 아무 것이나 좋다. ·············( )( )

172. 여행은 내 마음대로 하는 것이 좋다. ·························( )( )

173. 추상적인 일에 관심이 있는 편이다. ·························( )( )

174. 큰일을 먼저 결정하고 세세한 일을 나중에 결정하는 편이다. ·····( )( )

175. 괴로워하는 사람을 보면 답답하다. ·························( )( )

176. 자신의 가치기준을 알아주는 사람은 아무도 없다. ·········( )( )

177. 인간성이 없는 사람과는 함께 일할 수 없다. ···············( )( )

178. 상상력이 풍부한 편이라고 생각한다. ·······················( )( )

179. 의리, 인정이 두터운 상사를 만나고 싶다. ·················( )( )

180. 인생은 앞날을 알 수 없어 재미있다. ·······················( )( )

181. 조직에서 분위기 메이커다. ·································( )( )

182. 반성하는 시간에 차라리 실수를 만회할 방법을 구상한다. ·······( )( )

183. 늘 하던 방식대로 일을 처리해야 마음이 편하다. ·············( )( )

184. 쉽게 이룰 수 있는 일에는 흥미를 느끼지 못한다. ···········( )( )

185. 좋다고 생각하면 바로 행동한다. ···························( )( )

186. 후배들은 무섭게 가르쳐야 따라온다. ·······················( )( )

187. 한 번에 많은 일을 떠맡는 것이 부담스럽다. ···············( )( )

188. 능력 없는 상사라도 진급을 위해 아부할 수 있다. ···········( )( )

189. 질문을 받으면 그때의 느낌으로 대답하는 편이다. ···········( )( )

190. 땀을 흘리는 것보다 머리를 쓰는 일이 좋다. ···············( )( )

191. 단체 규칙에 그다지 구속받지 않는다. ·······················( )( )

192. 물건을 자주 잃어버리는 편이다. ···························( )( )

193. 불만이 생기면 즉시 말해야 한다. ···························( )( )

194. 안전한 방법을 고르는 타입이다. ···························( )( )

195. 사교성이 많은 사람을 보면 부럽다. ·······················( )( )

196. 성격이 급한 편이다. ·······································( )( )

197. 갑자기 중요한 프로젝트가 생기면 혼자서라도 야근할 수 있다. ·····( )( )

198. 내 인생에 절대로 포기하는 경우는 없다. ·················( )( )

199. 예상하지 못한 일도 해보고 싶다. ……………………………………………(　)(　)

200. 평범하고 평온하게 행복한 인생을 살고 싶다. …………………………(　)(　)

201. 상사의 부정을 눈감아 줄 수 있다. …………………………………………(　)(　)

202. 자신은 소극적이라고 생각하지 않는다. ……………………………………(　)(　)

203. 이것저것 평하는 것이 싫다. …………………………………………………(　)(　)

204. 자신은 꼼꼼한 편이라고 생각한다. …………………………………………(　)(　)

205. 꾸준히 노력하는 것을 잘 하지 못한다. ……………………………………(　)(　)

206. 내일의 계획이 이미 머릿속에 계획되어 있다. ……………………………(　)(　)

207. 협동성이 있는 사람이 되고 싶다. …………………………………………(　)(　)

208. 동료보다 돋보이고 싶다. ………………………………………………………(　)(　)

209. 다른 사람 앞에서 이야기를 잘한다. …………………………………………(　)(　)

210. 실행력이 있는 편이다. …………………………………………………………(　)(　)

211. 계획을 세워야만 실천할 수 있다. …………………………………………(　)(　)

212. 누구라도 나에게 싫은 소리를 하는 것은 듣기 싫다. ……………………(　)(　)

213. 생각으로 끝나는 일이 많다. …………………………………………………(　)(　)

214. 피곤하더라도 웃으며 일하는 편이다. ………………………………………(　)(　)

215. 과중한 업무를 할당받으면 포기해버린다. …………………………………(　)(　)

216. 상사가 지시한 일이 부당하면 업무를 하더라도 불만을 토로한다. ……(　)(　)

217. 또래에 비해 보수적이다. ………………………………………………………(　)(　)

218. 자신에게 손해인지 이익인지를 생각하여 결정할 때가 많다. …………(　)(　)

219. 전통적인 방식이 가장 좋은 방식이라고 생각한다. ………………………(　)(　)

220. 때로는 친구들이 너무 많아 부담스럽다. …………………………………(　)(　)

221. 상식적인 판단을 할 수 있는 타입이라고 생각한다. ……………………(　)(　)

222. 너무 객관적이라는 평가를 받는다. …………………………………………(　)(　)

223. 안정적인 방법보다는 위험성이 높더라도 높은 이익을 추구한다. ……(　)(　)

224. 타인의 아이디어를 도용하여 내 아이디어처럼 꾸민 적이 있다. ………(　)(　)

225. 조직에서 돋보이기 위해 준비하는 것이 있다. ……………………………(　)(　)

226. 선물은 상대방에게 필요한 것을 사줘야 한다. ……………………………(　)(　)

227. 나무보다 숲을 보는 것에 소질이 있다. ……………………………………(　)(　)

228. 때때로 자신을 지나치게 비하하기도 한다. ………………………………(　)(　)

229. 조직에서 있는 듯 없는 듯한 존재이다. ……………………………………(　)(　)

230. 다른 일을 제쳐두고 한 가지 일에 몰두한 적이 있다. …………………(　)(　)

231. 가끔 다음 날 지장이 생길 만큼 술을 마신다. ……………………………(　)(　)

232. 같은 또래보다 개방적이다. ···(   )(   )

233. 사실 돈이면 안 될 것이 없다고 생각한다. ·······································(   )(   )

234. 능력이 없더라도 공평하고 공적인 상사를 만나고 싶다. ················(   )(   )

235. 사람들이 자신을 비웃는다고 종종 여긴다. ·······························(   )(   )

236. 내가 먼저 적극적으로 사람들과 관계를 맺는다. ····························(   )(   )

237. 모임을 스스로 만들기보다 이끌려가는 것이 편하다. ·····················(   )(   )

238. 몸을 움직이는 것을 좋아하지 않는다. ··(   )(   )

239. 꾸준한 취미를 갖고 있다. ··(   )(   )

240. 때때로 나는 경솔한 편이라고 생각한다. ··(   )(   )

241. 때로는 목표를 세우는 것이 무의미하다고 생각한다. ·····················(   )(   )

242. 어떠한 일을 시작하는데 많은 시간이 걸린다. ·······························(   )(   )

243. 초면인 사람과도 바로 친해질 수 있다. ···(   )(   )

244. 일단 행동하고 나서 생각하는 편이다. ··(   )(   )

245. 여러 가지 일 중에서 쉬운 일을 먼저 시작하는 편이다. ··················(   )(   )

246. 마무리를 짓지 못해 포기하는 경우가 많다. ··································(   )(   )

247. 여행은 계획 없이 떠나는 것을 좋아한다. ·······································(   )(   )

248. 욕심이 없는 편이라고 생각한다. ··(   )(   )

249. 성급한 결정으로 후회한 적이 있다. ··(   )(   )

250. 많은 사람들과 왁자지껄하게 식사하는 것을 좋아한다. ··················(   )(   )

PART

IV

면접

01 면접의 기본

1 면접의 기본

(1) 면접의 기본 원칙

① **면접의 의미** … 면접이란 다양한 면접기법을 활용하여 지원한 직무에 필요한 능력을 지원자가 보유하고 있는지를 확인하는 절차라고 할 수 있다. 즉, 지원자의 입장에서는 채용 직무수행에 필요한 요건들과 관련하여 자신의 환경, 경험, 관심사, 성취 등에 대해 기업에 직접 어필할 수 있는 기회를 제공받는 것이며, 기업의 입장에서는 서류전형만으로 알 수 없는 지원자에 대한 정보를 직접적으로 수집하고 평가하는 것이다.

② **면접의 특징** … 면접은 기업의 입장에서 서류전형이나 필기전형에서 드러나지 않는 지원자의 능력이나 성향을 볼 수 있는 기회로, 면대면으로 이루어지며 즉흥적인 질문들이 포함될 수 있기 때문에 지원자가 완벽하게 준비하기 어려운 부분이 있다. 하지만 지원자 입장에서도 서류전형이나 필기전형에서 모두 보여주지 못한 자신의 능력 등을 기업의 인사담당자에게 어필할 수 있는 추가적인 기회가 될 수도 있다.

[서류·필기전형과 차별화되는 면접의 특징]

- 직무수행과 관련된 다양한 지원자 행동에 대한 관찰이 가능하다.
- 면접관이 알고자 하는 정보를 심층적으로 파악할 수 있다.
- 서류상의 미비한 사항과 의심스러운 부분을 확인할 수 있다.
- 커뮤니케이션 능력, 대인관계 능력 등 행동·언어적 정보도 얻을 수 있다.

③ **면접의 유형**
　㉠ **구조화 면접**: 구조화 면접은 사전에 계획을 세워 질문의 내용과 방법, 지원자의 답변 유형에 따른 추가 질문과 그에 대한 평가 역량이 정해져 있는 면접 방식으로 표준화 면접이라고도 한다.
　　- 표준화된 질문이나 평가요소가 면접 전 확정되며, 지원자는 편성된 조나 면접관에 영향을 받지 않고 동일한 질문과 시간을 부여받을 수 있다.
　　- 조직 또는 직무별로 주요하게 도출된 역량을 기반으로 평가요소가 구성되어, 조직 또는 직무에서 필요한 역량을 가진 지원자를 선발할 수 있다.
　　- 표준화된 형식을 사용하는 특성 때문에 비구조화 면접에 비해 신뢰성과 타당성, 객관성이 높다.

ⓛ 비구조화 면접 : 비구조화 면접은 면접 계획을 세울 때 면접 목적만을 명시하고 내용이나 방법은 면접관에게 전적으로 일임하는 방식으로 비표준화 면접이라고도 한다.

- 표준화된 질문이나 평가요소 없이 면접이 진행되며, 편성된 조나 면접관에 따라 지원자에게 주어지는 질문이나 시간이 다르다.
- 면접관의 주관적인 판단에 따라 평가가 이루어져 평가 오류가 빈번히 일어난다.
- 상황 대처나 언변이 뛰어난 지원자에게 유리한 면접이 될 수 있다.

④ 경쟁력 있는 면접 요령

㉠ 면접 전에 준비하고 유념할 사항

- 예상 질문과 답변을 미리 작성한다.
- 작성한 내용을 문장으로 외우지 않고 키워드로 기억한다.
- 지원한 회사의 최근 기사를 검색하여 기억한다.
- 지원한 회사가 속한 산업군의 최근 기사를 검색하여 기억한다.
- 면접 전 1주일간 이슈가 되는 뉴스를 기억하고 자신의 생각을 반영하여 정리한다.
- 찬반토론에 대비한 주제를 목록으로 정리하여 자신의 논리를 내세운 예상답변을 작성한다.

㉡ 면접장에서 유념할 사항

- 질문의 의도 파악 : 답변을 할 때에는 질문 의도를 파악하고 그에 충실한 답변이 될 수 있도록 질문사항을 유념해야 한다. 많은 지원자가 하는 실수 중 하나로 답변을 하는 도중 자기 말에 심취되어 질문의 의도와 다른 답변을 하거나 자신이 알고 있는 지식만을 나열하는 경우가 있는데, 이럴 경우 의사소통능력이 부족한 사람으로 인식될 수 있으므로 주의하도록 한다.
- 답변은 두괄식 : 답변을 할 때에는 두괄식으로 결론을 먼저 말하고 그 이유를 설명하는 것이 좋다. 미괄식으로 답변을 할 경우 용두사미의 답변이 될 가능성이 높으며, 결론을 이끌어 내는 과정에서 논리성이 결여될 우려가 있다. 또한 면접관이 결론을 듣기 전에 말을 끊고 다른 질문을 추가하는 예상치 못한 상황이 발생될 수 있으므로 답변은 자신이 전달하고자 하는 바를 먼저 밝히고 그에 대한 설명을 하는 것이 좋다.
- 지원한 회사의 기업정신과 인재상을 기억 : 답변을 할 때에는 회사가 원하는 인재라는 인상을 심어주기 위해 지원한 회사의 기업정신과 인재상 등을 염두에 두고 답변을 하는 것이 좋다. 모든 회사에 해당되는 두루뭉술한 답변보다는 지원한 회사에 맞는 맞춤형 답변을 하는 것이 좋다.
- 나보다는 회사와 사회적 관점에서 답변 : 답변을 할 때에는 자기중심적인 관점을 피하고 좀 더 넓은 시각으로 회사와 국가, 사회적 입장까지 고려하는 인재임을 어필하는 것이 좋다. 자기중심적 시각을 바탕으로 자신의 출세만을 위해 회사에 입사하려는 인상을 심어줄 경우 면접에서 불이익을 받을 가능성이 높다.

- 난처한 질문은 정직한 답변 : 난처한 질문에 답변을 해야 할 때에는 피하기보다는 정면 돌파로 정식하고 솔직하게 답변하는 것이 좋다. 난처한 부분을 감추고 드러내지 않으려 회피하려는 지원자의 모습은 인사담당자에게 입사 후에도 비슷한 상황에 처했을 때 회피할 수도 있다는 우려를 심어줄 수 있다. 따라서 직장생활에 있어 중요한 덕목 중 하나인 정직을 바탕으로 솔직하게 답변을 하도록 한다.

(2) 면접의 종류 및 준비 전략

① 인성면접

  ㉠ 면접 방식 및 판단기준

   • 면접 방식 : 인성면접은 면접관이 가지고 있는 개인적 면접 노하우나 관심사에 의해 질문을 실시한다. 주로 입사지원서나 자기소개서의 내용을 토대로 지원동기, 과거의 경험, 미래 포부 등을 이야기하도록 하는 방식이다.

   • 판단기준 : 면접관의 개인적 가치관과 경험, 해당 역량의 수준, 경험의 구체성·진실성 등

  ㉡ 특징 : 인성면접은 그 방식으로 인해 역량과 무관한 질문들이 많고 지원자에게 주어지는 면접질문, 시간 등이 다를 수 있다. 또한 입사지원서나 자기소개서의 내용을 토대로 하기 때문에 지원자별 질문이 달라질 수 있다.

  ㉢ 예시 문항 및 준비전략

   • 예시 문항

   > • 3분 동안 자기소개를 해 보십시오.
   > • 자신의 장점과 단점을 말해 보십시오.
   > • 학점이 좋지 않은데 그 이유가 무엇입니까?
   > • 최근에 인상 깊게 읽은 책은 무엇입니까?
   > • 회사를 선택할 때 중요시하는 것은 무엇입니까?
   > • 일과 개인생활 중 어느 쪽을 중시합니까?
   > • 10년 후 자신은 어떤 모습일 것이라고 생각합니까?
   > • 휴학 기간 동안에는 무엇을 했습니까?

   • 준비전략 : 인성면접은 입사지원서나 자기소개서의 내용을 바탕으로 하는 경우가 많으므로 자신이 작성한 입사지원서와 자기소개서의 내용을 충분히 숙지하도록 한다. 또한 최근 사회적으로 이슈가 되고 있는 뉴스에 대한 견해를 묻거나 시사상식 등에 대한 질문을 받을 수 있으므로 이에 대한 대비도 필요하다. 자칫 부담스러워 보이지 않는 질문으로 가볍게 대답하지 않도록 주의하고 모든 질문에 입사 의지를 담아 성실하게 답변하는 것이 중요하다.

② 발표면접

  ㉠ 면접 방식 및 판단기준

   • 면접 방식 : 지원자가 특정 주제와 관련된 자료를 검토하고 그에 대한 자신의 생각을 면접관 앞에서 주어진 시간 동안 발표하고 추가 질의를 받는 방식으로 진행된다.

   • 판단기준 : 지원자의 사고력, 논리력, 문제해결력 등

ⓒ 특징 : 발표면접은 지원자에게 과제를 부여한 후, 과제를 수행하는 과정과 결과를 관찰·평가한다. 따라서 과제수행 결과뿐 아니라 수행과정에서의 행동을 모두 평가할 수 있다.

ⓒ 예시 문항 및 준비전략

• 예시 문항

[신입사원 조기 이직 문제]

※ 지원자는 아래에 제시된 자료를 검토한 뒤, 신입사원 조기 이직의 원인을 크게 3가지로 정리하고 이에 대한 구체적인 개선안을 도출하여 발표해 주시기 바랍니다.

※ 본 과제에 정해진 정답은 없으나 논리적 근거를 들어 개선안을 작성해 주십시오.

- A기업은 동종업계 유사기업들과 비교해 볼 때, 비교적 높은 재무안정성을 유지하고 있으며 업무강도가 그리 높지 않은 것으로 외부에 알려져 있음.
- 최근 조사결과, 동종업계 유사기업들과 연봉을 비교해 보았을 때 연봉 수준도 그리 나쁘지 않은 편이라는 것이 확인되었음.
- 그러나 지난 3년간 1~2년차 직원들의 이직률이 계속해서 증가하고 있는 추세이며, 경영진 회의에서 최우선 해결과제 중 하나로 거론되었음.
- 이에 따라 인사팀에서 현재 1~2년차 사원들을 대상으로 개선되어야 하는 A기업의 조직문화에 대한 설문조사를 실시한 결과, '상명하복식의 의사소통'이 36.7%로 1위를 차지했음.
- 이러한 설문조사와 함께, 신입사원 조기 이직에 대한 원인을 분석한 결과 파랑새 증후군, 셀프홀릭 증후군, 피터팬 증후군 등 3가지로 분류할 수 있었음.

〈동종업계 유사기업들과의 연봉 비교〉   〈우리 회사 조직문화 중 개선되었으면 하는 것〉

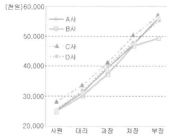

〈신입사원 조기 이직의 원인〉

• 파랑새 증후군
- 현재의 직장보다 더 좋은 직장이 있을 것이라는 막연한 기대감으로 끊임없이 새로운 직장을 탐색함.
- 학력 수준과 맞지 않는 '하향지원', 전공과 적성을 고려하지 않고 일단 취업하고 보자는 '묻지마 지원'이 파랑새 증후군을 초래함.

• 셀프홀릭 증후군
- 본인의 역량에 비해 가치가 낮은 일을 주로 하면서 갈등을 느낌.

• 피터팬 증후군
- 기성세대의 문화를 무조건 수용하기보다는 자유로움과 변화를 추구함.
- 상명하복, 엄격한 규율 등 기성세대가 당연시하는 관행에 거부감을 가지며 직장에 답답함을 느낌.

- 준비전략 : 발표면접의 시작은 과제 안내문과 과제 상황, 과제 자료 등을 정확하게 이해하는 것에서 출발한다. 과제 안내문을 침착하게 읽고 제시된 주제 및 문제와 관련된 상황의 맥락을 파악한 후 과제를 검토한다. 제시된 기사나 그래프 등을 충분히 활용하여 주어진 문제를 해결할 수 있는 해결책이나 대안을 제시하며, 발표를 할 때에는 명확하고 자신 있는 태도로 전달할 수 있도록 한다.

③ 토론면접

  ㉠ 면접 방식 및 판단기준

  - 면접 방식 : 상호갈등적 요소를 가진 과제 또는 공통의 과제를 해결하는 내용의 토론 과제를 제시하고, 그 과정에서 개인 간의 상호작용 행동을 관찰하는 방식으로 면접이 진행된다.
  - 판단기준 : 팀워크, 적극성, 갈등 조정, 의사소통능력, 문제해결능력 등

  ㉡ 특징 : 토론을 통해 도출해 낸 최종안의 타당성도 중요하지만, 결론을 도출해 내는 과정에서의 의사소통능력이나 갈등상황에서 의견을 조정하는 능력 등이 중요하게 평가되는 특징이 있다.

  ㉢ 예시 문항 및 준비전략

  - 예시 문항

    - 군 가산점제 부활에 대한 찬반토론
    - 담뱃값 인상에 대한 찬반토론
    - 비정규직 철폐에 대한 찬반토론
    - 대학의 영어 강의 확대 찬반토론
    - 워크숍 장소 선정을 위한 토론

  - 준비전략 : 토론면접은 무엇보다 팀워크와 적극성이 강조된다. 따라서 토론과정에 적극적으로 참여하며 자신의 의사를 분명하게 전달하며, 갈등상황에서 자신의 의견만 내세울 것이 아니라 다른 지원자의 의견을 경청하고 배려하는 모습도 중요하다. 갈등상황을 일목요연하게 정리하여 조정하는 등의 의사소통능력을 발휘하는 것도 좋은 전략이 될 수 있다.

④ 상황면접

  ㉠ 면접 방식 및 판단기준

  - 면접 방식 : 상황면접은 직무 수행 시 접할 수 있는 상황들을 제시하고, 그러한 상황에서 어떻게 행동할 것인지를 이야기하는 방식으로 진행된다.
  - 판단기준 : 해당 상황에 적절한 역량의 구현과 구체적 행동지표

  ㉡ 특징 : 실제 직무 수행 시 접할 수 있는 상황들을 제시하므로 입사 이후 지원자의 업무수행 능력을 평가하는 데 적절한 면접 방식이다. 또한 지원자의 가치관, 태도, 사고방식 등의 요소를 통합적으로 평가하는 데 용이하다.

ⓒ 예시 문항 및 준비전략

• 예시 문항

> 당신은 생산관리팀의 팀원으로, 생산팀이 기한에 맞춰 효율적으로 제품을 생산할 수 있도록 관리하는 역할을 맡고 있습니다. 3개월 뒤에 제품A를 정상적으로 출시하기 위해 생산팀의 생산 계획을 수립한 상황입니다. 그러나 원가가 곧 실적으로 이어지는 구매팀에서는 최대한 원가를 줄여 전반적 단가를 낮추려고 원가절감을 위한 제안을 하였으나, 연구개발팀에서는 구매팀이 제안한 방식으로 제품을 생산할 경우 대부분이 구매팀의 실적으로 산정될 것이므로 제대로 확인도 해보지 않은 채 적합하지 않은 방식이라고 판단하고 있습니다. 당신은 어떻게 하겠습니까?

• 준비전략 : 상황면접은 먼저 주어진 상황에서 핵심이 되는 문제가 무엇인지를 파악하는 것에서 시작한다. 주질문과 세부질문을 통하여 질문의 의도를 파악하였다면, 그에 대한 구체적인 행동이나 생각 등에 대해 응답할수록 높은 점수를 얻을 수 있다.

⑤ 역할면접

㉠ 면접 방식 및 판단기준

• 면접 방식 : 역할면접 또는 역할연기 면접은 기업 내 발생 가능한 상황에서 부딪히게 되는 문제와 역할을 가상적으로 설정하여 특정 역할을 맡은 사람과 상호작용하고 문제를 해결해 나가도록 하는 방식으로 진행된다. 역할연기 면접에서는 면접관이 직접 역할연기를 하면서 지원자를 관찰하기도 하지만, 역할연기 수행만 전문적으로 하는 사람을 투입할 수도 있다.

• 판단기준 : 대처능력, 대인관계능력, 의사소통능력 등

㉡ 특징 : 역할면접은 실제 상황과 유사한 가상 상황에서의 행동을 관찰함으로서 지원자의 성격이나 대처 행동 등을 관찰할 수 있다.

㉢ 예시 문항 및 준비전략

• 예시 문항

> [금융권 역할면접의 예]
> 당신은 ○○은행의 신입 텔러이다. 사람이 많은 월말 오전 한 할아버지(면접관 또는 역할담당자)께서 ○○은행을 사칭한 보이스피싱으로 500만 원을 피해 보았다며 소란을 일으키고 있다. 실제 업무상황이라고 생각하고 상황에 대처해 보시오.

• 준비전략 : 역할연기 면접에서 측정하는 역량은 주로 갈등의 원인이 되는 문제를 해결 하고 제시된 해결방안을 상대방에게 설득하는 것이다. 따라서 갈등해결, 문제해결, 조정·통합, 설득력과 같은 역량이 중요시된다. 또한 갈등을 해결하기 위해서 상대방에 대한 이해도 필수적인 요소이므로 고객 지향을 염두에 두고 상황에 맞게 대처해야 한다.
역할면접에서는 변별력을 높이기 위해 면접관이 압박적인 분위기를 조성하는 경우가 많기 때문에 스트레스 상황에서 불안해하지 않고 유연하게 대처할 수 있도록 시간과 노력을 들여 충분히 연습하는 것이 좋다.

(1) 성공적인 이미지 메이킹 포인트

① 복장 및 스타일

　㉠ 남성

- 양복 : 양복은 단색으로 하며 넥타이나 셔츠로 포인트를 주는 것이 효과적이다. 짙은 회색이나 감청색이 가장 단정하고 품위 있는 인상을 준다.
- 셔츠 : 흰색이 가장 선호되나 자신의 피부색에 맞추는 것이 좋다. 푸른색이나 베이지색은 산뜻한 느낌을 줄 수 있다. 양복과의 배색도 고려하도록 한다.
- 넥타이 : 의상에 포인트를 줄 수 있는 아이템이지만 너무 화려한 것은 피한다. 지원자의 피부색은 물론, 정장과 셔츠의 색을 고려하며, 체격에 따라 넥타이 폭을 조절하는 것이 좋다.
- 구두&양말 : 구두는 검정색이나 짙은 갈색이 어느 양복에나 무난하게 어울리며 깔끔하게 닦아 준비한다. 양말은 정장과 동일한 색상이나 검정색을 착용한다.
- 헤어스타일 : 머리스타일은 단정한 느낌을 주는 짧은 헤어스타일이 좋으며 앞머리가 있다면 이마나 눈썹을 가리지 않는 선에서 정리하는 것이 좋다.

　㉡ 여성

- 의상 : 단정한 스커트 투피스 정장이나 슬랙스 슈트가 무난하다. 블랙이나 그레이, 네이비, 브라운 등 차분해 보이는 색상을 선택하는 것이 좋다.
- 소품 : 구두, 핸드백 등은 같은 계열로 코디하는 것이 좋으며 구두는 너무 화려한 디자인이나 굽이 높은 것을 피한다. 스타킹은 의상과 구두에 맞춰 단정한 것으로 선택한다.
- 액세서리 : 액세서리는 너무 크거나 화려한 것은 좋지 않으며 과하게 많이 하는 것도 좋은 인상을 주지 못한다. 착용하지 않거나 작고 깔끔한 디자인으로 포인트를 주는 정도가 적당하다.
- 메이크업 : 화장은 자연스럽고 밝은 이미지를 표현하는 것이 좋으며 진한 색조는 인상이 강해 보일 수 있으므로 피한다.
- 헤어스타일 : 커트나 단발처럼 짧은 머리는 활동적이면서도 단정한 이미지를 줄 수 있도록 정리한다. 긴 머리의 경우 하나로 묶거나 단정한 머리망으로 정리하는 것이 좋으며, 짙은 염색이나 화려한 웨이브는 피한다.

② 인사

　ㄱ 인사의 의미 : 인사는 예의범절의 기본이며 상대방의 마음을 여는 기본적인 행동이라고 할 수 있다. 인사는 처음 만나는 면접관에게 호감을 살 수 있는 가장 쉬운 방법이 될 수 있기도 하지만 제대로 예의를 지키지 않으면 지원자의 인성 전반에 대한 평가로 이어질 수 있으므로 각별히 주의해야 한다.

　ㄴ 인사의 핵심 포인트

　　• 인사말 : 인사말을 할 때에는 밝고 친근감 있는 목소리로 하며, 자신의 이름과 수험번호 등을 간략하게 소개한다.

　　• 시선 : 인사는 상대방의 눈을 보며 하는 것이 중요하며 너무 빤히 쳐다본다는 느낌이 들지 않도록 주의한다.

　　• 표정 : 인사는 마음에서 우러나오는 존경이나 반가움을 표현하고 예의를 차리는 것이므로 살짝 미소를 지으며 하는 것이 좋다.

　　• 자세 : 인사를 할 때에는 가볍게 목만 숙인다거나 흐트러진 상태에서 인사를 하지 않도록 주의하며 절도 있고 확실하게 하는 것이 좋다.

③ 시선처리와 표정, 목소리

　ㄱ 시선처리와 표정 : 표정은 면접에서 지원자의 첫인상을 결정하는 중요한 요소이다. 얼굴표정은 사람의 감정을 가장 잘 표현할 수 있는 의사소통 도구로 표정 하나로 상대방에게 호감을 주거나, 비호감을 사기도 한다. 호감이 가는 인상의 특징은 부드러운 눈썹, 자연스러운 미간, 적당히 볼록한 광대, 올라간 입 꼬리 등으로 가볍게 미소를 지을 때의 표정과 일치한다. 따라서 면접 중에는 밝은 표정으로 미소를 지어 호감을 형성할 수 있도록 한다. 시선은 면접관과 고르게 맞추되 생기 있는 눈빛을 띄도록 하며, 너무 빤히 쳐다본다는 인상을 주지 않도록 한다.

　ㄴ 목소리 : 면접은 주로 면접관과 지원자의 대화로 이루어지므로 목소리가 미치는 영향이 상당하다. 답변을 할 때에는 부드러우면서도 활기차고 생동감 있는 목소리로 하는 것이 면접관에게 호감을 줄 수 있으며 적당한 제스처가 더해진다면 상승효과를 얻을 수 있다. 그러나 적절한 답변을 하였음에도 불구하고 콧소리나 날카로운 목소리, 자신감 없는 작은 목소리는 답변의 신뢰성을 떨어뜨릴 수 있으므로 주의하도록 한다.

④ 자세

　ㄱ 걷는 자세

　　• 면접장에 입실할 때에는 상체를 곧게 유지하고 발끝은 평행이 되게 하며 무릎을 스치듯 11자로 걷는다.

　　• 시선은 정면을 향하고 턱은 가볍게 당기며 어깨나 엉덩이가 흔들리지 않도록 주의한다.

　　• 발바닥 전체가 닿는 느낌으로 안정감 있게 걸으며 발소리가 나지 않도록 주의한다.

　　• 보폭은 어깨넓이만큼이 적당하지만, 스커트를 착용했을 경우 보폭을 줄인다.

　　• 걸을 때도 미소를 유지한다.

ⓒ 서있는 자세

- 몸 전체를 곧게 펴고 가슴을 자연스럽게 내민 후 등과 어깨에 힘을 주지 않는다.
- 정면을 바라본 상태에서 턱을 약간 당기고 아랫배에 힘을 주어 당기며 바르게 선다.
- 양 무릎과 발뒤꿈치는 붙이고 발끝은 11자 또는 V형을 취한다.
- 남성의 경우 팔을 자연스럽게 내리고 양손을 가볍게 쥐어 바지 옆선에 붙이고, 여성의 경우 공수자세를 유지한다.

ⓒ 앉은 자세

- 남성

> - 의자 깊숙이 앉고 등받이와 등 사이에 주먹 1개 정도의 간격을 두며 기대듯 앉지 않도록 주의한다. (남녀 공통 사항)
> - 무릎 사이에 주먹 2개 정도의 간격을 유지하고 발끝은 11자를 취한다.
> - 시선은 정면을 바라보며 턱은 가볍게 당기고 미소를 짓는다. (남녀 공통 사항)
> - 양손은 가볍게 주먹을 쥐고 무릎 위에 올려놓는다.
> - 앉고 일어날 때에는 자세가 흐트러지지 않도록 주의한다. (남녀 공통 사항)

- 여성

> - 스커트를 입었을 경우 왼손으로 뒤쪽 스커트 자락을 누르고 오른손으로 앞쪽 자락을 누르며 의자에 앉는다.
> - 무릎은 붙이고 발끝을 가지런히 하며, 다리를 왼쪽으로 비스듬히 기울이면 여성스러워 보이는 효과가 있다.
> - 양손을 모아 무릎 위에 모아 놓으며 스커트를 입었을 경우 스커트 위를 가볍게 누르듯이 올려놓는다.

(2) 면접 예절

① 행동 관련 예절

ㄱ 지각은 절대금물 : 시간을 지키는 것은 예절의 기본이다. 지각을 할 경우 면접에 응시할 수 없거나, 면접 기회가 주어지더라도 불이익을 받을 가능성이 높아진다. 따라서 면접장소가 결정되면 교통편과 소요시간을 확인하고 가능하다면 사전에 미리 방문해 보는 것도 좋다. 면접 당일에는 서둘러 출발하여 면접 시간 20~30분 전에 도착하여 회사를 둘러보고 환경에 익숙해지는 것도 성공적인 면접을 위한 요령이 될 수 있다.

ㄴ 면접 대기 시간 : 지원자들은 대부분 면접장에서의 행동과 답변 등으로만 평가를 받는다고 생각하지만 그렇지 않다. 면접관이 아닌 면접진행자 역시 대부분 인사실무자이며 면접관이 면접 후 지원자에 대한 평가에 있어 확신을 위해 면접진행자의 의견을 구한다면 면접진행자의 의견이 당락에 영향을 줄 수 있다. 따라서 면접 대기 시간에도 행동과 말을 조심해야 하며, 면접을 마치고 돌아가는 순간까지도 긴장을 늦춰서는 안 된다. 면접 중 압박적인 질

문에 답변을 잘 했지만, 면접장을 나와 흐트러진 모습을 보이거나 욕설을 한다면 면접 탈락의 요인이 될 수 있으므로 주의해야 한다.

ⓒ **입실 후 태도** : 본인의 차례가 되어 호명되면 또렷하게 대답하고 들어간다. 만약 면접장 문이 닫혀 있다면 상대에게 소리가 들릴 수 있을 정도로 노크를 두세 번 한 후 대답을 듣고 나서 들어가야 한다. 문을 여닫을 때에는 소리가 나지 않게 조용히 하며 공손한 자세로 인사한 후 성명과 수험번호를 말하고 면접관의 지시에 따라 자리에 앉는다. 이 경우 착석하라는 말이 없는데 먼저 의자에 앉으면 무례한 사람으로 보일 수 있으므로 주의한다. 의자에 앉을 때에는 끝에 앉지 말고 무릎 위에 양손을 가지런히 얹는 것이 예절이라고 할 수 있다.

ⓔ **옷매무새를 자주 고치지 마라.** : 일부 지원자의 경우 옷매무새 또는 헤어스타일을 자주 고치거나 확인하기도 하는데 이러한 모습은 과도하게 긴장한 것 같아 보이거나 면접에 집중하지 못하는 것으로 보일 수 있다. 남성 지원자의 경우 넥타이를 자꾸 고쳐 맨다거나 정장 상의 끝을 너무 자주 만지작거리지 않는다. 여성 지원자는 머리를 계속 쓸어 올리지 않고, 특히 짧은 치마를 입고서 신경이 쓰여 치마를 끌어 내리는 행동은 좋지 않다.

ⓜ **다리를 떨거나 산만한 시선은 면접 탈락의 지름길** : 자신도 모르게 다리를 떨거나 손가락을 만지는 등의 행동을 하는 지원자가 있는데, 이는 면접관의 주의를 끌 뿐만 아니라 불안하고 산만한 사람이라는 느낌을 주게 된다. 따라서 가능한 한 바른 자세로 앉아 있는 것이 좋다. 또한 면접관과 시선을 맞추지 못하고 여기저기 둘러보는 듯한 산만한 시선은 지원자가 거짓말을 하고 있다고 여겨지거나 신뢰할 수 없는 사람이라고 생각될 수 있다.

② 답변 관련 예절

ⓐ **면접관이나 다른 지원자와 가치 논쟁을 하지 않는다.** : 질문을 받고 답변하는 과정에서 면접관 또는 다른 지원자의 의견과 다른 의견이 있을 수 있다. 특히 평소 지원자가 관심이 많은 문제이거나 잘 알고 있는 문제인 경우 자신과 다른 의견에 대해 이의가 있을 수 있다. 하지만 주의할 것은 면접에서 면접관이나 다른 지원자와 가치 논쟁을 할 필요는 없다는 것이며 오히려 불이익을 당할 수도 있다. 정답이 정해져 있지 않은 경우에는 가치관이나 성장배경에 따라 문제를 받아들이는 태도에서 답변까지 충분히 차이가 있을 수 있으므로 굳이 면접관이나 다른 지원자의 가치관을 지적하고 고치려 드는 것은 좋지 않다.

ⓑ **답변은 항상 정직해야 한다.** : 면접이라는 것이 아무리 지원자의 장점을 부각시키고 단점을 축소시키는 것이라고 해도 절대로 거짓말을 해서는 안 된다. 거짓말을 하게 되면 지원자는 불안하거나 꺼림칙한 마음이 들게 되어 면접에 집중을 하지 못하게 되고 수많은 지원자를 상대하는 면접관은 그것을 놓치지 않는다. 거짓말은 그 지원자에 대한 신뢰성을 떨어뜨리며 이로 인해 다른 스펙이 아무리 훌륭하다고 해도 채용에서 탈락하게 될 수 있음을 명심하도록 한다.

ⓒ 경력직을 경우 전 직장에 대해 험담하지 않는다. : 지원자가 전 직장에서 무슨 업무를 담당했고 어떤 성과를 올렸는지는 면접관이 관심을 둘 사항일 수 있지만, 이전 직장의 기업문화나 상사들이 어땠는지는 그다지 궁금해 하는 사항이 아니다. 전 직장에 대해 험담을 늘어놓는다든가, 동료와 상사에 대한 악담을 하게 된다면 오히려 지원자에 대한 부정적인 이미지만 심어줄 수 있다. 만약 전 직장에 대한 말을 해야 할 경우가 생긴다면 가능한 한 객관적으로 이야기하는 것이 좋다.

ⓓ 자기 자신이나 배경에 대해 자랑하지 않는다. : 자신의 성취나 부모 형제 등 집안사람들이 사회 · 경제적으로 어떠한 위치에 있는지에 대한 자랑은 면접관으로 하여금 지원자에 대해 오만한 사람이거나 배경에 의존하려는 나약한 사람이라는 이미지를 갖게 할 수 있다. 따라서 자기 자신이나 배경에 대해 자랑하지 않도록 하고, 자신이 한 일에 대해서 너무 자세하게 얘기하지 않도록 주의해야 한다.

3 면접 질문 및 답변 포인트

(1) 가족 및 대인관계에 관한 질문

① 당신의 가정은 어떤 가정입니까?

면접관들은 지원자의 가정환경과 성장과정을 통해 지원자의 성향을 알고 싶어 이와 같은 질문을 한다. 비록 가정 일과 사회의 일이 완전히 일치하는 것은 아니지만 '가화만사성'이라는 말이 있듯이 가정이 화목해야 사회에서도 화목하게 지낼 수 있기 때문이다. 그러므로 답변 시에는 가족사항을 정확하게 설명하고 집안의 분위기와 특징에 대해 이야기하는 것이 좋다.

② 아버지의 직업은 무엇입니까?

아주 기본적인 질문이지만 지원자는 아버지의 직업과 내가 무슨 관련성이 있을까 생각하기 쉬워 포괄적인 답변을 하는 경우가 많다. 그러나 이는 바람직하지 않은 것으로 단답형으로 답변하면 세부적인 직종 및 근무연한 등을 물을 수 있으므로 모든 걸 한 번에 대답하는 것이 좋다.

③ 친구 관계에 대해 말해 보십시오.

지원자의 인간성을 판단하는 질문으로 교우관계를 통해 답변자의 성격과 대인관계능력을 파악할 수 있다. 새로운 환경에 적응을 잘하여 새로운 친구들이 많은 것도 좋지만, 깊고 오래 지속되어온 인간관계를 말하는 것이 더욱 바람직하다.

(2) 성격 및 가치관에 관한 질문

① 당신의 PR포인트를 말해 주십시오.

PR포인트를 말할 때에는 지나치게 겸손한 태도는 좋지 않으며 적극적으로 자기를 주장하는 것이 좋다. 앞으로 입사 후 하게 될 업무와 관련된 자기의 특성을 구체적인 일화를 더하여 이야기하도록 한다.

② 당신의 장·단점을 말해 보십시오.

지원자의 구체적인 장·단점을 알고자 하기 보다는 지원자가 자기 자신에 대해 얼마나 알고 있으며 어느 정도의 객관적인 분석을 하고 있나, 그리고 개선의 노력 등을 시도하는지를 파악하고자 하는 것이다. 따라서 장점을 말할 때는 업무와 관련된 장점을 뒷받침할 수 있는 근거와 함께 제시하며, 단점을 이야기할 때에는 극복을 위한 노력을 반드시 포함해야 한다.

③ 가장 존경하는 사람은 누구입니까?

존경하는 사람을 말하기 위해서는 우선 그 인물에 대해 알아야 한다. 잘 모르는 인물에 대해 존경한다고 말하는 것은 면접관에게 바로 지적당할 수 있으므로, 추상적이라도 좋으니 평소에 존경스럽다고 생각했던 사람에 대해 그 사람의 어떤 점이 좋고 존경스러운지 대답하도록 한다. 또한 자신에게 어떤 영향을 미쳤는지도 언급하면 좋다.

(3) 학교생활에 관한 질문

① 지금까지의 학교생활 중 가장 기억에 남는 일은 무엇입니까?

가급적 직장생활에 도움이 되는 경험을 이야기하는 것이 좋다. 또한 경험만을 간단하게 말하지 말고 그 경험을 통해서 얻을 수 있었던 교훈 등을 예시와 함께 이야기하는 것이 좋으나 너무 상투적인 답변이 되지 않도록 주의해야 한다.

② 성적은 좋은 편이었습니까?

면접관은 이미 서류심사를 통해 지원자의 성적을 알고 있다. 그럼에도 불구하고 이 질문을 하는 것은 지원자가 성적에 대해서 어떻게 인식하느냐를 알고자 하는 것이다. 성적이 나빴던 이유에 대해서 변명하려 하지 말고 담백하게 받아드리고 그것에 대한 개선노력을 했음을 밝히는 것이 적절하다.

③ 학창시절에 시위나 집회 등에 참여한 경험이 있습니까?

기업에서는 노사분규를 기업의 사활이 걸린 중대한 문제로 인식하고 거시적인 차원에서 접근한다. 이러한 기업문화를 제대로 인식하지 못하여 학창시절의 시위나 집회 참여 경험을 자랑스럽게 답변할 경우 감점요인이 되거나 심지어는 탈락할 수 있다는 사실에 주의한다. 시위나 집회에 참가한 경험을 말할 때에는 타당성과 정도에 유의하여 답변해야 한다.

(4) 지원동기 및 직업의식에 관한 질문

① 왜 우리 회사를 지원했습니까?

이 질문은 어느 회사나 가장 먼저 물어보고 싶은 것으로 지원자들은 기업의 이념, 대표의 경영 능력, 재무구조, 복리후생 등 외적인 부분을 설명하는 경우가 많다. 이러한 답변도 적절하지만 지원 회사의 주력 상품에 관한 소비자의 인지도, 경쟁사 제품과의 시장점유율을 비교하면서 입사동기를 설명한다면 상당히 주목 받을 수 있을 것이다.

② 만약 이번 채용에 불합격하면 어떻게 하겠습니까?

불합격할 것을 가정하고 회사에 응시하는 지원자는 거의 없을 것이다. 이는 지원자를 궁지로 몰아넣고 어떻게 대응하는지를 살펴보며 입사 의지를 알아보려고 하는 것이다. 이 질문은 너무 깊이 들어가지 말고 침착하게 답변하는 것이 좋다.

③ 당신이 생각하는 바람직한 사원상은 무엇입니까?

직장인으로서 또는 조직의 일원으로서의 자세를 묻는 질문으로 지원하는 회사에서 어떤 인재 상을 요구하는 가를 알아두는 것이 좋으며, 평소에 자신의 생각을 미리 정리해 두어 당황하지 않도록 한다.

④ 직무상의 적성과 보수의 많음 중 어느 것을 택하겠습니까?

이런 질문에서 회사 측에서 원하는 답변은 당연히 직무상의 적성에 비중을 둔다는 것이다. 그러나 적성만을 너무 강조하다 보면 오히려 솔직하지 못하다는 인상을 줄 수 있으므로 어느 한쪽을 너무 강조하거나 경시하는 태도는 바람직하지 못하다.

⑤ 상사와 의견이 다를 때 어떻게 하겠습니까?

과거와 다르게 최근에는 상사의 명령에 무조건 따르겠다는 수동적인 자세는 바람직하지 않다. 회사에서는 때에 따라 자신이 판단하고 행동할 수 있는 직원을 원하기 때문이다. 그러나 지나치게 자신의 의견만을 고집한다면 이는 팀원 간의 불화를 야기할 수 있으며 팀 체제에 악영향을 미칠 수 있으므로 선호하지 않는다는 것에 유념하여 답해야 한다.

⑥ 근무지가 지방인데 근무가 가능합니까?

근무지가 지방 중에서도 특정 지역은 되고 다른 지역은 안 된다는 답변은 바람직하지 않다. 직장에서는 순환 근무라는 것이 있으므로 처음에 지방에서 근무를 시작했다고 해서 계속 지방에만 있는 것은 아님을 유의하고 답변하도록 한다.

(5) 여가 활용에 관한 질문

① 취미가 무엇입니까?

기초적인 질문이지만 특별한 취미가 없는 지원자의 경우 대답이 애매할 수밖에 없다. 그래서 가장 많이 대답하게 되는 것이 독서, 영화감상, 혹은 음악감상 등과 같은 흔한 취미를 말하게 되는데 이런 취미는 면접관의 주의를 끌기 어려우며 설사 정말 위와 같은 취미를 가지고 있다하더라도 제대로 답변하기는 힘든 것이 사실이다. 가능하면 독특한 취미를 말하는 것이 좋으며 이제 막 시작한 것이라도 열의를 가지고 있음을 설명할 수 있으면 그것을 취미로 답변하는 것도 좋다.

② 술자리를 좋아합니까?

이 질문은 정말로 술자리를 좋아하는 정도를 묻는 것이 아니다. 우리나라에서는 대부분 술자리가 친교의 자리로 인식되기 때문에 그것에 얼마나 적극적으로 참여할 수 있는 가를 우회적으로 묻는 것이다. 술자리를 싫어한다고 대답하게 되면 원만한 대인관계에 문제가 있을 수 있다고 평가될 수 있으므로 술을 잘 마시지 못하더라도 술자리의 분위기는 즐긴다고 답변하는 것이 좋으며 주량에 대해서는 정확하게 말하는 것이 좋다.

(6) 여성 지원자들을 겨냥한 질문

① 결혼은 언제 할 생각입니까?

지원자가 결혼예정자일 경우 기업은 채용을 꺼리게 되는 경향이 있다. 업무를 어느 정도 인식하고 수행할 정도가 되면 퇴사하는 일이 흔하기 때문이다. 가능하면 향후 몇 년간은 결혼 계획이 없다고 답변하는 것이 현실적인 대처 요령이며, 덧붙여 결혼 후에도 일하고자 하는 의지를 강하게 내보인다면 더욱 도움이 된다.

② 만약 결혼 후 남편이나 시댁에서 직장생활을 그만두라고 강요한다면 어떻게 하겠습니까?

결혼적령기의 여성 지원자들에게 빈번하게 묻는 질문으로 의견 대립이 생겼을 때 상대방을 설득하고 타협하는 능력을 알아보고자 하는 것이다. 따라서 남편이나 시댁과 충분한 대화를 통해 설득하고 계속 근무하겠다는 의지를 밝히는 것이 좋다.

③ 여성의 취업을 어떻게 생각합니까?

여성 지원자들의 일에 대한 열의와 포부를 알고자 하는 질문이다. 많은 기업들이 여성들의 섬세하고 꼼꼼한 업무능력과 감각을 높이 평가하고 있으며, 사회 전반적인 분위기 역시 맞벌이를 이해하고 있으므로 자신의 의지를 당당하고 자신감 있게 밝히는 것이 좋다.

④ 커피나 복사 같은 잔심부름이 주어진다면 어떻게 하겠습니까?

여성 지원자들에게 가장 난감하고 자존심상하는 질문일 수 있다. 이 질문은 여성 지원자에게 잔심부름을 시키겠다는 요구가 아니라 직장생활 중에서의 협동심이나 봉사정신, 직업관을 알아보고자 하는 것이다. 또한 이 과정에서 압박기법을 사용해 비꼬는 투로 말하는 수 있는데 이는 자존심이 상하거나 불쾌해질 때의 행동을 알아보려는 것이다. 이럴 경우 흥분하여 과격하게 답변하면 탈락하게 되며, 무조건 열심히 하겠다는 대답도 신뢰성이 없는 답변이다. 직장생활을 위해 필요한 일이면 할 수 있다는 정도의 긍정적인 답변을 하되, 한 사람의 사원으로서 당당함을 유지하는 것이 좋다.

(7) 지원자를 당황하게 하는 질문

① 성적이 좋지 않은데 이 정도의 성적으로 우리 회사에 입사할 수 있다고 생각합니까?

비록 자신의 성적이 좋지 않더라도 이미 서류심사에 통과하여 면접에 참여하였다면 기업에서는 지원자의 성적보다 성적 이외의 요소, 즉 성격·열정 등을 높이 평가했다는 것이라고 할 수 있다. 그러나 이런 질문을 받게 되면 지원자는 당황할 수 있으나 주눅 들지 말고 침착하게 대처하는 면모를 보인다면 더 좋은 인상을 남길 수 있다.

② 우리 회사 회장님 함자를 알고 있습니까?

회장이나 사장의 이름을 조사하는 것은 면접일을 통고받았을 때 이미 사전 조사되었어야 하는 사항이다. 단답형으로 이름만 말하기보다는 그 기업에 입사를 희망하는 지원자의 입장에서 답변하는 것이 좋다.

③ 당신은 이 회사에 적합하지 않은 것 같군요.

이 질문은 지원자의 입장에서 상당히 곤혹스러울 수밖에 없다. 질문을 듣는 순간 그렇다면 면접은 왜 참가시킨 것인가 하는 생각이 들 수도 있다. 하지만 당황하거나 흥분하지 말고 침착하게 자신의 어떤 면이 회사에 적당하지 않는지 겸손하게 물어보고 지적당한 부분에 대해서 고치겠다는 의지를 보인다면 오히려 자신의 능력을 어필할 수 있는 기회로 사용할 수도 있다.

④ 다시 공부할 계획이 있습니까?

이 질문은 지원자가 합격하여 직장을 다니다가 공부를 더 하기 위해 회사를 그만 두거나 학습에 더 관심을 두어 일에 대한 능률이 저하될 것을 우려하여 묻는 것이다. 이때에는 당연히 학습보다는 일을 강조해야 하며, 업무 수행에 필요한 학습이라면 업무에 지장이 없는 범위에서 야간학교를 다니거나 회사에서 제공하는 연수 프로그램 등을 활용하겠다고 답변하는 것이 적당하다.

⑤ 지원한 분야가 전공한 분야와 다른데 여기 일을 할 수 있겠습니까?

수험생의 입장에서 본다면 지원한 분야와 전공이 다르지만 서류전형과 필기전형에 합격하여 면접을 보게 된 경우라고 할 수 있다. 이는 결국 해당 회사의 채용 방침상 전공에 크게 영향을 받지 않는다는 것이므로 무엇보다 자신이 전공하지는 않았지만 어떤 업무도 적극적으로 임할 수 있다는 자신감과 능동적인 자세를 보여주도록 노력하는 것이 좋다.

02 면접기출

※ 면접 Tip

[1차 면접]

① 인성 면접 : 3인 1조 / 면접관 3명(실무진) / 40분 소요 / 자기소개서 + 인성질문

② PT 면접 : 개별발표 / 면접관 3명(실무진) / 발표 3분, 준비 60분 / 주제택일, 발표 후 PT 내용질문 + 인성질문

③ 역할극 면접(창의혁신성 면접) : 4인 1조 / 역할극 5분, 준비 60분 / 역할극 후 면접관 피드백 + 개별 질문

　※ 역할극 주제 : 기술보증기금 직원과 고객 사이 갈등 상황 등

[2차 면접]

① 임원 면접 : 4인 1조 / 면접관 5명(임원진) / 30분 소요 / 자기소개서 질문 + 인성질문

1 일반 면접

- 기술보증기금에 대해 아는 대로 말해 보시오

- 지원자의 취미를 간략하게 소개해 보시오

- 살아오면서 창의력을 발휘해 본 경험 또는 처한 환경에서 이를 개선해 본 경험이 있는가?

- 기술보증기금과 경쟁사를 비교해 보시오

- 지원자가 가장 최근에 읽은 책이 있다면 소개해 보시오

- 지원자가 우리 회사에 입사하게 되면 어떻게 기여할 것인지 말해 보시오

- 기술보증기금을 알게 된 계기는 무엇인가?

- 지원자가 인생에 있어서 가장 중요하게 여기는 것은 무엇인지 말해 보시오

- 재학 중 기억에 남거나 관심 있었던 과목은 무엇인가?

- 최근에 나타난 사회이슈와 이에 대한 지원자의 견해를 결부시켜 말해 보시오

- 만약 업무 중 팀 동료와 갈등이 생긴다면 어떻게 하겠는가?

- 지원자가 지금껏 해 온 자기개발 노력을 말해 보시오

- 지원자가 느끼는 기업의 사회적 책임은 무엇이라고 생각하는가?

- 가장 기억에 남는 여행지 또는 국가가 있다면 말해 보시오

- 기술보증기금의 핵심가치에 대해 말해 보시오

- 지원자가 생각하는 인간관계에서 중요한 것은 무엇인지 말해 보시오

- 지원자가 생각하는 기술보증기금은 어떻다고 느껴지는가?

- 지원자는 어떤 때에 스트레스를 받고 그 스트레스를 어떻게 풀어나가는지 말해 보시오

- 만약 지원자가 입사 후에 이상과 현실이 다르다고 느껴지면 어떻게 하겠는가?

- 지원자는 세월호 사건에 대해 어떻게 생각하는가?

- 조직 내에서 의사소통을 잘 할 수 있는 방법이 있다면 말해 보시오

- 경제민주화에 대한 지원자의 견해를 밝혀 보시오

- 지원자의 올해 목표는 무엇인지 말해 보시오

2 직무질문

- 입사하게 되면 어떠한 일을 하고 싶은가?

- 지원 직무에서 가장 중요한 점 및 필요역량은 무엇인지 말해 보시오

- 진상 손님을 응대해 본 경험을 말해 보시오

- 지원자의 경우 리스크 관리를 어떻게 할 것인지 말해 보시오

3 업종질문

- 기술보증기금만의 경쟁력은 무엇인지 말해 보시오

- 지원자가 공사 또는 공기업에서 일하려고 하는 이유는 무엇인지 말해 보시오

- 지원자가 생각하는 중소기업의 문제점 및 해결방안에 대해 말해 보시오

4 PT 면접

- 지원자의 전공소개 및 자사에 대한 기여방안을 발표해 보시오
- 지원 분야에 대한 자신의 역량 또는 강점을 말해 보시오

5 토론 면접

- 무상급식에 대한 찬반토론을 해 보시오
- 군가산점에 대한 찬반토론을 해 보시오
- 인터넷 실명제에 대한 찬반토론을 해 보시오

MEMO

MEMO

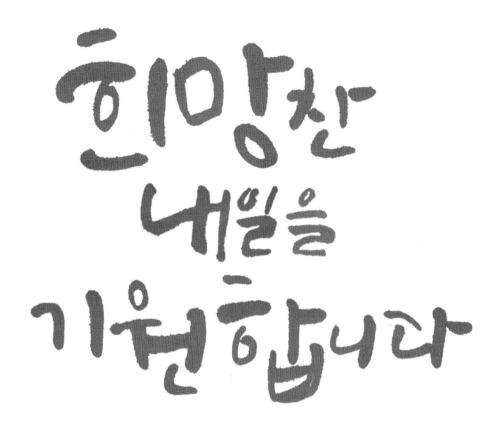

수험서 전문출판사 서원각

목표를 위해 나아가는 수험생 여러분을 성심껏 돕기 위해서 서원각에서는 최고의 수험서 개발에 심혈을 기울이고 있습 니다. 희망찬 미래를 위해서 노력하는 모든 수험생 여러분을 응원합니다.

공무원 대비서　　　취업 대비서　　　군 관련 시리즈　　　자격증 시리즈　　　동영상 강의

수험서 BEST SELLER

공무원

9급 공무원 파워특강 시리즈

국어, 영어, 한국사, 행정법총론, 행정학개론,
교육학개론, 사회복지학개론, 국제법개론

5, 6개년 기출문제

영어, 한국사, 행정법총론, 행정학개론, 회계학
교육학개론, 사회복지학개론, 사회, 수학, 과학

10개년 기출문제

국어, 영어, 한국사, 행정법총론, 행정학개론,
교육학개론, 사회복지학개론, 사회

소방공무원

필수과목, 소방학개론, 소방관계법규,
인·적성검사, 생활영어 등

자격증

사회조사분석사 2급 1차 필기

생활정보탐정사

청소년상담사 3급(자격증 한 번에 따기)

임상심리사 2급 기출문제

NCS기본서

공공기관 통합채용